ちくま学芸文庫

フーコー文学講義

大いなる異邦のもの

ミシェル・フーコー

棚瀬宏平 訳

JN095676

筑摩書房

目次

サドに関する講演　165

フーコー文学講義　大いなる異邦のもの

校訂・解題
フィリップ・アルティエール、ジャン＝フランソワ・ベール、
マチュー・ポット＝ボヌヴィル、ジュディット・ルヴェル

解　題

「昔は、いわゆる〈文学〉と呼ばれるものを沢山読みました。結局、手に負えずに、投げ出してしまったものが沢山あります。たぶん私の読み方が適当でなかったせいでしょうが。［一九七五年］現在、頭に浮かんでくるのは、『火山の下』[1]、『シルトの岸辺』[2]といった作品です。私がとても好きな作家は、ジャン・ドゥメリエで、彼の『ヨブの夢』[3]には強い感銘をうけました。トニー・デュヴェール[4]の作品もいい。実のところ、私の世代の人間にとって偉大な文学とは、アメリカ文学であり、フォークナーだったのです。根源にさかのぼって調べることができない外国文学によってしか、現代文学に触れることがなかったために、文学に対してある種の距離が生じた、というのはありそうなことです。文学とは、〈大いなる異邦のもの〉だったのです[5]」。

一九七五年に出版されたジャック・アルミラ[6]の著作『ナウクラティスへの旅』（フーコーは、はじめにこの作品の原稿を郵便で受け取った）をめぐって行われたこの対談の席で、フーコーは珍しいことに、自身の文学関連の蔵書について語っている。その短い蔵書リストは非常に雑多なものである。フーコーの読書の幅は、ジャン・ドゥメリエやジャック・アルミラといった若い作者からジュリアン・グラックにまで及んでいる。[7]別の機会にフーコーは、トーマス・マン、マルコム・ラウリー、ウィリアム・フォークナーに対する賛嘆の念を表明している。[8]フーコーはフォークナーを賛美するあまり、一九七〇年、フォークナーゆかりの土地を旅して、ミシシッピ渓谷をナチェズまで遡ったほどだった。フーコーの読書遍歴はまだよく知られていない。フーコーの弟によると、子供時代を過ごしたポワトゥーの家では、別々の二組の蔵書が向かい合わせになっていたという。その一方は、外科医である父親の書斎にあった、父が所有する学術関連、医学関連の、閲覧を禁じられた蔵書であり、他方は、母が所有する文学関連の自由に利用できる蔵書である。フーコーは母の蔵書の中から、バルザック、フローベール、古典文学を見いだし、彼が中等教育を受けた神父たちのもとで、ギリシア語とラテン語の文献を読んだ。[9]フーコーが、分け隔てなく読書するという経験をしたのはおそらく、ユルム街で、高等師範学校の素晴らしい図書館に出入りした時のことだ。高等師範学校の図書館は、入室を自由にしたフランスで最初の図書館の一つであり、そこには、詩、哲学論文、批評的エッセー、歴史文献が隣り合って並んでいた。モーリス・ブーレーズ[10]が管理していたこの図書館で、フーコーは、諸言説の領界を打ち壊したのである。文学が彼の視界に入り込んできたのはその時だった。ダニエル・ドゥフェールは、『ミシェル・フーコー思考集成』の年譜の中で、いくつかの目印を与えてくれている。一九五〇年フーコーは、サン＝ジョン・ペルスを貪るように読み、一九五一年にはカフカを、一九五三年からはバタイユとブランショを読み、（アラン・ロブ＝グリエの著作を含む）ヌーヴォー・ロマンの実験的試みに随伴し、一九五七年の夏にはルーセルを見いだし、一九六三年には『テル・ケル』の作家たち（ソレルス、オリエ……）を読み、一九六八年一月にはベケットを再読したのである……。

一九五六年以後、外国へと旅立ったことの重要性は無視できない。ウプサラのフランス会館の蔵書、さらには、ワルシャワのフランス文明センターの蔵書のもとへと毎日のように足繁く通ったことで、文学的な言語に対するフーコーの緊密な関係は、おそらくその方向を大きく変えた。スウェーデン、そしてポーランドで孤独に冬を過ごした間、フーコーは、多くの本を読み——シャールの詩は彼の枕頭の書だった——、そして文学について教えた。まさにこれらの地で、彼にとっては外国語である二つの言語のはざまで、周知のようにフーコーは、はじめて書くという大いなる経験をした。毎週何時間もフランス語を教えたのも、そして何より、サドからジュネにいたるフランス文学における愛をめぐる記念すべき授業を含むフランス文学講義を行ったのも、これらの地においてのことだった。スウェーデンにおいてフーコーはまた、演劇クラブを運営し、学生たちとともに多くの現代演劇を上演した(11)。一九五九年には、クラクフとグダニスクにおいて、アポリネールに関する講演を行った。フーコーの読書遍歴の中で、さらに逸話的なことと言えば、ウプサラ滞在中、クロード・シモン、ロラン・バルト、そしてノーベル賞受賞のためにやって来たアルベール・カミュと出会ったことである。晩年、フーコーは、マチュー・ランドン[12]やエルヴェ・ギベール[13]といった若い作家たちと、文学について「語る」ことなく、親しく付き合ったが、ウプサラでも同様だったのだろう。フーコーは、シモンやバルト、カミュを読んでいたが、「知り合うには尊敬しすぎていると言って[14]」、ブランショに決して会わなかったのと同様に、彼らと対話を交わすことはなかったというのが、ありそうなところである。

一九六〇年代初頭フーコーは、文学と親密な関係を結んでいたが、そのことは、『狂気の歴史』のために準備していた読書ノートを調べてみれば明らかだ。監禁関連の古文書、ビセートルの管理記録簿や封印状を綿密に調べることは、まず第一に、文学的な読書経験だったのだ。フーコーはずっと後になって、歴史家アルレット・ファルジュと協力してそうした資料のいくつかを『家族の無秩序[15]』として公刊した際、巻頭でそのことについて語っている。フーコーの心を捉えたのは、古文書の詩学の美しさ、そうした純粋に書記的な存在の美しさ、フーコー自身が「一七世紀以降の文学の傾斜の線[16]」と名指したものの美しさだったのである。

しかしフーコーは、そうした文学との親密な関係からたえず身を守ってきた。フーコーは、一九六三年に自身が丸々一冊の本を捧げることになる作家レーモン・ルーセルの作品とどのように出会ったのかについて、次のように語っている。コルティ書店で、「私は、いくらか古びた一揃いの黄色い本に目を止めました。その黄色い色は一九世紀末の古い出版社が伝統的に使っていた色でした。［…］私は、レーモン・ルーセルという、それまで一度も聞いたことがない作者名に出くわしました。その本は『眺め』という題名でした。初めの数行読んだだけで、私はそこに極めて美しい散文を見いだしました(17)」。

実際、〈大いなる異邦のもの〉とは密航者なのかもしれない。というのもフーコーは、厳しい読者、著作が刊行される度にその文体が認められ、賞賛される作家であるというだけではないからだ。著作だけではなく、『ミシェル・フーコー思考集成』、そしてコレージュ・ド・フランス講義も参照することができる現時点においてフーコーをよく読んでみると、本書に収録された資料群が見事に証し立てているように、この哲学者は文学との間に、複雑で、批判的で、戦略的な関係を取り結んでいたのだ。一九六〇年代、フーコーが文学に捧げたいくつもの序文、対談、講演を読んでみれば（それらは、ブランショやバタイユといった固有名にしたがって整序されていたり、あるいは逆に、文芸批評の伝統的な単位を、作者の批判という篩《ふるい》、ないしは言語の空間の一般的記述という篩にかけたりしている(18)）、そしてまたそれらのテクストが、偉大な考古学的諸著作に対して、執拗な対位法をなしているというだけでなく、オレステスや『ラモーの甥』（『狂気の歴史』）、サド（『臨床医学の誕生』）あるいはセルバンテス（『言葉と物』）への参照を通じて、これらの著作自体のうちに正確な反響を見いだしているということを思い出してみれば、文学に対するフーコーの配慮がいかに特異であるか、推し図ることができる。文学に対するフーコーのそうした配慮は、部分的には、ある一世代全体の態度と一体をなしており、また小説や詩を、哲学的行為の試金石にしようとするフランス思想の執拗な身振り（バシュラール、サルトル、メルロ＝ポンティが次々にそうした試練に立ち向かった）を引き継いでいるのだが、フーコーの配慮は、自分自身の言説を真に二重化するという様相を呈している。二重化というか、むしろたえざる裏打ちである。つまりそれは、ある時点における世界とその表象の秩序（フーコーによる研究の運動において、〈思考のシステム〉の考古学的記述としてわれわれが知っているもの）を語るのとまさに同時に、そうした世界とその表象の過剰な側面、横溢、〈外〉を、逆説的な仕方でそれでもなお表象するものを語るという試み、極限まで押し進められたそうした試みなのだ。初期の偉大な著作群は、それぞれに扱う対象（狂気、臨床医学、人間諸科学の誕生）は多様であるものの、世界に関する諸言説をわれわれが秩序立てる方法が、歴史的に規定された一連の分割によるものだということを分析していた。これに対してそれらの著作群と同時代に書かれた文学に関するテクストは反対に、一連の異質な諸形象――扱いにくい作家たち、凍りついたような言葉、エクリチュールの迷路――を広げて見せ、そうした諸形象が持つ明白な拒否とは言わないまでも、それらの顕著な例外性を体現しているように見える。フーコーの「著作群のライン」と、文学関連のテクストのラインが重なり合うのは、『レーモン・ルーセル』(19)というただ一つのケースにおいてだけである。それは、歴史的で認識的な調査が完全に姿を消して、そうした調査が、まさに言説を破綻させるものをめぐって、虚ろな形で再定式されたように見える特異な作品だ。それは、おそらく一つの身振り――書くという身振り――なのだが、文学を戦略として我がものにする、ある一つの仕方をただちに含意するような何ものかでもある。したがって、一九六〇年代を通じてフーコーは、どこにおいても、文学の非特異性と、それとは逆の、文学の戦略的中心性とを同時に主張し、作動させようとしていたのだ。第一のケース――考古学的調査――において、文学は、他の言説的生産物（行政証書、契約書、古文書の断片、百科事典、学術的著作、私信、日記等）に対して、いかなる特異性も持っていない。第二のケース（〈文学関連〉のテクスト）では、文学のただ中で、ある姿勢とエクリチュールの手法との関係を語ることが問題になっている。そうしたエクリチュールの手法は、特殊な形式で提示されるために、脱-秩序の経験、あるいは断絶の現動化といったものを引き起こす。それは変化の母体であり、変身のオペレーターなのだ。要するに、一方には、言葉と物との間の厳密な相関関係があり、そして他方には、うまく言い表され得るものは、時として思考不可能なものであるという奇妙な確認があるのだ。言表可能なものと思考可能なものとのそうした奇妙な分離は、言説もまた、自らに固有なコード、あるいは自らが示すものの一義性から身を引き離すことができるような、そうした実験の領野全体へと開かれているのである。「ルーセルの謎とは、彼の言語の要素の一つ一つが、可能な無数の布置の中にとらわれているという事実である。ブルトンが示唆する秘密よりも、はるかに明示的で、同時にそれよりはるかに困難な秘密。それは意味の策略の中でも、謎解きの遊戯の中でもなく、仕組まれた形態学上の不確実性の中に存在する。あるいはむしろ、共存することはできないがどれも可能なものである、そんな様々な読解の体系に認可を与えることで、いくつもの構成が同一のテクストを分節化できるという事実の確実性の中に、つまりは厳密で制御不能な形態の多価性の中に存在するのである[20]」。

この件に関して、二つの指摘をしておこう。一方において、フーコーにとって、彼自身が行う分析に対して文学がなしている〈外〉は、ある強い意志を持った振る舞いと切り離すことができないということである。ここでは、文学自体ではなく、文学を担う身振りこそが、めくるめくような形態の多価性を付与され、世界に関するわれわれの秩序を、そうした秩序に固有の攪乱の深淵へと滑落させるという役目を負っているのだ。戦略としての文学、したがって言い換えるなら、ある種の文学の用法、手法の使用である。それは、物語の構成の内側で行われる爆破作業そのものだ。そうした爆破作業は、意味のヘゲモニーに対して戦場を作り上げることを通じてなされるのである。他方においてこの〈外〉は、ブランショがそれについて与え、一九六〇年代のフーコーによって引き継がれた次のような定義をはみ出しているということである。すなわち、〈外〉とは〈私は考える〉と〈私は話す〉との間のつながりの解消の確認であり、自らの外部への言語の際限のない滲出だという定義である。〈外〉とはまたただちに、表象の王朝を逃れた、言説の異なる存在様式を定めることであり、構造的に御しがたい言葉——事例をあげて列挙するなら、聞き取り不可能な言葉、スキャンダラスな言葉、分類不能な言葉、翻訳不可能な言葉、決定不能な言葉、断片的な言葉、偶然的な言葉、不安定な言葉、めまいを起こさせるような言葉——を構築する実質的な手法を与えるような、言説の異なる存在様態を定めることでもあるのだ。

一九六〇年代末になると、文学とのこうした奇妙な関係は姿を消してしまうように見える。おそらくそれには多くの理由がある。われわれは、そのうち少なくとも三つの理由について触れておきたい。

第一の理由は何より、他の実践形態に対する言説の特権性が放棄されたことによるものである。言説の秩序は、(歴史的に規定された) 世界の一つの秩序である。言説の秩序は、諸事物、われわれ自身、そして他者たちに対するわれわれの関係を、われわれが組織する様態の一つではあるが、その唯一独占的なモデルだというわけではないのである。ある時には、言説的な秩序づけが、他の諸々の分割 (例えば、制度の誕生、ある種のタイプの身体に対する介入、社会的な疎隔) に先立ち、それらを基礎づけることもあるが、また別の時には、そうした言説的な秩序づけが、他の諸々の分割の結果に違いないと思われることもある。同様に、ある種の文学の用法によってもたらされる〈無秩序〉は、世界の秩序を粉砕する、他の多くの試みのうちの一つにすぎない。エクリチュールを介さない発言といった、他の様々な戦略が存在している。また、〈自分自身の操行を導く〉ための様々な仕方が存在しており、それらも世界の秩序を中断し、問いに付し、あるいは爆破する戦略になる。こうした観点から見れば、フーコーが自らの研究の〈裏地〉としての文学的な領野を次第に放棄したことは、おそらく彼が自分自身の問題提起を、今度は権力と抵抗という用語で提示される、より広い主題群へと広げようとしたことによるものである。武器として用いられた文学的エクリチュールは、権力と抵抗という主題群のうちに、申し分ない形で自らの持ち場を見いだすことができる。しかし文学的エクリチュールは、もはやそうした新たな主題群にとってのパラダイムではない。

第二の理由は、決断について説明することとの困難によるものである。先にわれわれは、文学の用法とエクリチュールの手法について言及した。ここで必要なものは、意志である。投企こそが問題になるのだ。ところで、文学と狂気が交差する地点においてこそ、言語の〈蝶番を外す〉ことができるような言葉が取り結ばれるといった、おそらくいまだ多分に現象学の記憶をとどめた古い発想は、投企という問題を見分けにくくしてしまう。ルイス・ウルフソン[21]のような人の意志、ジャン゠ピエール・ブリッセ[22]のような人の意志とは一体どんなものだというのだろうか。それに、たとえそうした意志が明白になったとしても、一九七〇年代初頭以降――とりわけ、監獄監視グループ〈GIP〉のエピソードによって代表されるような、発言をめぐる別の経験以降――ますますフーコーの関心を引くようになったと思われるもの、つまり、集団的な次元への移行についてはどうなるのだろうか。どのようにして、脱‐秩序（それが、言語学的なコードの破壊であれ、制度の再問題化であれ、自分自身の同一性が客体化されることの拒否であれ）を、単独的な主体性だけではなく、横断的な主体化をも構成するような、共有された諸実践と接合することができるのだろうか。お分かりのように、ここで賭金となっているのは、ある種の〈文学的ケース＝症例〉を既成の秩序から引き離すという営みを、抵抗の政治的な諸様態をめぐるより一般的な調査へとそっくり反転させることなのだ。こうした観点からすれば、戦闘の鈍いとどろきは、文学的な隠喩ではあり得ないのである。[23]

最後に第三の理由は、フーコー自身もはっきりと認めるように、〈外〉という形象を放棄したこと（外は神話である）、そして、歴史の内部にある可能な差異という主題にふたたび精力を注ぐようになったことによるものである。歴史の内部とはつまり、権力諸関係の内部、発せられると同時に甘受される言葉の内部、打ち砕かれたイメージ、そしてそれにもかかわらず生み出され続けるイメージの内部ということだ。問いはますます次のようなものになる。ある種の認識的で歴史的な布置のただ中から、ある時点において諸言説と諸実践のある種の構成によって展開された〈現実の網の目〉のただ中から、要するに、世界をめぐる、歴史的に規定されたある文法の内部から、そうした文法を穿ち、その分節化を反転し、そのラインをずらし、そのポイントを動かし、その意味を抉り取り、その均衡を再発明するということ、またそうしたことはいかにして可能だろうか。争点はもちろん理論的だが、ただちに政治的でもある。つまり、われわれが現在そうあるように、われわれをあらしめている歴史（言い換えるなら、われわれが現在考えるような仕方でわれわれに考えさせ、われわれが現在話すような仕方でわれわれに話させ、われわれが現在行動するような仕方でわれわれに行動させる歴史）のただ中で、こうした諸々の規定から身を引き離し、そこに逆説的な仕方で、他なる言葉、他なる生の形式の（とはいえ、常に内部にあるような）空間をしつらえることはできるか、ということが争点なのだ。ところで、まさしく文学に関する仕事を通じて引き出されたこうした問題こそ、以後フーコーにとりついて離れなかった問題である。われわれがそうであるところのものの歴史的な規定と可能な乗り越え、それらは矛盾という仕方ではなく、共存可能性という仕方で考えられる必要がある。いまやわれわれは、バタイユにお馴染みの侵犯からも、あるいはブランショ的な外からもかなり遠く離れたところにいるのだ。

本書を構成する文学に関するフーコーの講演は、こうした視座のうちに位置づけられるものである。これらの講演は、ある共通点を持っており、それを考えれば、本書が〈オーディオグラフィー〉叢書に収められているのもまったく偶然ではない。その共通点とは、これらの講演が皆、一九六三年から一九七一年という一〇年にも満たない期間の間に口頭で発表されたものであるということ、とはいえそれぞれの講演は、書かれたものや言語との間に特殊な関係を保っているということである。最初の二つの資料は、一九六三年一月にフランスのラジオで放送された二本の番組を完全な形で文字に起こしたものである。これらの番組でフーコーは、シェイクスピア、セルバンテス、ディドロ、サド、アルトー、レリス等々の多くの引用を読み聞かせている。

第二の資料群は、一九六四年一二月ブリュッセルで行われた〈文学と言語〉をめぐる二回の連続講演からなっている。第三の資料群は、一九七一年、アメリカのバッファローの大学で口頭発表された二部仕立ての論文のもととなった、未刊行の分厚いタイプ原稿である。このタイプ原稿は、サド侯爵の研究を（少なくとも三回にわたり）口頭で実験的に行ったことの成果として生まれたものであり、そうした実験的な口頭発表の原稿も残されている。こうした資料群を一つにまとめることで、われわれが読んでもらいたいと思っているのは、ひとりでに語られることになった主体なき言語のアイロニーでもなければ、言葉になることを強いられた白いエクリチュールのアイロニーでもない。反対に、われわれが読んでもらいたいのは、外部性、物質性、言説の狡知に対する、多形的な不安のなにがしか、書かれた頁へと裏返されたそうした不安のなにがしかなのである。フーコーは、自分がそうした不安の作者であると言うことにはためらいを示したが、いっときの間そうした不安の代弁者となったのである。

フィリップ・アルティエール、ジャン゠フランソワ・ベール、マチュー・ポット゠ボンヌヴィル、ジュディット・ルヴェル

緒　言

この校訂版は、ラジオ番組という形であれ、タイプ原稿によって転写された講義という形であれ、ミシェル・フーコーが公式に行った発言を典拠としている。本校訂版は、そうした発言をできる限り忠実に公開するものである。しかし、口頭発表されたものを文書化するために、編者がいくらか手を加える必要があった。それゆえ、転写の誤りや曖昧な箇所は、口頭でなされた発言を準備するために書かれたフーコーの手稿にしたがい、訂正ないし補足された。同様に、読みやすさを考慮して、句読点や段落の区切りにも手を加えたが、その際にはフーコーの意図を最大限尊重した。文字が判読不能な時には、タイプ原稿による転写の場合であれ、手稿版の場合であれ、編者が明記した。

最後に、巻末注とした注釈欄は、有意義であると思われた場合、またはタイプ原稿に欠落がある場合に、手稿による異本に言及するにとどめ、あまりよく知られていないと判断された幾人かの著作家に限り文献的、伝記的な事項を短く記載した。

狂気の言語 ㉔

編者の注

一九六三年フーコーは、フランス国営放送フランス3が放送するラジオ番組「言葉の用法」において、狂気の言語を特集した五回の放送を制作した。この番組の監督は、演劇人、テレビ番組制作者、俳優、作家のジャン・ドアである。週一回、五週間にわたって放送された五回の番組放送のタイトルは以下の通りである。「愉快な狂気」(一九六三年一月七日放送)、「狂人たちの沈黙」(一九六三年一月一四日)、「迫害」(一九六三年一月二一日)、「身体とその分身」(一九六三年一月二八日)、「狂える言語」(一九六三年二月四日)。フーコーによって制作されたこの番組シリーズの紹介文は以下の通りである。

ミシェル・フーコーは、西洋社会の歴史を書くために、とりわけ狂気という試金石を用いた。それぞれの社会、それぞれの文化は、狂気に対してきわめて明確な位置を指定し、狂気に対してある限定された構造をあらかじめ用意する。こうして「理性的である」と言われる人々のグループが、そうしたグループが持っている禁止に応じて狂人たちに対比される形で、境界画定されるのである。

この一連の放送は、全体として四部からなる。第一部において制作者は、言語における狂気の侵入点を明示する。そして彼は、病理学的な諸言語の様々な形態を分析する。そのために彼は、病者によって書かれ、俳優によって朗読されたテクスト、および病者と臨床家の間で交わされた対話の録音を使用した。

第二部においてミシェル・フーコーは、言語において、狂気がどのように表象されたのかを示す。そこで彼は、シェイクスピアおよびコルネイユの作品における狂人の人物像（『メリットあるいは偽手紙』のエラスト）[25]を検討する。

第三部においてフーコーは、言語の内部における非理性の経験を論じ、ジェラール・ド・ネルヴァルやレーモン・ルーセルといった作家たちにおける、文学経験と狂気の間のある種の関係について明らかにする。レーモン・ルーセルは、偉大な精神病理学者であるピエール・ジャネの治療を受けていたが、ジャネは自身のある著作の中で、マルシャルという偽名を用いてルーセルの症例について検討している。[26]

最後にミシェル・フーコーは、人工的に引き起こされた狂気について論じる。[27]狂気の言語のこの最後の側面について、アンリ・ミショー以上に見事に明らかにすることができたものはいない。

本書においてわれわれは、「狂人たちの沈黙」を特集した第二回放送、および最終回放送である「狂える言語」を収録することを選択した。こうした選択をしたのは、これら二回の放送が鏡写しの構造をもたらすためだが、これらの放送において文学がしめている位置のためでもある。これに対して他の三回の放送では、狂人の言語という問題だけがより詳しく論じられている。ミシェル・フーコーが役者に文学の抜粋を朗読させる際に、参照された版は言及されておらず、そのことが、朗読されたテクストを収録する際に誤りの原因となる。外国文学に関しては翻訳の問題が生じるが、われわれは、フーコーが自分の放送を制作した際に使用することができたプレイヤード叢書を参照版としつつ、テクスト内でフーコー自身が行った省略は重視し、これを角括弧［…］で表記した。

狂人たちの沈黙

フランス国営放送フランス3は、「言葉の用法」を放送します。本日は「狂気の言葉」、「「狂人たちの沈黙」を扱う」第二回放送、制作者はミシェル・フーコーです。

ジャン・ドア：ミシェル・フーコー、あなたは、「言葉の用法」という番組の枠で、狂気の言語に関する一連の放送に一枚嚙んでおられますね？ 白状なさい。それにまた、あなたが制作されたシリーズの第一回は先週放送されていて、タイトルは「狂気と祝祭」だったとお認めになりますね。あなたの番組の第二回放送のテーマは何ですか。

ミシェル・フーコー：私は第二回の放送で、狂人たちの沈黙という、祝祭の裏面、別の側面に関するものを扱いたいと思います。しかしあなたは、私に対して反論がおありだと思いますし、私はまさにあなたとそのことについて議論したいと思っているのです。というのも、ジャン・ドア、あなたは演劇人ですし、あなたはこの放送をきちんと監督したいと思っておられるからです。祝祭と演劇が狂気に対して持っているそれぞれの役割について、私が提示した解釈に関して、あなたは私に完全には同意していないと思います。私はむしろこんな印象を抱いているのです。演劇は、祝祭に対しても、狂気に対しても背を向けていて、演劇は、美しき上演＝表象のために、祝祭と狂気の持つ力を弱め、それらが持つ力と転覆的な暴力を統御しようとしているのだと。実のところ演劇は、参加者たち、祝祭の参加者たちを分裂させて、一方の側に役者を作り出し、そして他方の側に観客を作り出します。演劇は、意思伝達の仮面である祝祭の仮面を、ボール紙の表面、石膏の表面のような何か、より繊細ではあるが、隠し、分離するような何かに取り替えてしまうのです。

ジャン・ドア：それでは、私もあなたに私の考えをお話ししますが、それは私だけの個人的な見解ではありません。私は、多くの人々、とりわけよき師であるアラン[28]と同様に、演劇は、自分自身に対して自らを表現したいという、共同体が持つ欲求から生じるのだと思います。次第に改良が進む中で、この共同体の一部は専門職になって、作者、役者、舞台美術家、上演のために働くあらゆる職業と呼ばれるものになり、残りの一部は観客と呼ばれるようになります。私は、あなたがアランをお好きだと思うので、彼を引き合いに出しますが、アランは上演という瞬間を、祝祭のうち、式典のうちにも位置づけることを忘れることはなかったと思います。私としては、演劇が、演劇のために作られた場所の外で演じられる時ほど素晴らしいものはないと思います。フェスティヴァルや、ある種の自然風景の前、大聖堂の前の広場で行われる上演のことを考えてみてください。つまり、ごく簡単に言うなら、アポロン的な力とディオニュソス的な力の間で、探求されるべき一種の均衡のようなものがつねに存在していると思うのです[29]。

ミシェル・フーコー：私が、演劇はどちらかと言えばアポロン的なものの側にあると考えるのに対して、あなたは、演劇はディオニュソス的なものの側にあるとお考えになるというわけですね。

ジャン・ドア：実際のところ、私はごく単純に、演劇とは、あらゆる芸術と同様、いや他のあらゆる芸術以上に、人間の超克の探求であって、人間は、舞台の上で自らを超克する登場人物のうちに自分自身を認めるのだと思うのです。

ミシェル・フーコー：よろしい、では一つ実験をしてみませんか。『リア王』の一場面を聞いてみましょう[30]。『リア王』に登場する、狂気の偉大なる場面、荒野の場面です。そうすれば、われわれもおそらく判断を下すことができるでしょうし、ラジオをお聞きの方々に、われわれの論争の判定人になってもらうこともできるでしょうから[31]。

リア　風よ、吹け、お前の頬ははち切れろ、荒れろ、吹け。
滝なす豪雨よ、お前たちは水を噴き出して、
高い塔を水浸しにし、その上の風見車を溺《おぼ》らしてしまえ。
雷神の意を迅速にはたす硫黄の火よ、
樫の木をつん裂く雷の先駆けである電《いなずま》よ、
お前たちはおれの白髪頭を焦がしてしまえ。
天地をゆり動かす雷よ、世界という球体も妊婦のお腹もつぶしてしまえ。
人間創造の母胎を破ってしまえ。恩知らずの人間を産み出す
あらゆる種子をただちにひしいでしまえ。
道化　おじちゃん、潤いのない家の中の御殿向きの口上の甘い水の方が、家の外のこんな雨水よりはましだよ。おじちゃん、帰りましょうよ、そしてお娘さんたちに面倒を見てもらいましょうよ。こんな闇夜は、賢い者にも阿呆者にも目をくれやしませんよ。
リア　存分に鳴りどよめ。火よ、燃え出せ。雨よ、降りそそげ。
雨も風も雷も電もおれの娘ではない。
お前たちを親不孝と責めることをわしはしない。
王国を譲りもせず、わが子と呼びもしなかった。

恐ろしいことをするがよい。わしはお前たちの奴隷だ、
あわれな、かよわい、無力な、さげすまれている老いぼれだ。
それでも、おれはお前たちを卑劣なまわし者だと思うぞ、
お前たちは邪慳《じゃけん》な二人の娘と力をあわせて、こんな老人《としより》の白髪頭を目あてに
天上の大軍を率いて来たではないか。ああじつに忌《いま》わしい。

道化　頭を突っ込んでおくだけでも家がある人は、頭がいいんだ。

頭を入れる家もないのに、
前巾着《まえきんちゃく》が宿を借りれば、
頭も腰も虱の巣。
これが乞食の嫁取りさ。
胸に抱いておくべきものを、
爪先などにつけてあるけば、
豆のいたさにうめき立て
眠るどころか泣きあかす。

どんな美人でも、鏡に向っては口を曲げて見たりしない女なんてありませんぜ。

ケント伯来る。

リア　いや、わしは忍耐の手本になろう。
何もいうまい。
ケント伯　誰だ。
道化　おや、お冠りを着けている者とズボンに前巾着のある者さ、というのは賢い人と阿呆のこと。
ケント伯　ああ、ここにいらっしゃるのですか。夜が好きな動物でも
こんな夜は嫌いです。荒れ狂うこの空模様には、
闇夜をうろつき廻る奴らでさえ恐れをなして、
洞穴にひそんでおります。こんなに大きい電《いなずま》、
こんなに恐ろしい雷の轟き、
こんなに吼え狂う風雨のうなり声は、
生まれてこの方、ついぞ覚えがありません。
こんな苦しい恐ろしい目にあっては、
人間の体力も駄目です。
リア　この恐ろしい混乱を

われわれの頭上にひろげている神々ならば、
今こその敵を見出すことができよう。震い戦《おのの》け、汝《なんじ》、
世を憚《はばか》る罪状を胸中にひめながらも、
正義の笞《しもと》をいまだ受けざる罪人《つみびと》。隠れろ、汝、人殺し、
汝、偽りの証《あか》しを立てた奴、汝、邪淫を犯しながら、
有徳をよそおう奴。手足もちぎれるほど身を震わせろ、
人目を盗んで巧みに欺き、人の命を
取ろうとたくらんだ悪漢。固く閉じ込めてある罪業、
お前を隠まう蓋をあけてしまって、
この恐るべき召喚者《よびだし》に慈悲を願い出ろ。
わしは罪を犯したというよりも犯されている者だ。

ケント伯　おやおや、おかぶり物もなく。
御前《ごぜん》、すぐそこにあばら家がございます。
誰か心ある者なら、雨よけにお貸し申しましょう。
そこでお休みください。その間に私は、あの冷酷な屋敷、
石造りとは申せ、石よりも冷酷で剛情な家、
たった今も、おん行先を尋ねましたところ、

そこの人たちは私を入れまいとしましたが、とにかくそこに戻って、無理にもありったけの礼儀を守らせましょう。

リア 気が変になりかけた。

おい、小僧。どうした、小僧。寒いのかい。

おれも寒い。おいおい、藁床《わらどこ》というのはどこにあるんだ。

必要な品を造り出す秘訣は不思議なものだ、

きたならしい品をも貴重品にするんだから。さ、その小屋だ。

あわれな道化の下郎よ。おれは心の中で

お前をかなり気の毒に思っているよ。

ジャン・ドアさん、この場面を聞いてみると、われわれは二人とも正しいということになりそうですが、それは別段驚くべきことではありません。というのも、『リア王』はおそらく、まったく完全に悲劇的な狂気経験に関する、非常にまれで孤立した表現だからです。そうした表現は、比類なきもの、われわれの文明においてはまったく比類なきものです。というのも、われわれの文明は結局のところ、狂気を遠ざけることにたえず心を砕き、時に喜劇的なものをめぐる幾らかの好意を示すことはあるにせよ、つねに正当化された遠巻きの視線を狂気に対して投げかけてきたからです。

セルバンテスの言語のうちにはそうした、小さな裂け目がすでに認められます(32)。

ドン・キホーテにおける悲劇的なものは、この人物の狂気自体に宿るのではありませんし、彼の言語の深い力でもありません。『ドン・キホーテ』における悲劇的なものは、小さな虚ろな空間、時には感知できないほどの距離のうちにあります。こうした距離によって、読者だけではなく、他の登場人物たちも、サンチョも、そして最終的にはドン・キホーテ自身までもが、この狂気を意識できるようになります。

そしてその時、不安をかきたてるようなほのかなきらめきが、狂気に関する理解をドン・キホーテに与えると同時に、彼からそうした理解を奪い去ってしまうのですが、それは、リア王の苦しみとはまるで違います。リア王は、自らの狂気の底で、自分が狂気のうちに落ち込んでいるのだということ、死にいたるまで止まるべくもない失墜によって、自分が狂気のうちに落ち込んでいるということを知っていました。反対にドン・キホーテは、いつでも自分自身の狂気を顧みることができるし、そうするまでいつもあと一歩のところにいるのです。

ドン・キホーテは、やっと自らの狂気を自覚したと思いきや、そうはならずに結局彼は、無分別なままです。それでもやがて、事態が一変する瞬間がやって来ます。しかし、彼の狂気の悲劇的な掟が望むように、事態が一変し、ドン・キホーテが熱病からさめて、突如として自分自身の狂気を自覚する瞬間は、死と、死の避けがたい確信へと通じているので

す。(33)

つまり、かの決定的な敗北がもたらした憂愁によるものであろうか、あるいはまた、それをお命じになった天の配剤によるものであろうか、彼はひどい熱病にとりつかれて、六日のあいだ床を離れることができなかったのである。その間、村の司祭、学士、床屋などの友人たちはたびたび彼を病床に見舞い、善良な従士のサンチョ・パンサは主人の枕もとを離れることがなかった。［…］例えば学士のサンソン・カラスコは、さあ元気を出して立ち上がり、一緒に羊飼いの生活を始めましょう、もう私はそのために、サンナザーロがこれまでに作った牧歌のどれにもひけをとらないような見事な牧歌をひとつ作ったし、また自腹を切って、羊の番をさせるすばらしい犬を二頭買い入れました、一頭はバルシーノ、もう一頭はブトロンという名で、キンタナールの牧場主から譲ってもらったんですよ、などと言って励ました。しかし、このような思いやりによっても、ドン・キホーテの沈み切った心が晴れることはなかった。［…］

ドン・キホーテは少し眠りたいから、ひとりにしてほしいと頼んだ。そこで皆が言われたとおりにすると、彼は、世間でよく言うように、ぶっ続けに六時間以上も眠ったが、そのあいだ、あまりにも静かだったものだから、家政婦と姪は、そのまま永の眠りについてしまうのではないかと気が気でなかった。しかし、いま言っただけのあいだ眠って目を覚ました彼は、大声を張り上げて、こう叫んだ。

「おお、全知全能の神のありがたさよ！　わしにかくまでの恩恵をたれたもうとは、神のお慈悲のなんと広大無辺なことよ！〔…〕おかげで、わしはいまや曇りのない理性を取りもどし、あのおぞましい騎士道物語を読みふけったがためにわしの頭にかかっていた、無知という黒々とした霧もすっかり晴れたのじゃ。それゆえ、今ではああした物語がいかに荒唐無稽で、まやかしに満ちていたかをはっきり認めることができる。〔…〕姪よ、わしはもうすぐ死ぬことになろうが、せめて、死に至るまで狂人であったという評判を残すほどわしの生涯が不幸であったわけではないことを、人に分かってもらえるような死に方をしたいと思う。つまり、なるほどわしは狂人であったが、今わの際にその事実を認めたくはないのよ。」〔…〕

一同はドン・キホーテの言葉に驚いて、たがいに顔を見あわせた。そして、いまだ半信半疑ではあったものの、彼の言うことを信じようとしたのである。彼が本当に死んでゆくのだと彼らに思わせた徴候のひとつは、彼がかくも唐突に、しかもやすやすと狂気から正気に戻ったという事実であった。〔…〕

やがて型どおりの秘跡をすべて受け、さらに的確な言葉を連ねながら口をきわめて騎士道物語を呪ったのち、ついにドン・キホーテは最期を迎えた。その場には公証人もいあわせたが、彼はドン・キホーテほど従容《しょうよう》として死をうけいれ、いかにもキリスト教徒らしい大往生をとげた遍歴の騎士には、これまでいかなる騎士道物語においても出会ったことがないと断言した。かくしてドン・キホーテは、その場の人びとの深い同情と涙に見守られながら、魂を神に捧げた、つまり死んだのである。[…]

機知に富んだラ・マンチャの郷士はこのような死を迎えた[…]。サンチョの涙、ドン・キホーテの姪や家政婦の涙、および彼の墓の新しい碑銘のことなども記されてはいない。[…]

ここに眠るは屈強なる郷士
勇猛なることきわまりて
死の神でさえ彼の生命を
その死をもて奪い去ること
能《あた》わざりしと伝えられし。
広き世界を蔑《なみ》する意気と
その異形《いぎよう》もて　世の人を
ひとしく震撼《しんかん》せしめたり
神慮により　狂気に生きて
正気に死にしは幸いなり。

この碑銘、そして『ドン・キホーテ』の結末全体が証し立てているのは、いまや狂気と狂気の意識の関係は、生と死の関係のようなものになったということです。つまり、一方は他方を殺すのです。知恵は、狂気について見事に語ることができますが、しかしまるで死体について語るかのように、狂気について語ることになるでしょう。狂気は、その眼前で、好奇心に満ちた視線のたんなる対象として、沈黙を守ることになります。古典主義時代を通じて狂人は、ある社会的情景の一部になるのですが、そうした一風変わった社会的情景は、次のような懐疑的不安をふたたび呼びさますのが関の山です。よく考えてみると、私自身、狂っているのかもしれない。だがそれについては何もわからない。というのも、狂気は自覚されないからだ。それにもし他の人々が皆狂っているとすれば、私には、自分が狂っているか否かを知るための手がかりが何一つない、というわけです。

こうした懐疑は、王侯の気まぐれな戯れ、繊細で凝った頭の体操にすぎません。古典主義時代において私の興味をひくのは、ある鈍重な事実、長い間沈黙のうちにとどまっていた、ひそかな歴史的事実の方です。もしかしたらそうした事実は、歴史家たちが書く歴史にとってはあまり重要ではないのかもしれません。しかし私のように、ある文化の歴史を書こうとしている人間にとっては、こうした事実は非常に重要であると思われます。その事実とは次のようなものです。(34)

一六五七年四月のある日、パリで、約六千人の人々が捕らえられました。一七世紀のパリで六千人といえば、人口の約百分の一にあたります。それは例えて言うなら、現在のパリで大体四万人の人を捕まえるようなものです。それほどの大ごとなわけで、そんなことをしたら、かなりの噂になるでしょう。

この人たちは、一般施療院に連れて行かれました。なぜでしょう。それは彼らが、失業者、乞食、役立たず、放蕩者、奇人、同性愛者、狂人、気の触れた人だったからです。こうした人々は、彼らに対して一度として正式な法的措置が取られることもないままに、一般施療院に送られました。これらの結構な人々を皆、生涯にわたり施療院送りにするには、たんただの治安上の予防策、王令、さらには私の考えではこちらの方がより重大ですが、たんなる家族の嘆願があればそれで十分だったのです。この施療院というのは明らかに、なんら病院設備を備えたものではありませんでした。むしろそれは、一種の巨大な監獄であり、そこで人々は監視され、さらには一生涯にわたり監禁されることもしばしばだったのです。

こうした慣行は、およそ一世紀半にわたって続いたのですが、この巨大な排除の儀礼については、そもそもめったに問われることがありません。残されているのは、現在アルスナル図書館に保管されている、ほこりをかぶった管理記録簿だけです。こうした管理記録簿には何が見いだされるのでしょうか。それは、様々な監禁理由の長々しい雑多な寄せ集めです。

こうした監禁理由は、耳を傾けるに値するものだと思います。それは理性が、国家理性が、つまり結局のところ治安を司る人々の理性、そしてありきたりの人々の理性が、他の人々の狂気に対して下した命令なのです。

例えば、一七三五年一月に下された監禁理由は次のようなものです。

一七三五年一月三日、バー・カトリーヌ。この女は公娼であり、街区で多くの騒ぎを起こす。

一月六日、フォレスティエ・ジャン＝ピエール。この男は、しばしば狂乱状態に陥り、そのためにルーアンで、監禁の判決を下された。

一月一〇日、ゴスティエ・エティエンヌ。この男は、妻を手荒く扱う放蕩者で、あらゆる手段で、妻をひどい目に合わせようとしている。

一月一七日、マルベール。この男は、昔から騒ぎを起こす危険人物として知られ、売春宿の女衒のほかには何も仕事をしていない。この男はしまいには、ラボムという名の女と暮らし、何度も彼女の夫を殺そうとした。

一月一九日、タブルクール。この女は気がふれている。

一月一九日、フランソワ・アントワーヌ。この男の家で、複数の商品が見つかり、彼はそれを様々な店から盗んだことを自白した。

一月二四日、ラトゥール・デュポン・ジョゼフ。殺人罪で車責めの刑に処せられた凶暴な男で、完全に狂っている。

一月二五日、ギヨタン・ミシェル。妻を手荒に扱う乱暴者で、家財道具を壊し、隣人を罵り、父母を罵倒して、大きな犬をけしかけて両親に噛みつかせようとした。

一月三一日、ラポルト・シャルロット。この女は痙攣を起こす。

一月三一日、ルソー・マリ・ジャンヌ。この女は狂っており、回復の見込みはない。

一月三一日、デュヴァル。この男は気が触れている。

一月三一日、ミニュロン・アンヌ。この女はブケ氏の女中で、彼の子をはらんでいる。

一月三一日、デュボス・ジャン゠フランソワ。この男は、自分を破産させるとして、妻をたえず虐待し、妻と子供を困窮に追いやった。彼はあらゆる種類の放蕩にふけっている。


自分とは反対のものを裁く時、理性がいかに言葉少なで、強権的であるかが分かるでしょう。古典主義時代を通じて、理性が行ってきたのはそうしたことだったのです。しかし耳を傾けてみれば、そこにはかすかな呟きのようなものを感じ取ることができます。まるで古典的合理主義の時代のあいだでさえ、狂気は自らの言語を練り直し、いにしえのディオニュソス的な合一を見いだそうとしていたかのようです。狂気は、こうした失われた経験を、おそらく言葉によってという以上に、身振りによって呼び覚まそうとします。そうした身振りのうちで、狂気が新たに生まれるという喜びと、ずっと昔から言葉を奪われている狂気の悲惨とが同時に告げられるのです。

おそらく一八世紀の最も注意深い哲学者であるディドロは、叫び、騒音、音、涙、笑いにつらぬかれた純粋な身振り手振り、狂気の言葉なき偉大な紋章であるようなそうした身振り手振りのうちで、こうした経験が再生されるのを目の当たりにしました。それが、『ラモーの甥』(35)のダンスなのです(36)。

そういうと、たちまち彼は、のどの中で『道化の道』や『モデルに惚れた絵描き』や『蹄鉄工』や『訴訟女』のアリアをいくつか呟きながら、そこいらへんを歩き出した。そして、時々、両手と眼を空へあげて叫んだ。「これが美しいかどうかなんて、畜生！これが美しいかどうかなんて！　頭と一対の耳をくっつけていながら、なんだってそんな疑問が出せるんだろう！」彼は、だんだん感情に駆られて、低い声で歌い始めた。感情が次第に高ぶるにつれて、調子を上げていった。それから身振りをし、顔を歪め、体をくねらした。そこでわたしはひとりごちた、「ははあ、こいつは頭が狂いだしたな。何か新しい場面が今に見られるぞ。」はたして、彼はひと声高く張りあげた。「わしは哀れな奴です。……殿様、殿様、わしに行かせてください。……おお大地よ、わしの金貨を受けてくれ。わしの宝をようくしまっといてくれ。……わしの魂を、わしの魂を、わしの命を！　おお大地よ！……これがかわいい友だちです。これがかわいい友だちです！……待てども待てども人は来ず。……ゼルビナのことを忘れないで下さいまし。……いつもお前といさかい合っても。……」彼は、種々雑多な性格の、イタリア語やフランス語の悲劇的なアリアや、喜劇的なアリアを、三十ばかりも並べ立ててごちゃまぜにした。ある時は上低音《バリトン》で地獄まで歌い降ったかと思うと、またある時は声をからし金切声をまねながら高い天上の声音をひき裂いたが、歩きぶりや顔かたちや身ぶりでもって色々な歌い手の人物をまねて、次から次へと、狂おしくなったり、静かになったり、威たけだかになったり、嘲るような様子をしたりした。いま泣いている若い娘を演じて、娘らしいしなを作ってみせるかと思うと、司祭になり、王になり、暴君になって、威嚇したり、命令したり、逆上したりする。また、奴隷になって、へりくだる。気がしずまったり、歎き悲しんだり、溜息をついたり、笑ったりする。決して調子や拍子や、言葉の意味や曲の性格から外れたりはしない。木屑を押している連中は皆その将棋盤を離れて彼の周りに集まっていた。カフェの窓の外は物音にひき止められた通行人で一杯だった。人々は天井も裂けんばかりに大笑いをしていた。ところが、彼のほうは、何にも気がついていなかった。正気を失い、狂気に近い熱情で、続けていた。それは、辻馬車にでもほうりこんで、まっすぐに気違い病院〔原文ママ〕へつれて行かないかぎりは、いつ正気に立ち帰るとも知れないくらいだった。ヨンメッリの『哀歌』のひとふしを歌いながら、彼は、信じられないほど正確に、真実に、熱烈に、各断章の最も美しい個処をくりかえした。預言者がイェルサレムの荒廃を描き出すあの美しい伴奏附の叙唱を、彼の涙の滝でうるおすと、並居る人々の眼から涙があふれ流れた。なにもかもその中にあった。歌の微妙さも、表現の強さも、苦悩も。作曲家が特に名人として腕を見せていた個処では、彼はいっそう力を入れた。彼が時々歌の部を止めたのは、楽器の部を演るためだった。が、また突然その部をやめて歌声に戻った。こういうふうにして全体のつながりとまとまりを保つように両方を組み合わせ、われわれの魂をつかみ、それをわたしのいまだかつて経験したこともない実に奇妙な状態につなぎ止めておくのであった。……わたしはうっとりと感じ入っていたのだろうか。そう、うっとりと感じ入っていたのだ！　わたしは哀れみを感じていたのだろうか。哀れみを感じていたのだ。しかし、一抹のばかばかしさがこうした感情に溶けこんでいて、それを変質させていた。しかし読者とても、彼が色々な楽器をまねる恰好を見ては、思わず吹き出さずにはいられなかったことだろう。両頬をはちきれんばかりにふくらまし、しゃがれた陰気な音を出して、彼はホルンとファゴットをまねてみせた。オーボアをまねるためには、爆発するような鼻にかかった音を出した。弦楽器をまねるには、信じられないほどの速さで自分の声をせきたてて、楽器にごく近い音まで出そうとした。口笛でピッコロを吹き、鳩の鳴き声みたいな声でドイツ・フリュートを吹いた。そして気の触れた人のように叫んだり歌ったり暴れたり、自分一人で男や女の踊り手にもなければ歌い手にもなり、オーケストラや歌劇の一座も全部一人でやってのけ、一つのからだを二十もの別々の役を使い分け、悪魔に憑かれた人のように、走ったかと思うと、立ち停まり、きらきらと眼を輝かしたり、口から泡を吹いたりした。息もとまりそうなほどの暑さだった。そして、彼の額の皺や長い頬に沿って流れる汗は、髪粉とまじって、川のように、着物の上のほうにいくすじもの線をつけていた。

ラモーの甥というこの奇妙な人物の横顔は、一八世紀末において、サドという、それとはかなり異なった男の横顔に対して一種の対称的関係を描きだしているように思われます。[37] サドには、ラモーの甥に見られるものはおそらく何もありません。サドの言説は、無限で、綿密で、くみ尽くせない、もっともささいな構成にいたるまで厳密にコントロールされた言説です。ラモーの甥のパントマイム、あちこちで拒絶され、庇護者たちから追い払われ、夕食や授業料を求めて往来をうろつき回り、そしてその身振りによって狂気を呼び起こす、ラモーの甥のあのパントマイムに対して、サドの大いなる不動性が、対称的な反対の形象として呼応していると思います。四〇年にわたり、細心の注意を払って監禁されていたサドは、まったき狂気、身振りもなく、奇矯さもない狂気、つまり常軌を逸した心のまったき狂気をめぐる純粋な言説を語ることをやめませんでした。あまりに理性的で、甚だしく理屈っぽいサドのこうした言葉は、われわれの理性、われわれが持つ理性を沈黙に追い込みます。あるいは少なくとも、混乱させ、口ごもらせます。われわれの理性は、断固としたうるわしき熱意をもはやふたたび見いだすことができません。例えば、ロワイエ＝コラール(38)という、シャラントンのあわれな医師が感じた気まずさに耳を傾けてみなければなりません。ロワイエ＝コラールは、まさしく精神疾患者のための収容施設になったばかりのこの施設に着任し、そこでサドという名の人物を見いだしたのです。

その時ロワイエ＝コラールは、気が動転してしまい、とにかく不安を覚えて、すぐに警務大臣であったフーシェ(39)に手紙を書きます。つまり科学者が政治家に訴えかけた、言い換えるなら、理性がさらに理性に助けを求めたのです。ロワイエ＝コラールはフーシェに手紙を書き、この大臣に次のように訴えます。サドを狂人の収容所にとどめておくべきではありません、なぜならサドは狂人ではないからです。より正確に言えば、彼は狂人ではありますが、この男の狂気というのは、狂気ではないような狂気なのです。さらに正確に言うなら、それは狂気よりもたちの悪い狂気です。なぜならこの狂気は、理性的で明晰なのですが、その明晰さとは、あらゆる理性に矛盾し、最終的にはふたたび狂気を見いだすような明晰さだから、というわけです。結局、善良なるロワイエ＝コラールは、窮地を脱することができず、自分が深淵の底にいるように感じるのですが、われわれ自身もおそらくその深淵からいまだに抜け出してはいません。

閣下

私の職務、そして、私が医療部門を任されております施設の秩序に大いに関わる件で、謹んで閣下に訴えます。シャラントンには、大胆不敵な不道徳さのために残念ながらひどく有名な男がいて、この男がこの施設にいることで、極めて重大な不都合が生じています。私が言いたいのは、悪名高き小説『ジュスティーヌ』の著者のことです。この男は精神錯乱者ではありません。この男が持つ唯一の妄想とは、悪徳の妄想であり、この種の妄想を抑えることができる場所は、精神錯乱の医学的治療のための施設では決してありません。こうした妄想におかされた人間は、最も厳しい監禁処分に処して、その人の狂乱から他の人々を守り、あるいは、当人の恥ずべき情念を高揚させたり維持したりするおそれのあるあらゆる対象から、その人自身を引き離さなければなりません。シャラントンの施設は、これら二つの条件のどちらも満たしてはいません。サド氏は、そこではあまりにも大きな自由を享受しています。［…］

私が閣下に申し上げられますことは、病人の治療のための施設よりも、監獄ないし城塞の方がこの男にはずっとふさわしいということです。病人の治療のための施設は、耐えざる監視と、細心の道徳的慎重さを必要としているのです(40)。

ロワイエ＝コラールがフーシェに宛てたこうした手紙は、実にありきたりの凡庸なもので、そこから大きな意味は引き出せないと、皆さんはおっしゃることでしょう。しかし、私はそうは思いません。この手紙は、そこにある多くの矛盾のために、われわれの文明において非常に重要であった何かを示していると思います。それは、狂気を、そして狂気の言語を前にした戸惑いであり、こうした戸惑いは、一九世紀以来、もはやわれわれのもとから離れることがないのです。

つまりこの手紙は、かつて狂気はあれほどうまく一般施療院で包囲され、監禁されていたのに、いまや人々は、狂気に割り当てるのにふさわしい場所をもはや見つけることができなくなっているということを確認するものなのです。狂気がどこから来てどこへ行くのか、もはや誰にも分かりません。狂気には、住処もなければ、信仰も道義もないのです。

もちろんその時人々は、狂気をずっと閉じ込めておくことができるような幻想的な城塞を夢想します。それは、かの善良なる医師ロワイエ＝コラールが望んだことです。しかし、狂気を永久に沈黙させ、われわれを絶対的に安心させてくれるような、そうした城塞が存在しないということは、結局人々には分かっているのです。

それ以後、つまり倦むことを知らないサドの言語が発せられて以来、われわれの言葉の下に一つの空虚が穿《うが》たれ、そこからある思いもかけない言語が、たえずわれわれのところにやって来ることになります。おそらくそれは先ほど見たような、一六世紀にわれわれが耳にしたディオニュソス的な合一の言語ではもはやありません。それはもっとずっと困難で、静かで、密やかな言語です。不在、空虚な世界から出発して、それらについて語る言語です。それはサドにおいては、決して鎮まることのない欲望の窪みでした。私が思うに、それはアルトーのような人の場合、一種の中心的な空虚、根本的な空虚なのです。そうした根本的な空虚の中で言語は欠落し、思考は自分自身を取り損ない、自分自身の存続を蝕み、自分自身の上に崩れ落ちます(41)。こうした話すことの不可能性、思考することの不可能性、自ら言葉を見つけることの不可能性のうちに、狂気は、われわれの文明において、言語に対する自らの至高の権利をふたたび見いだすのです。

とはいえ最後に、ある一つの迂回路を経なければなりません。狂気が語ることができるのは、狂気が自らを対象とするという条件においてです。つまり、狂気が自らを差し出すのは——狂気は、間接的に、自分自身に対して限定されない形で、「私」と言うのですが——一種の二分化された第一人称においてなのです(42)。私は、アルトーとリヴィエールの往復書簡が重大な画期をなしていると思います。リヴィエールは、アルトーが『新フランス評論』から出版したいと思っていた何篇かの詩を受け取りました。しかしリヴィエールは、これらの詩を出版できるとは考えませんでした。そこでアルトーは、リヴィエールに返信し、なんとしてでも自分の詩を理解してもらおうとします。そしてアルトーは、自分の詩を理解してもらうために、詩がそこから生まれることになった、あの思考の崩壊の方へと振り返ります。それまでリヴィエールは、アルトーの詩を理解しなかったのですが、いまや彼は、与えられた説明、詩を書くことの不可能性をめぐるアルトーの説明を理解します。そして最終的に、この説明は記録となり、純然たる詩、二次的な、いやおそらくは一次的な言語となるのですが、それこそがアルトーとリヴィエールの往復書簡というあの並外れた作品なのです(43)。

一九二三年六月五日

拝啓

うるさいと思われるかもしれませんが、今日の午後の話で出たいくつかの言いまわしに、もう一度話を戻してみたいのです。それというのも、あの詩が受け入れうるものであるかどうかという問いは、私と同様にあなたにも関係のある問題だからです。

もちろん、ここで私が言っているのは、それらの絶対的な受容可能性であり、それらの文学的な実在性なのです。私は、精神の恐るべき病に苦しんでいます。私の思考は、ありとあらゆる段階で私を離れ去ってしまうのです。思考という端的な点的な事実の段階から、語によるその具体化という外部化された事実の段階までのね。語、文の諸形態、思考のさまざまな内的方向、精神の単純な反応、このようにして私は、自分の知的存在を、常に追い求めているのです。というわけで、私は、何か或るかたちを捉えることができると、たとえ、それがいかに不完全なものであっても、それをしっかりと固定してしまうのです。思考の一切を失ってしまうんじゃないかと思うからですよ。私は、私自身に到りついていない。それはわかっているし、そのことで苦しんでもいます。でもわたしは、そのことに同意してもいるのですよ。まったく死なないんじゃ困りますからね。どうもおそろしくまずい言い方で、こうしたいっさいのことは、私についてのあなたの判断に、ひどくあいまいなものをもたらしかねませんね。というわけで、私は、私にあれらの詩を示唆する中心的な感情や、私が見いだしえた強力なイマージュや言いまわしのために、何が何でも、あれらの詩の実在性を主張しているのです。あのさまざまな言いまわしはいかにもぎくしゃくしたもので、あなたは批判しておられるけれども、私自身は、それらを感じ取り、受け入れたのです。このことを思い起こしていただきたいが、私は、それらを拒みはしなかったのです。それらは、私の思考の奥深い不確実性から現れ出て来ます。この不確実性が、時として私の苦しみの種となるあの絶対的な非実在性に置きかえられることがなければ、まったく幸福なのですが。

ここでもまた、私はあいまいなことを言ってるんじゃないか、と心配です。この点をよく理解していただきたいのだけれども、いま問題となっているのは、一般に霊感と呼ばれているものの属性としての実在性の多少というようなことではなく、或る全体的な不在であり、真の消失なのです。
それだからこそまた、私は、宙ぶらりんになっているようないかなるものもいかなる作品も持っていないと申し上げた。私があなたにお見せしたいくつかのものは、私が、完全な虚無から取り戻すことの出来た断片を形作っているのです。［…］
私にとって問題なのは、私に、散文かあるいは韻文で、思考を続ける権利があるかどうかを知ることにほかならないのです。

アントナン・アルトー

一九二四年五月二四日
拝啓
或ることを思いついていたのですよ。しばらくは抵抗したのだけれども、今ではまったくこの思いつきに夢中になっています。あなたも考えてみてください。あなたにも気に入るといいのですが。もっともこの思いつきは、まだ煮つめてみなければなりませんけれども。あなたが下さった手紙、あの何通かの手紙を発表しようではありませんか。私は、一月二九日付けのお手紙をまた読み返したところです。あれは、まったく注目すべき手紙です。ほんのちょっと言葉を置き換えるだけでいいでしょう。つまり、受取人と差出人とに、何か架空の名前をつければいい。たぶん、私は、あなたに書いたあの手紙をもとにして、だがもっと発展させた、もっと私信的でないお手紙が書けるでしょう。それにまた、おそらく、あなたの詩の断片や、ウッチェッロについてのエッセーを挿入することだってできる。そういうふうにすれば、全体として、手紙による小さな小説になるわけで、これはかなり面白いものになりますよ。
あなたの意見を聞かせてください。以上、とりあえず。

ジャック・リヴィエール

一九二四年五月二五日

拝啓

なぜ嘘をつくのです。なぜ、生の叫びにほかならぬものを、文学という面上に置こうとなさるのです。なぜ、魂の根こぎにしえぬ実質で作られているもの、現実の発する嘆きとも言うべきものに、虚構の外観を与えようとなさるのです。確かに、あなたの思いつきは気に入りましたし、よろこびと満足を味わっている。ただ、条件があるのです。それを読む人に、自分は今、でっち上げられた仕事を眼にしているのではないという印象を与えたいのですよ。われわれには嘘をつく権利はある。しかし、事の本質に関して嘘をつく権利はないのです。私は、手紙に自分の名前を書くことを固執しているわけじゃない。しかし、読者が、今自分が手にしているのは現実の体験そのままの小説の要素だと考えてくれることが、絶対に必要なのです。私の手紙は、最初のやつから最後のやつまで発表しなきゃならない。そのためには、一九二三年の六月までさかのぼる必要があるでしょう。読者は、この論争を形作る全ての要素を手にしている必要があるのです。

アントナン・アルトー

こうした最後の迂回路を通じて、われわれの文化はついに、われわれの言語を狼狽させるような、決して倦むことのないこうした言語に対して、ふたたび耳を傾けるようになります。それは、言語の中における狂気、言語に抗する狂気による、ひそかな作業のおかげだと私は思います。狂気はこの作業によって、自分自身の言語を取り戻そうとするのです。(44)こうしたひそかな作業のおかげで、いまやわれわれは、マリオ・ルスポリが彼自身、ある日サン＝タルバンで耳にした、ある患者の次のような詩に対して、初めてそれを聞くような新鮮な仕方で耳を傾けることができるのです。

コントラスト
海の上の雪
白い平面、陸地のカニ

イメージ
カード遊び
色のついた砂時計
シーツ
存命の世代の人物たちが描かれたタピスリー

ああ、自然は生み出す

その時私は、私について来てくれと頼む。なぜなら私は、自然は生み出すと主張するために、気が狂っていると言われたのだから。よろしい。サモトラケのニケ、それのせいで私は人々から、狂っていると言われた。サモトラケのニケは蒼空を切り裂く。サモトラケのニケを目にして、それが人間たちの手から作られたものだとは信じがたい。そう思うのは、人間には見事なものが作れないからではなくて、そういう確信がどこから私にやってくるものなのかは分からないけれど、サモトラケのニケには、人間の作品を［超え］出る何かがあるからだ。その時だ、輪郭、線、光が現れ、光はこの彫刻から発せられ、戻って来て、それを照らす。サモトラケのニケは、生み出されたものではない、生み出すものなのだ。単にそれだけのことだ。そうしたことは、あらゆるものの埒外にある。セザンヌが比類なき視線をめぐらせたサント＝ヴィクトワール山が、セザンヌの作品だったとは誰も言わないだろうが、サモトラケのニケは、神々の手でなければ生み出され得なかった。イル＝ド＝フランスとボースの境界の、神学的な青色。空は突然、薄い青色、中世の細密画の青色、ベリー公の細密画の青色、神学的な青色になっていた。手はどこに、あるいはこう言ったほうがよければ、創造主の手はどこにあったのだろうか。

そして詩は結ばれるのです。

フランス国営放送フランス3は、ミシェル・フーコー制作、「狂人たちの沈黙」特集の第二回放送、「狂気の言語」をお届けしました。制作協力は、ロジェ・ブラン、ルネ・クレルモン、アラン・キュニー、クロード・マルタン。録音はピエール・シモン、アシスタントはマリ＝アンドレ・アルミノー、監督はジャン・ドアでした。「言葉の用法」でした。

狂える言語

ミシェル・フーコー制作のシリーズの第三作「狂気の言語」です。本日は「狂える言語」です。監督はジャン・ドアです。

われわれ皆にとって多かれ少なかれ馴染み深い、ある単純な考え方があると思います。人は得てして、狂人は語るよりも前から狂っているのだと考えがちです。狂人は、本来は押し黙った狂気の奥底から、言わば事後的な形で、彼の妄想の不可解な言葉を浮上させて、そうした言葉を、あたかも分別のない蝿のように自らの周りに旋回させるのだ、と考えてしまうのです。

さてこれまでの放送で私が、示すことはもちろんできないので、ただたんに聴いて＝理解していただこうとしていたこと――私は、〈聴く＝理解する〉（entendre）というこの言葉を、その複数の意味のうちで言いよどませたいと思っているのですが――、私が聴いて＝理解していただこうとしていたこととは、狂気と言語の間の類縁性とは、単純なものでもなければ、純粋な系統関係によるものでもなくて、狂気と言語はむしろ、実のところ分割がなされ得ないような、錯綜し、縺れ合った織り目のうちで結びついているということでした。

もしこう言ってよければ、私は次のように思っているのです。つまり根本的に言うなら、語るという可能性と、狂人であるという可能性は、われわれの内において、同時的なもの、双子のようなものなのです。これら二つの可能性は、われわれの自由のうちで、もっとも危険ではあるが、おそらくもっとも素晴らしく、あるいはもっとも執拗でもあるような自由を、われわれの足元で切り開いているのです。

実際、たとえもし世界のすべての人間が理性的だとしても、われわれの記号の世界、われわれの言葉、われわれの言語の世界を突き抜けて行く可能性は、いつも変わらず存在するでしょうし、そうした言葉が持つ、もっとも馴染み深い意味をかき乱す可能性、互いにぶつかり合ういくつかの言葉がたった一度、奇跡のように現れるだけで、世界を歪ませてしまう可能性は、いつも変わらず存在するでしょう。

語る人間は皆、すくなくともひそかな形では、狂人であるという絶対的な自由を行使します。反対に狂った人間は皆、狂ったことによって人間たちの言語に対して完全に異質なものになったように見えるにせよ、そうした人間も言語の閉ざされた宇宙のうちにとらわれているのだと私は思います。

皆さんは私に、狂気と言語とは、おそらくはそれほど根源的に結びついているわけではないとおっしゃるでしょうし、私に対しては、多くの反論が可能でしょう。私に対して反論するのに、まさに私が先週お話しした人々を引き合いに出すこともできるでしょう。そうした人々は、まるで水槽の中でのように、自分たちのうちで、自分たちの身体のうちで、彼らの妄想のおし黙った数多くのイメージが、音も立てずに広がっていくのを眺めていたのです。あるいはまた、今から二週間前に私がお話しした被害妄想患者たちを引き合いに出して、私に反論することもできるでしょう。こうした人々は、自分が監視によって、匿名の視線によって、追いかけられていると感じていたのですが、彼らは妄想的な批判という形でこうした感情を表現できるようになるずっと前から、自分が尾行されていることを知っていたのです。

私はこうした反論に対して、一つの回答をすることができると思います。それは、狂気は、たとえ押し黙っている時でも、つねに言語を経由しているということです。狂気とはおそらく、ある言説の奇妙な統辞法にほかならないということです。

例えば、声が聞こえるという被害妄想患者は、そうした声を自分自身で発しているということが、今では知られています。そうした患者は、声が外からやって来ると感じていますが、実際、録音装置を彼の咽喉のあたりに固定してみることができれば、彼自身がこうした声を発していることが十分に証明されます。したがって、一方では彼が耳にする脅しも、また他方ではその応答として彼が発する侮辱や不平不満も、同じ一連の言語的な連なりの一局面、あるいはもしこう言ってよければ、一フレーズに過ぎないのです。

そしてまた、身体自体が言語の結び目のようなものだということも、今では知られています。深い洞察力を持った聴き手であったフロイトは、われわれの身体が、実のところわれわれの精神以上に気の利いた言葉の名手であり、言わば隠喩の職工長なのだということをよく理解していました。彼には、われわれの身体が、われわれの言語のありとあらゆる素材、われわれの言語が持つ豊かさも貧しさも皆、利用するということが分かっていたのです。麻痺状態になったヒステリー患者は、自分の足で立たせようとすると倒れ落ちてしまいます。それは、ある日ある人が彼女のことを、よく言うように、見捨てた＝落下させた (laisser tomber) その時から、彼女は、自らの実存の根底から、挫折＝落下を運命づけられていると感じているためです。しかし、彼女がそうした感情を表現するのは、彼女の身体によってなのです[45]。

つまり、もしわれわれが、狂人たちと意思疎通することに苦労するとしたら、それは多分、彼らが語らないためではなくて、おそらくまさに彼らがあまりにも多く語りすぎるためなのです。彼らはあまりに多くの内容を詰め込んだ言語を使い、諸記号が言わば熱帯で繁茂するようにあふれ返る中で語るのであり、その中では世界のあらゆる通路がごちゃごちゃになってしまうのです。

しかし、そこで一つの問いが浮かんできます。そうした狂気の言語が、どうして今日突然、このような重要性を帯びるようになったのでしょうか。現在われわれの文化において、こうした脈絡のない狂った言葉、もしかしたらもっとずっと重苦しい意味を帯びているかもしれないこうした言葉すべてに対して、これほど熱い関心が注がれているのはどうしてなのでしょうか。

私は次のように言えるのではないかと思います。われわれは結局、今日もはや政治的自由など信じていませんし、疎外から解放された人間という名高い夢は、いまや嘲笑の的になっています。こうした数多くの空想のうち、われわれに残されているのは一体何でしょうか。それは、いくつかの言葉の残骸です。われわれは、自分たちにとって可能なこと、今日の人間である自分たちにとって可能なことを、もはや事物や人間、〈歴史〉や制度に託したりはしません。われわれが、自分たちにとって可能なことを託すのは諸記号に対してなのです。

非常に大雑把に言うなら、こういうことです。一九世紀に人が語り、書いたのは、現実世界においてついに自由になるためであって、そうした世界では黙ったままでいる余裕がありました。二〇世紀に人が書くのは——私はもちろん文学的な言葉のことを考えているわけですが——、実験＝経験をするためであり、もはや言葉の中にしか存在しないが、言葉の中では猛り狂う自由が持つ重要性を判断するためなのです。

神が完全に死んでしまった世界において、右翼のものであろうと、左翼のものであろうと、あらゆる約束にもかかわらず、自分が幸福になることはないだろうと人々が知っている世界において、言語は、われわれが持つ唯一の手段、われわれが持つ唯一の源泉なのです。言語は、われわれの記憶の窪みそのものにおいて、われわれの頭を駆けめぐるわれわれの言葉のそれぞれの下で、われわれに対してあるものを明らかにしてくれるのですが、言語がわれわれに対して明らかにしてくれるものこそ、狂気であるという荘厳なる自由なのです。狂気の経験が、われわれの文明においてとりわけ強烈なのは、おそらくまさにそのためです。狂気の経験は言うなれば、われわれの文学における森林限界[46]を形作っているのです。

そこでもしよろしければ今夜私は、前回までの放送でわれわれがたどり、下ってきた道筋をふたたび上ってみたいと思います。始まりの言語としての狂気から文学へと向かうのではなく、逆に、すでに狂気の境目にあるような文学的言語についてお話ししたいのです。

精神病院の文学、狂人たちの文学が今日、いささか民俗学的な見地から評判になっていることは私も知っています。しかし、私がお話ししたいのは、別のことです。私がお話ししたいのは、言語を言語自身の上で回転させ、われわれに馴染み深いわれわれの言葉の綴れ織りの裏側に、驚くべき法則を見いだすような、奇妙な文学経験についてです。次のような仕方で、そうした法則を定式化できると思います。言語が事物を表現するために、言語が事物に当てはめられるわけではありません。逆に事物こそが、海の喧騒のうちにひそかに沈み込んだ宝物のように、言語のうちに包含され、包み込まれているのです。諸々の言葉と、言葉同士の恣意的な出会いや混合、それらの言葉の原形質のようなあらゆる変容はそれだけで十分に、真であると同時に幻想的なある世界全体、われわれの幼年時代よりもはるかに古いある世界を生み出します。ミシェル・レリス[47]は『抹消』のなかで、そうした世界の揺れ動く草叢のようなあり様を見事に捉えていました[48]。

ビヤンクールで火事が起きたときかされたとき、最初のうち僕はなんだかよく分からなかった。「ビヤンクール」、それは、工場の煙や、レールに沿って走ってゆく電車の軋《きし》み同様、天窓や、風見鶏や、中庭の彼方にひろがっている場所の名前であり、その三つのシラブルは、乞食が自分の声に耳を貸さない人々の同情をひくため揺すってみせる椀の底で、もらいものの10サンティーム銅貨がぶつかり合うように、陰気にぶつかり合う。「ビヤンクールで《ア・ビヤンクール》（A Biencourt）」、それは、むしろその独特の響きに強い印象を受け、僕が「アビエ＝アン＝クール（habillé-en-cour）」という三つの単語に変えてしまったシラブルの集まりだ。

それは——いつもそう確信していた——、宮廷（cour）の服装のことではなかった。ラナヴァロナ女王も、ルイ一四世も、ビヤンクールという名前が連想させるものからはるかに遠かった。cour 風の服を着ることが問題になっているとしても、この服は、礼装、すなわちヴェルサイユ宮の鏡の間で、あるいは、色とりどりの布地を身にまとった黒い彫像のような人たちが汗みずくになるとき、ない風を求めてやって来るバルコニーで、これ見よがしに着ている服とはいかなるものであれ共通するところはなかった。cour 風の服装をするとは、走行（course）に便利な、そして「火事だ！」、「助けて！」と人々の叫ぶ場所にできるかぎり早く駆けつけることができるような服を着ることだった。たくましい消防夫たちの身につける赤と黒のベルト、それこそ cour 風の服装にうってつけの要素だった。

僕はこの赤と黒のベルトについて、プロスペル軍曹が肱を体にぴったりとつけてビヤンクールに駆けつけるため、ダーク・ブルーの上衣の上に締めたように思ったのだが……。公認の救助人ではないにしても、少なくとも再役の下士官であり、マダガスカルのしぶとい生き残りである彼の、それが義務だったからだ。しかしあまり確信はなかった。ポワン＝デュ＝ジュールやイシ＝レ＝ムリノーやビヤンクールはきわめて特殊な場所であり、消防ポンプや消防夫を活躍させる何事かはすべて、なじみの世界とはまったく外れたところで起こったのだから。

集金人の服装ではなく、cour 風の服装をして駆けつけたのは、単に管理人だったのではなかったか。あるいはプロスペルとは無関係な別の親戚、さもなければ、玄関の間と中庭（cour）を横切ったのち、三つの階をのぼって僕たちの住居を訪問していた誰かだったのではないだろうか。また、管理人の長男で、ある晩、降りる際に電車から転落したため、腫れた、血まみれの目をして戻ってきたあの若いほうのポワッソンだったのではないだろうか。それとももっぱら消防夫たちだけだったのだろうか。そして、楽しんでいた曖昧さが消え去り、ビヤンクールだけのことなら誰もcour風の服装をする必要なんかないはずだと認めたとき[49]、それは消防士たちだけだったと悟ったのである。

火事は――僕たちはそのことを少し後になって知った――リポラン工場で起きたのだ。当時、パリのメトロの駅には、大きな、ぎらぎらした色の広告が見られた。それには、白い仕事着をきて、かんかん帽をかぶった、ほぼ等身大の三人のペンキ屋が描かれていた。彼らはそれぞれリポランの缶を持ち、少し背を曲げて相接して歩み、先頭の男は壁に、他の二人はすぐ前の男の背中に、リポラン社のペンキの品質のよさをうたう数行の文句を書いているのだった。

その後、家の鉄のデッキ上から、おおよそポワン＝デュ＝ジュールの方角に、シガレット・ペーパーのジグザグ社のネオンを望むとき、僕がいつも思ったのは、工場にしまわれていたリポランのペンキの無数の缶がどんなふうに燃えたのだろうかということだった。

ポワン＝デュ＝ジュール、「パランロワズーズ」、ビヤンクール、それらは、柵であり、境界であり、果てであり、曲線を描く鉄の透かし細工であり、家々とアーケードのレース模様だ。このような格子越しに、僕は何かが、夜とも昼ともつかないスクリーンの上に描き出されるジグザグ形の稲妻が、目配せするのをかいま見たのだった。

こうしたミシェル・レリスの実験は、ある意味ではごく新しいものです。しかしそうした実験は、非常に長く続く王朝の系譜に連なっていると言うこともできます。そうした王朝の系譜は、われわれの文学において、ルネサンス以降途絶えたことがありません。そうした王朝の世に知られぬ君主たちのことを、言語の神秘主義者と言うことができるだろうと思います。彼らは、言語の最も物質的な次元、すなわち語や音節、文字、音そのものにおいて、言語が持つ、絶対的で、根源的で、創造的な力を信じていた人々なのです。

これらの奇妙な哲学者たち、常軌を逸したこれらの詩人たちは、まさしく言葉の肉体的身体そのもののうちに、あらゆる意味作用の生き生きとした核心、語られ得るあらゆることとの自然的であると同時に神的な貯蔵庫を見いだしました。彼らにとって、文字、音、語は、原初以来まっすぐに姿勢を伸ばしたまま、未来のあらゆる言葉の群れを、偉大なる至高の牧者のように見守っているのです。一八世紀には、無邪気で詩的なこうしたアルファベットが数多く知られていました。

以下に挙げるのは、そのうちの一例です[50]。

いと高き神を目にして、アダムが語るやいなや、
彼が口にしたのは、どうやらAだった。
か弱い《デビル》子供《バンバン》が口ごもりつつ話す《バルビュシエ》ようになると、
子供の不器用な 口《ブーシュ》から Bが飛び出して《ボンディール》きたようだ。
子供はまずBを、こんばん《ボンソワール》はやこんにち《ボンジュール》はに馴染ませる。
キス《ベゼ》やキャンディ《ボンボン》が次から次に熱烈にねだられ《ブリゲ》る。［…］

Cは、セディーユ(51)がつけばSのライバルになり、
セディーユがなければQのかわりになる、そんなCは、われわれのあらゆる言葉のうちにひしめいている。
Cは、中身が空っぽ《クルー》のあらゆる物体の名前のはじめにやって来る《コマンス》。
地下倉《カヴ》、桶《キユヴ》、部屋《シャンブル》、大砲《カノン》、
かご《コルヴェイユ》、心臓《クール》、大箱《コフル》、石切場《カリエール》、［…］

Dがぐずぐずしていると、自分の音色を決める《デシデ》べく、

歯《ダン》にあがって、舌はDを押しださ《ダルドゥ》なければならない。
演説《ディスクール》のうちで、自分の権利《ドロワ》を正当に行使して、
Dは、しきりに背中《ド》をぴんと張り、多くの逃げ口上《デトゥール》を語ってみせる《デクリ》。

それから、吐く息に押し出され《エランセ》、Eが精一杯に奮闘する《セヴェルテュ》。
人が息をするたびに、Eは難なく逃れさる《エシャップ》。
Eはわれわれの国語のうちでは、結構な扱いを受けていて、
たった一つの語のなかで、繰り返されることもしばしば。
とはいえEが完全な音節のうちに溶けこむことはほとんどない。
Eは無音の子音たちの隠れた演奏者で、
もし無音の子音たちの一つが、Eの後ろか前に思い切って進み出せば、
その子音が鳴り響くのが聞こえる《アンタン》。(52)［…］

怒り《フュルール》に燃えたFは、おののき《フレミ》、たたき《フラップ》、押しつぶし《フロワス》、打ち砕く《フラカス》。［…］
剣《フェール》の力《フォルス》はFのおかげ、Fは探し回り《フィユ》、切り裂く《ファン》。
Fは火《フー》、炎《フラム》、煙《フュメ》を生み出すし、
それにFは氷霧《フリマ》に富んでい《フェコンドゥ》て、寒さ《フロワ》に耐えるようにできている《フォルメ》。

しわくちゃにされた《フロワス》布地から、Fは見た目の効果を与え《フルニ》
投石機《フロンド》と鞭《フーエ》のざわめき《フレミスマン》を生み出す。

もっと陽気《ゲ》なGは、Rが自分のあとを追って駆けつけてくるのを目にする。
いつもGの気分《グレ》次第で、恵み《グラス》が集まってくる《グルプ》。
Gを生み出すには、一声発する《ジェ・ドゥ・ヴォワ》だけで十分。
時々Gは、喉《ゴルジュ》を詰まらせてうめく《ジェミ》。
そして時々Gは、Iの顔つきをかすめ取り
Iの代わりに騎馬試合をしながら《ジュタン》、ぺちゃくちゃ喋り《ジャズ》、ゲーム《ジュ》をし、宣誓する《ジュル》。
でもあちこちを治める《グヴェルヌ》Gの一般的《ジェネラル》な語調は、
センス《グー》を示すのに、あまり不都合《ジェネ》はない様子。

Hは、口蓋の奥深くで、自らの出生を不確かなものにしながら
彼女の支配下にある単語たちのてっぺんで息を切らせている《アレトゥ》。
Hは、ぶつかり《ウルトゥ》、食らいつき《アップ》、吸い込み《ユム》、憎み《エ》、
時には自尊心《オヌール》のために、遠慮がちに、黙ってしまう。(53)

杭のようにまっすぐなIは、自分の帝国を打ち立てる。
Iは、受け入れてもらう《サントロデュイル》ために、Nの手ほどきを受ける《シニシ》[54]。
慌ててやって来たIによって、笑いが漏れ、
Iが長居してしまうと、不幸《アンフォルテュヌ》がうめく。

昔、いつ帰るかも分からずに《カランド・グレツク》[55]出かけていったKは、
QとCを担保となるように残していった。
年老いてがたがたになって《カセ》、われわれのもとに戻ってきたが、
Kが優しく接して《カレセ》もらえるのはカンペール（Kimper）でだけだ。

いやまったく、Lだけでどれほど言葉が美しくなることだろう！
こちらではLはゆっくりと《ラント》流れ、あちらではLは軽やかに《レジェール》飛ぶ。
あふれ出るような液体《リキッド》は、Lによって言い表され、
Lは、やすりがけされた《リメ》文体に磨きをかける。
母音は、Lのしなやかな《リアントゥ》色調に染められ、
単語たちに混じり合うのだろうか？　Lは、つやつやと輝く《リュイザントゥ》潤滑油で、
それぞれの文章を湿らせ、気を鎮めるような《レニティフ》響きで

子音たちの間の険悪な軋轢を崩してくれる。(56)

こちら今度はMの出番、三本足でゆっくり進み
その横でNは二本足で体を左右に揺する。
Mは唸り声《ミュジール》をあげて楽しむけれど、閉じこもって死んでしまう《ムール》。
Nは私の鼻の奥で、響きをあげながら逃げ去って行く。
Mは呟く《ミュルミュレ》のが大好きで、Nは否定《ニエ》しようとやっきになる。
Nはばかにする《ナルゲ》のが専門で、Mはしょっちゅう反抗する《ミュティヌ》。
Mは単語《モ》たちの真ん中《ミリュー》を威厳《マジェステ》を持って歩き《マルシュ》、
Nは欠乏《ネセシテ》に高貴さ《ノブレス》を結びつける。

Oが生み出されなければならない時には、口は丸くなり、
頭の中で生まれた驚きが、
この新たな口調によって、外に出るように仕向けられる時には、
音を出すための器官《オルガン》は、力ずくで広げられる。
Oにもともとの《オリジナル》形を与えたのは円だけれど、
Oには軌道《オルビット》も楕円《オヴァル》もお似合い。

開《ウヴリール》かねばならない時に0を取り去る《オテ》ことはできないし、
0は命を下す《オルドヌ》やいなや、従わせて《オベイール》しまう。(57)［…］

実は私は、こうした言語の神秘主義者たちの中で最も偉大なのは、一八世紀の人ではなく、もっとずっとわれわれに近い人物だと思っています。その人物は、一九世紀末に生きた善良なるフランス語文法の教師でした。彼の名はジャン＝ピエール・ブリッセです。(58)彼は名うての狂人として知られていて、アンドレ・ブルトンからも一目置かれていました。四巻からなる著作において、ブリッセは、語源学をめぐる驚くべき妄想を開陳しました。その妄想は、われわれの先祖にあたる蛙の鳴き声から始まって、われわれの現在の言語のもっとも当惑させ、もっとも不安を掻き立て、そしてある意味ではもっとも自然でもあるような反響にいたります。ブリッセは、諸々の語を、しつこくガラガラと鳴るおもちゃのように揺すぶって、それらの語をあらゆる意味において反復し、それらの語を、ささやかではあれ決定的な、調和のとれた倍音から引き離します。こうして彼は、一種の怪物じみた拡張作業を通じて、それらの語から、人間たちと神々の歴史全体が凝縮された寓話を生み出します。それはまるで、世界は、天地創造以来、巨大な言葉遊び、まるきり根拠はないのに、決して乗り越えられない諸法則に従うガラス玉遊戯でしかないかのようです。(59)

諸国語を比較してみると、神の学の明るさは飛躍的に増大し、それぞれの国語のうちで神の学は、目一杯に光を放つ太陽のように光り輝く。

それでは言葉（Parole）よ、お前は何ものなのだ？——私はPi、力であり、後へと戻るarであり、前進するoleである。私は、永続的で、あらゆる方向に向かう運動である。私は、諸々の恒星、天球のイメージ、前方に進みながら後戻りしつつ、無限の広がりの中を動く星々のイメージである。私こそが、諸々の天体に住む人間たちの女王であり、母なのだ。私によってこそ、宇宙は宇宙を知るのだ。

七年前から、われわれは言葉の様々な驚異を前にして恍惚のうちにあった。蛙が蛙でしかないかぎりは、蛙の言語はあまり発達し得なかった。しかし性の兆しが現れ始めると、奇妙な差し迫った感覚のせいで、この動物は助けを求めて叫ばざるを得なくなった。というのも、この動物は自分自身では自らを満足させることも、自らを焼き尽くす炎を弱めることもできなかったからだ。その理由はといえば、蛙には長い腕もないし、蛙の首は両肩の間に埋もれているからである。首が発達を遂げるのは、性器の成立と同時、またその後のことであって、性器の成立こそ、人が生まれたということのしるしなのだ。それゆえ、首が形作られた時に、人が生まれ、首が作られると言われるのだ。覆われた状態で生まれてくることは幸福なことだ。というのも、首が発育すると、われわれがいまだに苦しむ首の痛みがもたらされるからだ。

morという音節の先行性は確固たるものであり、この音節が実際、死（mort）に向かうよう訓戒を与えること（moraliser）を分析するのに適しているということがわれわれには分かっている。病気の（morbide）は、死の色である。断片（morceaux）は、死んだ、あるいは破壊された全体の部分である。分割された（morcelé）とは、死んだもの、あるいは破壊されたものを分けることである。嚙みつくような（mordant）とは、死を引き起こし得るということである。待ちあぐねる（morfondre）とは、死んだように去っていくということである。開始する（amorcer）とは、死の準備をするということである。

言葉よ、われわれに未来を語れ、永遠（l'éternité）とは何なのか？　それは、消え去ってしまった存在（l'être）であり、死であり、沈黙であり、生き終えたもののすべてだ。それは永遠につづく（éternel）、陰鬱な後悔だ。永遠なるものとは何なのか？　永遠なるもの、それは無に等しい存在（l'être nul）だ。父性的なるもの（le paternel）が父ではないのと同様、永遠なるものは存在ではない。しかし至高なる存在とは、われわれの内にある神なのであり、そうした神は語り、そして自ら王国のうちで資質を開花させるのだ。

なんと多くの物書き（écrivains）
なんと多くの無駄な書きもの（écrits-vains）

周知のように、現代文学において、言語に内在するこうした驚異は、大きな重要性を持っています。私の考えでは、こうした驚異はある逆説に由来しています。その逆説とは、以下のようなものです。すべての語は、ある意味においては、絶対的に恣意的であり、太陽が太陽と呼ばれること、草が大地のみずみずしさと呼ばれることには、本来的な必然性などまるでありません。それにもかかわらず、言語は非常に古くからあり、世界のあらゆる事物にとても密接に結びつき、そうした事物の秘密に大変に肉薄した何ものかとして、われわれのうちで、われわれの心、われわれの記憶のうちで鳴り響くために、語を耳にしただけで、詩が持つあらゆる畏《おそろ》しさを見いだし得ると感じられるのです(60)。

現代文学につきまとう二つの神話は、まさにここから生じて来るのだと思います。これら二つの神話は、相補的なものですが、それらは以下のようなものです。一方には、否認された契約という神話があります。そこでは、慣例的で、容認された語は、別の語によって取ってかわられます。しかし、それにもかかわらず意味は、伝統的な語が使われた時と同じくらい、はっきりと明白に伝わります。

それは全面的に信託に基づいた言語というアイロニカルな夢です。例えば、タルデューのテクストを取り挙げましょう(61)。彼が思い描いた対話の中にあるすべてが理解できないでしょうか？　慣例通りの語はいっさい使われていませんが、それにもかかわらず、そこにはサロンの会話のきわめて月並みな慣例がありありと見いだされるのです[62]。

夫人：いとしい、いとしいパイル織さん！　どれほどの穴ぼこ以来、どれほどの小石以来、私はあなたにお砂糖をまぶすパン屋の小僧を持たなかったことでしょう！

ペルルミヌーズ夫人（大変気取って）：あらまあ！　いとしいお方！　私、とても、とてもどんよりしておりました！　私のところの三つの一番若い搾りかすが、次から次に、レモネードにかかってしまったんです。海賊船のはじめの間ずっと、水車を据え付けたり、浮沈子《ふちんし》やスツールのところに駆けつけたりばかりしておりました。あの子たちの炭化物に気を配ったり、あの子たちにペンチやモンスーンをあげたりしながら、幾井戸も過ごしたんです。つまり私には自分の鉄鉱石がなかったんです。

夫人：お気の毒に！　私、そんなことだとはまるで自分をひっかいておりませんでしたわ！

ペルルミヌーズ夫人：それはよろしゅうございました！　私、焼き直されますわ！　本当にあなたは、あなたがお焼きになったゴムのあとで、ご自分にバターを塗るだけのことはあります！　ですから、押してください、ヒキガエルの肺臓の頃からブリオッシュの半ばまで、〈ウォーター＝プルーフ〉でも、偏頭痛の森のアルパカの下でも、あなたをお見かけいたしませんでした！　あなたはきっとうがいをしなければならなかったんですわ！

夫人（ため息をつきながら）：本当に！……ああ！　なんという白鉛かしら！　私、よじ上らずには、そのことを濡らすことができません。

ペルルミヌーズ夫人（こっそりと）：それで、あいかわらずプラリーヌはありませんの？

夫人：まるでありませんわ。

ペルルミヌーズ夫人：ほんの少しの荒仕事鉋《かんな》もないんですか？

夫人：まるっきり！　彼が私に縞模様をつけた波からというもの、彼ったら、私をもう一度刺してもくださらないのよ！

ペルミヌーズ夫人：なんていびきをかく人かしら！　でも彼には、火の粉をこそげ取ってやらなければいけませんでしたわ！

夫人：私、そういたしました。私、幾つかの肺臓のうちに、彼から、四つ、五つ、ひょっとしたら六つも火の粉をこそげとってやりましたわ。私、決してすす掃除はいたしませんでした。

ペルルミヌーズ夫人：なんてお気の毒な、かわいいハーブティー！……（夢想にふけりながら、誘うように）もし私があなただったら、ほかの紙ちょうちんを手に入れますわ！

夫人：ありえません！　あなたが、彼にギャザーを寄せたことがないのが分かりますわ！　彼は私に対して、おそろしいほどのスカーフを持っているんです。私は彼のハエ、彼のハーフミット、彼のマガモなんです。彼は私の藤のステッキ、私の呼子なんです。私、彼なしでは、動かなくすることも、鋭い声で鳴くこともできません。彼のことをバックルで留めることなんて決してありません！（口調を変えて）でも、そのことをかき混ぜてみますわ。ズールーの水疱《すいほう》に、二指くらいのビンゴ式ロトのようなものを水に浮かべませんか?

ペルルミヌーズ夫人（受け取りながら）：ありがとうございます、大きな太陽で。

夫人（呼び鈴を鳴らすが、返事はない。立ち上がり、呼びかける）：イルマ！……こら、イルマったら！……なんて雌鹿かしら！　あの子ったら、木の幹みたいに曲がっているんだから……失礼、私、法律屋のところに、このスリッパを覆い隠しに行かなければなりません。ほんの鉄鉱石で、修繕しますわ。

喜劇的で、馬鹿馬鹿しいこうした神話の向かい側にあるのは、反対に、自らの言葉の内部にじっととどまり続けるような言語の真剣な神話です。というのもそうした神話は、言葉の空洞の窪みのうちに自らの創造の空間すべてを見いだすからです。言うなれば、こうした言語にとっては、自らを反復し、自分自身の地表を穿ち、思いもかけないが必然的でもある伝達の回廊をそこに押し広げるだけで十分なのです。その時、慣習のあらゆる痕跡は消え去り、自然と詩の深い真理が露わになるのです。

例えばレリスが、『植物的な些細事』において、アルファベット順の語彙集を作成した以下のような言葉遊びには、明らかな詩的必然性がないでしょうか？[63]

翡翠《アダジュ》の格言《ジャド》：
まったき見かけ《アパランス》に賭けることを学べ《アプラン》。
観念《イデー》、勅令《エディ》。建立する《エディフィエ》、神格化する《ディフィエ》。
死者の魂たち《マヌ》のマナが墓《トンブ》から落ちてくる《トンブ》。
火床《アートル》は存在《エートル》である、椅子《シェーズ》は物《ショーズ》である。
血《サン》は時の小道《サント》である。酩酊《イヴレス》は夢《レーヴ》であり、
内臓《ヴィセール》の有害物《イヴレ》である。
何もの《リアン》も否認《ルニエ》しないこと、生成《ドウヴニール》を見抜く《ドウヴィネ》こと。
時《タン》を思え《パンス》、モグラ《トブ》を思え、お前の《トン》身体不随《アンポタンス》を思え、操り人形《パンタン》よ！

［…］
魂《アーム》、
友好的《アミカル》ではない、
純白《イマキュレ》の泡《エキユム》がたった湖《ラク》。
不安を掻き立てる《アンゴワッサン》ような絹《ソワ》の手袋《ガン》……
［…］
風の後《アプレ・ル・ヴァン》、日の出《ルヴァン》の方角に向かう飛翔《アンヴォル》の準備《アプレ》。

辛辣《アメル》な武器《アムル》、動脈《アルテリエル》の大砲《アルティユリ》、引き裂かれた《エカルトゥレ》
緋色《エカルラト》の。

[…]

翼《エル》たちのくつろいだ《エゼ》避難場所《アジル》。同盟を結んだ《アリアセ》貿易風《アリゼ》。

[…]

王《ロワ》たちの稀少な天蓋で、曙光《オロル》の金箔《ドリユル》。
四月《アヴリル》は自分の巻きひげ《ヴリユ》を送り届けた《リヴラ》。盛り《フォリ》のついた小葉《フォリオル》、喜び《リエス》にわく土地《シエル》。
自由《リブル》に、それは輝く《ブリユ》……。
植物的な《ヴェジエタル》些細なこと《バガテル》？　音節《シラブ》の桿菌《バシル》、とるにたらない《リディキュル》支根《ラディセル》。

[…]

死骸《カダヴル》：ばら積みに《ヴラク》された額縁《カドル》とキャンバス《カヌヴァ》、手垢のついた《クラス》骨格《カルカス》、
軟骨《カルティラジュ》の行列《コルテジュ》と魔力《ソルティレジュ》。
激しい勢いのケンタウロス、天使《アンジュ》がやもめ《ヴフ》の大河《フルヴ》を泳ぐ《ナジュ》。
がらがら《クレセル》でできた円《セルクル》とスズメバチ《ゲプ》の陽気《ゲ》な剣《エペ》。

[…]

虚ろ《クル》な心臓《クール》、冷ややかな《フリジド》霧氷《ジヴル》
丸天井《クポル》の下《スウ》で酔っ払って《スウ》交尾する《コピュレ》。

［…］

詩《ポエム》、手に負えない《ルペル》問題《プロブレム》、葉っぱ《エルブ》と羽《エル》（羽毛《プリュム》と皮膚《ポー》でできた羽、それは飛翔《アンヴォル》するときには覆《ア》われている《ンヴェロペ》）。

存在感があって《プレザント》刺すように鋭い《ペルサント》、愛《アムール》 がお前を耕さん《ラブル》ことを！

［…］

赤ワイン色の《ヴィヌーズ》静脈《ヴェーヌ》、毒液《ヴナン》の大通り《アヴニュー》：ヴェツィチア《ヴニーズ》？

来れ《ヴネ》、性病持ちの《ヴェネリアン》崇められた《ヴェネレ》巣窟《ニ》、われわれの《ノ》

有毒な《ヴェネヌー》一物《ヌウ》のところまで《ニヴォ》！

［…］

めまい《ヴェルテイジュ》、夢に見た《レヴェ》住処《ジトウ》？　吸血鬼《ヴァンピール》あるいは真夜霊《ストリジュ》、霧のかかった《ヴァポル》廃墟《ヴェスティジュ》、

すえたにおいのする《ア・パ・ランス》足取りをした外観《アパランス》……

空虚《ヴィドウ》に酔いしれた《イヴル》生《ヴィ》。生きられ《ヴェキュ》、発酵された《キュヴェ》、

洞窟《カヴェルヌ》での喧騒《ヴァカルム》の。

［…］

生い茂った《トュフュ》穹窿《ヴウトウ》、揺れ動く《ルミュアン》小枝たち《ラモー》、低い枝たち《バスブランシュ》

見る《ヴュ》ための新たな《ヌヴェル》葉脈《ネルヴュル》(64)

お分かりのように、レリスやタルデューによって示された、言語に向けられたこうした辛抱強い注意ほど、見事なまでに明晰なものは何もありません。ところでしかし、すべての人間の夢が露わにすると同時に隠し立てる際限のない言葉遊びや、ヒステリー患者たちの麻痺、あるいは強迫症者たちが行う儀式、さらには分裂症者たちが自らを見失ってしまう言葉の迷宮、それらは皆おそらく、われわれが今しがた見た文学的実験とそれほど違った構造を持っているわけではありません。このことが意味しているのは、あらゆる狂気の言語が、当然のごとく文学的意味を持っているということでもなければ、文学が、かつて反乱や、情念、愛に魅入られていたように、今日では狂気に魅入られ、取り憑かれているということでもありません。そうではなくて、私の考えでは、このことは次のような重要なことを意味しているのです。それは、文学は結局のところ言語からなる事実にほかならないということ、そして狂気は意味作用からなる現象であるということをわれわれの時代がほぼ同時的に見いだしたということです。つまりわれわれの時代は、文学も狂気も複数の記号と戯れているということ、われわれを手玉にとるようなこれらの記号と戯れているということを見いだしたのです。

文学と狂気は今日、共通の地平を持っています。それは、記号という一種の接線なのです。

こうした切断面はおそらく、逃れることはできないが、決して到達することもできない水平線のようなものです。おそらくわれわれにとって狂気と文学は、われわれの周囲で結び合わされた空と陸のようなものですが、両者は、一種の巨大な開口部によって結びつけられています。そうした開口部の中をわれわれはたえず進んで行き、そしてまさしくその中でわれわれは語る、口の中に一握りの土が押し込まれるその日まで語るのです。

アルトーがあるテクストで言おうとしていたのは、おおよそそうしたことなのだと思います。アルトーのこのテクストの閃光は、われわれがいつまで行き惑う道のりを、至高の権威をもって覆い尽くしています(65)。

そう、いまやこれが、言語が今後役立ち得る唯一の用法なのだ。狂気の、思考の抹消の、断絶の手立てであり、非理性の迷宮なのだ。

フランス国営放送フランス3は、ミシェル・フーコー制作「狂気の言語」をお送りしました。本日は、シリーズの最終回である第五回放送「狂える言語」でした。制作スタッフは、マルグリット・カッサン、キャロリーヌ・クレール、ロジェ・ブレ、ルネ・ファラベ、クロード・マルタン。録音はサミア・ヴィスキ、助手はマリ＝アンドレ・アルミノー、監督はジャン・ドア。「言葉の用法」でした。

文学と言語

ブリュッセル、一九六四年一二月

編者の注

一九六四年一二月ミシェル・フーコーは、ブリュッセルのサン＝ルイ大学で、「文学と言語」という二回にわたる講演を行った。言語、作品、文学の間に見いだされる奇妙な〈三角構造〉を分析することでフーコーは、一九六〇年代初頭に執筆された文学に関する自身の論考を貫くテーマ全体をふたたび取り上げている。ジョルジュ・バタイユとモーリス・ブランショに対してなされた二重の参照がいまだにその主調をなしているように思われる講演の第一部でフーコーは、文学の近代的経験の誕生を、一八世紀末から一九世紀初頭に歴史的に位置づけつつ、そうした文学の近代的経験を、言語自身に関する言語の動揺、作品がその結晶化であると同時に侵犯でもあるような、そうした言語の動揺として描きだしている。講演の第一部では、サド、セルバンテス、ジョイスといった、一九六〇年代のフーコーの仕事に繰り返し登場する人物たちに加えて、プルースト、ラシーヌあるいはコルネイユといった、フーコーの分析にはあまり登場しない人物たちについても言及されている。講演の第二部は、ロシアの言語学者ローマーン・ヤコブソンの業績を力のこもった仕方で参照することから始まっているが、それ以上に、言語のコード化それ自体に手を加えることができるような〈構造的な秘教主義〉という道筋が探究されている。つまり問題なのは、自分自身の再構成へと自らの身をさらすようなコード化である。それは、ある時点、ある一定の場所における言語の秩序づけの研究というきわめて歴史的であるとともに言語学的でもある身振り（フーコーはここでも、彼なりの仕方ですでに考古学者なのだ）であると同時に、文学の近代的経験が自らの始原的な瞬間を見いだすような、ある無秩序（ないしは別の秩序）を、現存している言語学的な諸規定の境界自体において研究するという危険な身振りでもあるのだ。

第一回講演

〈文学とは何か?〉といういまや有名な問い(66)は、皆さんもご承知のように、われわれにとっては、文学という営み自体に結びついています。まるでこの問いが、異質な対象、自らにとって外的な対象について問いかける第三者によって、事後的な形で発せられた問いではなく、まさしく文学の内に端を発する問いであるかのようです。まるで〈文学とは何か?〉という問いが、書くという行為自体と一体をなしているかのようです。〈文学とは何か?〉という問いは、まったくもって、批評家の問いでもなければ、言語というある種の事実を前にして問いかける、歴史家や社会学者の問いでもありません。その問いは言わば、文学のうちに開かれた窪みです。文学は、この窪みのうちに住まい、おそらくそこで自らの存在すべてを取り集めなければならないのです。

しかし、そこには一つの逆説、いずれにせよ一つの困難があります。私は先ほど、文学は〈文学とは何か?〉という問いのうちに住まうと言いました。しかしよく考えてみると、この問いはきわめて最近のものです。それは、われわれよりもかろうじて少し昔のものであるにすぎません。つまり、大まかに言うなら、〈文学とは何か？〉という問いが定式化され、われわれのもとにやって来たのは、マラルメの作品という出来事以後のことなのです。これに対して、文学には年齢がありませんし、文学は、人間の言語自体と同じく、年譜も戸籍も持っていません。

しかし、文学自体が通常言われているほど古いものであるかどうか、私には確信が持てません。もちろん数千年前から、何ものかが存在してはいて、われわれはそれを、回顧的な仕方で〈文学〉と呼びならわしてきました。

まさに、そのことを問題にしなければならないと思います。ダンテやセルバンテス、あるいはエウリピデスが、文学に属しているということは、それほど確かなことではないのです。もちろん、ダンテも、セルバンテスも、エウリピデスも文学に属してはいますが、その意味するところは、彼らが、現時点において、われわれの現在の文学の一部をなしているということです。そして、彼らが文学の一部をなすようになったのは、実のところわれわれにしか関わりのないある種の関係によってなのです。彼らは、われわれの文学の一部をなしていますが、彼ら自身の文学の一部をなしているわけではありません。その理由とはまさしく、ギリシア文学なるものは存在しない、ラテン文学なるものは存在しないということです。別の言い方をするなら、われわれの言語に対するエウリピデスの作品の関係が、まさしく文学であるのに対して、ギリシアの言語に対するエウリピデスの作品の関係は、文学に属するものでは確実にないのです。それゆえ私は、以下の三つの事柄を明確に区別したいと思います。

まず、言語があります。言語とはご存知のように、発声されたことすべての呟きです。それは同時に、われわれが話す時、われわれを理解させてくれる透明なシステムでもあります。要するに言語とは、歴史のうちで積み重ねられた諸々の言葉という事実であると同時に、ラングのシステム自体でもあるのです。

このように、一方には言語があります。そして、他方には作品があります。つまり、言語の内部にはある異質なものがあるのです。それは、自身の上に留まり、自らを不動化するような言語の布置であり、そうした言語の布置は、自分に固有の空間を構成し、こうした空間のうちに呟きの流れを押しとどめ、記号と言葉の透明性を厚みのあるものにし、こうして不透明で、おそらくは謎めいたある種の塊を作り上げます。要するに、作品を構成しているのはこうしたものなのです。

それから、作品でも言語でもない第三項があります。この第三項こそが文学なのです。文学とは、言語による作品全体の一般的な形式でもなければ、言語による作品がそこに自らを位置づける普遍的な場所でもありません。それは言わば第三項、すなわち、作品に対する言語の関係、そして言語に対する作品の関係がそこを経由する、三角形の頂点なのです。

古典的な意味において、〈文学〉という言葉で指し示されているのは、この種の関係だと思います。一七世紀に〈文学〉が指し示していたのは、ただたんに、言語による作品群に対してある人が持ち得た造詣や、その人が、即自対自的に作品であるものを、自分の日常的な言語の次元へと取り入れることを可能にする、慣用や愛読のことでした。古典主義時代に、文学を構成していたこうした関係は、記憶や、造詣、知に関わる事柄にすぎませんでした。それは、受容に関する事柄だったのです。

ところで、言語と作品の間のこうした関係、文学を経由するこうした関係は、ある瞬間から、知と記憶をめぐる、もっぱら受動的な関係であることをやめて、能動的で実践的な関係になりました。そこからさらに、［作られる瞬間の］作品［と言語それ自体との］間の晦冥な深い関係、［あるいは、変容しつつある瞬間の言語と、言語がそれへと生成しつつあるところの作品との間の］(67) 晦冥な深い関係になったのです。文学が、こうして構成された三角形の能動的な第三項になった瞬間とは、間違いなく一九世紀初頭ないし一八世紀末です。この時、シャトーブリアン、(68) スタール夫人、(69) ラ・アルプ(70) の傍で、一八世紀はわれわれから遠ざかり、いまやわれわれには隠されている何かを自らのうちに閉ざして運び去ってしまったのです。しかし、もしわれわれが文学とは何かを考えたいならば、そうした何かについて考えなければなりません。

批評的意識、文学とは何かをめぐる反省的な不安が持ち込まれたのは、ごく後になってから、それこそ、作品が不足し、枯渇してからだと言うことが通例になっています。つまり、たんに歴史的な理由のために、文学がもはや自分以外のものを対象とすることができなくなった時からだ、というわけです。しかし実は、文学の自分自身に対する関係、文学とは何かをめぐる問いは、文学の生来の三角構造にはじめから属するものだったと思います。文学とは、言語が作品へ変容するという事実でもなければ、作品が言語によって作られるという事実でもありません。文学とは、言語とも作品とも異なる、第三の地点なのです。文学とは、言語と作品からなる直線の外にある第三の地点であり、まさにそのことによってこの第三の地点は、空虚な空間、〈文学とは何か?〉という問いが生まれるような本質的な白さ、そうした問いそのものであるような、本質的な白さを描き出しているのです。それゆえ、〈文学とは何か?〉という問いは、文学と重なり合うものでもなければ、補足的な批評的意識によって文学につけ加わるものでもありません。この問いは、本源的に引き裂かれ、破断された、文学の存在そのものなのです。

実を言えば私は、作品についてであれ、文学についてであれ、言語についてであれ、何一つ皆さんにお話しするつもりはありません。そうではなくて私は、言うなれば、私の言語、残念ながら作品でもなければ、文学でもない私の言語を、隔たり、間隙、三角形、根源的な散逸のうちに位置づけてみたいのです。こうした根源的な散逸において、作品と文学と言語は、互いに目を眩ませ合っている、つまり、互いを煌々と照らし出し、互いの目を見えなくしています。そのように位置づけてみることで、もしかしたら、作品、文学、言語の存在が、われわれのもとまでひそかにやって来るかもしれません。ひょっとしたら皆さんは、私が皆さんに言うべきことがあまりに少ないので、ショックを受け、失望するかもしれません。

しかし私としては、皆さんに、このわずかなことに注意を払ってもらいたいのです。なぜなら私は、それが存在して以来、つまり一九世紀以来、たえず文学を穿ち続けてきたこの言語の窪みが、皆さんのもとまで届いて欲しいと思っているからです。私は、ある既成観念、まさに文学が自らについて抱いてきた既成観念から解放されることが必要なのだということを、少なくとも皆さんに分かっていただきたいのです。そうした既成観念とは、以下のようなものです。すなわち、文学とは言語であり、他の言葉と同じような言葉からなるテクストではあるが、そうした言葉は、十分によく選択され、配置されているので、これらの言葉を通じて、いわく言い難い何ものかが生じるという考え方です。

私はまったく逆だと思います。文学は、いわく言い難いものからできているわけではまるでありません。文学は、言い難くないものから、したがって言葉の厳密かつ本来的な意味において、〈ファーブル〉(71)と呼び得るものからできているのです。それゆえ文学は、ファーブルから、言われるべき何ものか、言われることができる何ものかからできています。しかし、こうしたファーブルが語られるのは、不在、殺人、二重化、シミュラークルであるような言語においてです。こうした言語のおかげで、文学に関する言説が可能になるのだと思います。文学に関する言説とは、ここ数百年来、われわれがうんざりするほど繰り返し聞かされてきた様々なほのめかしとは別ものです。つまり、沈黙や、秘密、言われ得ぬもの、心情の変化に対するほのめかし、そして最後に、最近まで批評が自らの首尾一貫性のなさの隠れ蓑にしてきた、個性のあらゆる威光といったものに対するほのめかしとは別ものなのです。

最初に確認しておきたいのは、文学は、言語というなまの事実ではないということです。文学は自らの本質と、自らが存在する権利とに関する、捉えにくい、二次的な問いによって少しずつ侵される、言語というなまの事実ではありません。文学それ自体とは、言語の内部に穿たれた距離であり、たえず踏破されるものの、実際は決して踏み越えられない距離です。つまり文学とは、自分自身の上で揺らぐ一種の言語であり、その場でなされる一種の振動なのです。とはいえ、揺らぎや振動といった言葉は、不十分であり、かなり不適切です。なぜならこれらの言葉は、二つの軸があるということを想定させてしまうからです。つまり、文学は、文学に属すると同時に、やはり言語に属するものであり、文学と言語の間には、ある種の躊躇《ためら》いがあると想定させてしまうのです。しかし実際のところ、文学に対する関係は、作品という、動きのない絶対的に不動な厚みのうちに完全にとらわれています。同時にこの関係は、それを通じて、文学と作品が互いに相手のうちにひっそりと身をひそめるような関係でもあります。

というのも、ある意味において、作品は一体いつ文学になるのでしょうか。作品の逆説とは、作品が文学であるのは、作品の始まりのまさにその瞬間だけだということ、「最初の一文、白紙の頁においてだけだということです。おそらく、文学が本当に文学であるのは、この瞬間、この表面においてだけであり、言葉に対して言葉の聖別の空間を描き出す、事前の儀式においてだけなのです。[72]」それゆえ、この白紙の頁が埋められはじめるやいなや、いまだ手つかずのままのこの表面上に、言葉が転写されはじめるやいなや、その瞬間からそれぞれの言葉は、言わば、文学に対してまったく期待外れのものになります。というのも、その本質からして、生まれ持った権利からして、文学に属するような言葉は存在しないからです。実際、言葉が白紙の頁に書かれて、文学の頁になろうとするやいなや、その瞬間から、それはもはやすでに文学ではなくなります。つまり、現実のそれぞれの言葉は、言わば一つの侵犯なのです。現実の言葉は、文学の純粋で、真っ白で、空虚で、聖なる本質に対して侵犯を行い、作品全体を、文学の達成ではなく、文学の断絶、挫折、不法侵入にしてしまいます。文学的な地位も威光も持たないあらゆる言葉は、不法侵入であり、散文的ないし日常的なあらゆる言葉は、不法侵入ですが、それと同じく、あらゆる言葉は、書かれた瞬間から不法侵入になるのです。

「長い時にわたって、私は早くから寝たものだ」。これは、『失われた時を求めて』の冒頭の一文です。この文は、ある意味では、まさに文学への入り口ですが、しかしこの文に、文学に属するような言葉が一つとしてないことは明らかです。この文が文学への入り口なのは、この文に、文学の徴、紋章、印を完全に備えた言語が登場しているからではありません。それは、真っ白い頁にたんなる言語が侵入しているという、ただその理由のためなのです。それは、徴も武器も持たない言語が、それ自体としては決して見られることがない何ものかのとば口へと侵入することであり、こうした言葉はわれわれを、文学というたえざる不在のとば口まで導いてくれるのです。

さらに特徴的なのは、次のようなことです。文学は、一九世紀になって存在するようになり、今われわれが問題にしているような奇妙な形象を西洋文明にさし出すようになったのですが、それ以来、文学は、自らに対して、つねにある種の使命を課してきました。その使命とは、まさしく文学の殺害に他なりません。一九世紀以降、相次いで現れる諸々の作品の間で問題になるのは、古典主義文学を通じて問題とされてきた、近代に対する古代の関係という、議論の余地があり、反転可能で、きわめて厄介な関係ではまるでありません(73)。一九世紀以降に登場してきた継承関係とは、言わばより始まりに近い関係であり、文学の完成であると同時に、文学の最初の殺害でもあるような関係です。ロマン主義に対するボードレールの関係、ボードレールに対するマラルメの関係、マラルメに対するシュルレアリスムの関係は、コルネイユに対するラシーヌの関係、あるいは、マリヴォー[74]に対するボーマルシェ[75]の関係とは別物なのです。

実際、一九世紀に文学の領域に現れる歴史性は、まったく特殊なタイプの歴史性であり、それを、一八世紀まで文学の連続性ないし非連続性を保証してきた歴史性と同一視することは決してできません。一九世紀における文学の歴史性は、他の諸作品を拒絶すること、あるいは他の諸作品が廃れたり、受容されたりすることを通じて現れるものではありません。一九世紀における文学の歴史性は、文学自体の拒絶を必然的に介する形で現れるのです。文学をめぐる様々な否定が織りなす、非常に複雑な錯綜全体において、こうした文学の拒絶を捉えなければなりません。ボードレールにせよ、マラルメにせよ、シュルレアリストにせよ、新たな文学的行為は皆、少なくとも四つの否定、四つの拒絶、四つの殺害の試みをはらんでいると思います。第一に、他の人々の文学を拒絶することです。第二に、他の人々に対して、文学をなす権利を拒絶し、他の人々の作品が文学であることに異議を唱えることです。第三に、自分自身に対しても、文学をなす権利を拒絶し、異議を唱えることです。最後に第四に、文学的な言語を使用するにあたって、文学の徹底した、完璧な殺害以外のことをしたり、語ったりする権利を拒絶することです。

したがって一九世紀以来あらゆる文学的行為は、文学という、純粋で接近不可能な本質を侵犯するものとして自らを提示し、そうしたものとして自らを意識していると言うことができると思います。しかし別の意味では、それぞれの言葉は、それがわれわれが話題にしてきた例の白紙の頁の上に書かれた瞬間から合図になります。そうした言葉は、何ものかに合図を送るのですが、それはそうした言葉が、普通の言葉、日常的な言葉ではないからです。そうした言葉は、文学という何ものかに合図を送ります。それぞれの言葉は、それが作品の白紙の頁に書かれた瞬間から、われわれが文学と呼ぶ何ものかに向けて点滅する一種の瞬きとなります。なぜなら、実を言えば、言語による作品のうちで、日常的に語られることに似通ったものなど何もないからです。本物の言語に属するものなどまるでないからです。皆さん、もしどんな作品からであれ、日常的な言語の現実から実際に借用されていると言えるような箇所を、一節であれ見つけられるものなら見つけてみてください。

そうした借用が時おりなされていることは私も知っています。ビュトールが先ごろ、彼の小説『サン・マルコ大聖堂の描写』(76)でしたように、実際の会話、時にはテープレコーダーに録音された会話までも採集しようとした人が少なからずいることも知っています。この小説でビュトールは、大聖堂の描写そのものに、大聖堂を訪れてあれこれと論評する人々の会話を再録した磁気テープを貼り合わせました。彼らの論評は、大聖堂そのものから、その場で食べることができるアイスクリームの質にまで及ぶものです。

しかし、そのようにして実際の言語が採集され、文学作品のうちに挿入される場合、そうした実際の言語の存在は、キュビスム絵画におけるパピエ・コレ[77]以上のものではありません。キュビスム絵画において、パピエ・コレがそこにあるのは、〈本物〉らしくするためではなく、逆に、言わば絵画空間に穴をあけるためです。同様に、文学作品において本物の言語が実際に挿入される場合、そうした言語は言語空間に穴をあけて、本来はそこに属さないような矢のような形をした次元を言語空間に付与するために配置されるのです。それゆえ、結局のところ作品が存在するのは、すべての語があらゆる瞬間に文学の方へと向けられ、文学によって煽りたてられる限りにおいてだけです。同時にまた、作品が存在するのは、文学が追い払われ、冒瀆されている限りにおいてです。そうした文学こそが、それぞれの語をはじめから支えているのです。

したがって、侵入としての作品は結局、文学の繰り言である呟きのうちで消失し、解体すると言うことができます。そのようにして文学の断片にならないような作品は存在しません。そうした文学の破片は、作品の周囲、作品の前後に、文学の連続性のような何かが存在する限りにおいて存在するのです。

こうした二つの側面、すなわち、冒瀆という側面と、それぞれの語が文学に向けてたえず新たに行う合図という側面は、文学とは何かに関して、典型的で範例的な二つの形象を素描することを可能にすると思います。この二つの形象は互いに異質ですが、しかし両者は、おそらく相互に帰属し合ってもいるのです。

その一方は、侵犯という形象、侵犯的な言葉という形象であり、そして他方は逆に、文学に狙いを定め、合図を送るあらゆる語という形象です。[78] したがって、一方には侵犯の言語があり、そして他方には、私が図書館の繰り言と呼ぶものがあるのです。[79] 一方は、禁止という形象、限界にある言語という形象であり、監禁された作家という形象です。他方は逆に、積み重なり、互いにもたれかかった書物の空間です。そこにおいて、それぞれの書物は、すべての可能なる書物という天空を背景として、そうした書物の空間を切り出し、無限に反復するような、溝を刻まれた存在しか持っていないのです。

一八世紀末、侵犯の言葉をはじめてはっきりと口にしたのがサドだということは明らかです。サドの作品は、あらゆる侵犯の言葉を収集すると同時に、そうした侵犯の言葉を可能にする地点だとさえ言うことができます。サドの作品は間違いなく、文学の歴史的な端緒をなしています。皆さんご存知のように、サドの作品はある意味、巨大なパスティーシュです。サドの文章のうちで、彼以前に、一八世紀の哲学者たちやルソーによって語られた何ものかに全面的に向けられているのではない文章は一つもありませんし、サドが語る耐え難いエピソードや場面のうちで、実際には一八世紀の小説の一場面の、嘲弄的で、完全に冒瀆的なパスティーシュでないようなものは一つもありません。そもそも登場人物たちの名前をたどってみさえすれば、サドが誰の冒瀆的なパスティーシュを書こうとしたのか正確に分かるのです。

つまりサドの作品は、それ以前にあり得たあらゆる哲学、あらゆる文学、あらゆる言語を消去しようとしていました。それは、ふたたび白紙となった頁を冒瀆するような言葉の侵犯のうちで、あらゆる文学を消去しようとしていたのです。隠し立てなき命名に関して、つまりサドの名高いエロティックな諸場面において、あらゆる可能事を綿密に踏破する運動に関して言うなら、それは、侵犯の言葉ただそれだけに還元された作品に他なりません。そうした作品はある意味において、かつて書かれたあらゆる言葉を消去することによって、近代文学が自らの場所を持つことになる、空虚な空間を切り開きます。私の考えでは、サドとは文学の範型そのものなのです(80)。

侵犯の言葉の形象であるサドという形象は、書物という形象、永遠に保存される書物という形象のうちに、自らの分身を持っています。サドという形象は、図書館のうちに、つまり文学の水平方向の存在のうちに、自らの分身、自らの対立物を持っているのです。こうした文学の水平方向の存在は、実は単純でも一義的でもありませんが、私の考えでは、そうした存在の双子のような範型とは、シャトーブリアンです。

サドとシャトーブリアンが同時代の人間であることが、文学において偶然事でないことには、まるで疑いの余地がありません。シャトーブリアンの作品は、冒頭、はじめの一行から、書物であろうとしています。シャトーブリアンの作品は、文学という絶え間ない呟きの水準に身を保持して、絶対的な図書館の空間というほこりをかぶった永遠の空間のうちへとただちに身を移そうとします。シャトーブリアンの作品は、自分より以前に言われたり、書かれたりすることのできたあらゆるものを、一種の前史のうちに追いやりながら、文学の確固たる存在にただちに加わろうとするのです。それゆえ、数年の違いはありますが、シャトーブリアンとサドは現代文学の二つの端緒だと言うことができると思います。『アタラあるいは荒野の二人の未開人の恋』と『新ジュスティーヌあるいは美徳の不幸』は、ほとんど同時に出版されています。[81] もちろん、彼らを関連づけたり、対立させたりすることは容易なことです。しかし理解すべきは、両者が帰属しているシステム自体です。一八世紀末、一九世紀初頭のこの時点において、これらの作品、これらの実存のうちで、文学の近代的経験が生まれた、そうした折り目を理解しなければならないのです。こうした経験は、侵犯と死から切り離すことができないと思います。文学の近代的経験は、サドが自らの生涯すべてをかけ、皆さんご承知のとおり、そのために自由という代償を支払うことになった侵犯から切り離すことができません。死について言えば、こちらも皆さんご存知のように、シャトーブリアンは、書き始めた時から死に取りつかれていました。自分が書く言葉が意味を持つのは、自分が言わばすでに死んでいる限りにおいてでしかないということ、その言葉が自分の生の彼岸、自分の存在の彼岸を漂う限りにおいてでしかないということは、シャトーブリアンにとっては明らかだったのです。

侵犯と、死の彼岸への移行は、現代文学の二大カテゴリーだと思います。文学のうちには、つまり一九世紀以来存在しているこうした言語の形式のうちには、二人の現実的主体、二人の語る主体しか存在しないと言えるかもしれません。つまり、侵犯についてはオイディプスであり、死についてはオルフェウスです。また、人々によって語られ、人々から小声で遠回しに語りかけられる形象にも二つしかありません。つまり、冒瀆されたイオカステー、という形象と、失われ、ふたたび見いだされるエウリュディケーという形象です(82)。侵犯と死というこれら二つのカテゴリー、あるいはこう言ったほうがよければ、禁止と図書館というこれら二つのカテゴリーが、文学に固有な空間と呼ばれ得るものを、およそのところ配置していると思います。文学のような何ものかがわれわれのもとへやって来るのは、いずれにせよこうした場所からなのです。文学や文学作品がやって来るのは、言語以前の純白さからではなく、まさしく図書館の繰り言や、言葉が持つ人の命を奪うような不純性からだということを理解することが重要です。言語が、実際にわれわれに合図を送り、文学に向けて合図をするのは、まさにそうした瞬間からなのです。

作品が文学に合図をするということ、それは何を意味するのでしょうか。それが意味するのは、作品は文学を呼び求めるということ、作品は文学に保証を与えるということです。作品は、自分自身や他のものたちに対して、自分が文学に属していることを証明するいくつかの標識を自らに課すのです。それぞれの言葉、それぞれの文章が、自分が文学に属していることを示す、そうした現実的な徴とは、ロラン・バルト以降、近年の批評がエクリチュールと呼ぶものです[83]。

そうしたエクリチュールは、あらゆる作品を、言わばちょっとした代理物、文学の具体的モデルのようなものにします。エクリチュールは同時に、文学の可視的で現実的なイメージを与えています。エクリチュールは、文学の本質を保持していますが、エクリチュールはあらゆる作品は、自らが述べ、自らが物語ること、物語や寓話を語るだけではなく、それに加えて、文学とは何かということを語るのです。とはいえ、作品はそれらのことを、内容の段階と、修辞学の段階という具合に、二段階に分けて語るわけではありません。作品はそれらのことを、ある統一性のうちにおいて語ります。こうした統一性を示すものこそ、一八世紀末に修辞学が消滅したという事実なのです[84]。

修辞学が消滅したということが意味しているのは、修辞学の消滅以来、文学は、それを通じて自らがまぎれもなく文学となるような徴やルールを、自分自身で定義する責任を負っているということです。次のように言うことができるかもしれません。修辞学の消滅以後に存在するようになった文学は、何かを語り、そしてそれに、文学であるという明白で可視的な徴、つまり修辞学という徴を付け加えるという役目を担うわけではありません。文学は、単一の言語ではありますが、二重化された言語を持たざるを得ません。なぜなら文学は、物語を語りながら、何かを物語りながら、文学とは何か、文学の言語とは何かということを、あらゆる瞬間に示し、可視化しなければならないからです。それというのも、美しい言語とはいかなるものであるべきかを語る責務をかつて担っていた修辞学が消滅してしまったからです[85]。

それゆえ文学とは、単一であると同時に、分身の法に服した言語であると言うことができます。ドストエフスキー[86]の著作において分身の身にふりかかったことが、文学にも起こるのです。分身とは、靄の中、夕暮れ時にすでに存在している隔たりです。人はこの他なる形象によって、街路の曲がり角でたえず追い抜かれますが、この他なる形象は、遊歩していた人を出迎えにやって来て、パニックを引き起こします。そしてそのパニックを通じて、人はこの他なる形象に直面した瞬間、それを分身だと認めるのです[87]。

作品と文学の間に生じるのも、同様の展開です。作品は、たえず文学の先を行きます。文学は、作品の前を歩き回る一種の分身です。作品が文学を認めることは決してありませんが、作品はたえず文学とすれ違います。しかし、まさしく作品には、ドストエフスキーの著作に見られるようなパニックの瞬間がつねに欠けているのです。

文学においては、現実の作品と生身の文学の絶対的な出会いなど決してありません。作品が、ついに与えられた自らの分身に出会うことは決してありません。その限りにおいて、作品とは隔たりなのです。言語と文学の間にあるこうした隔たりとは、一種の二重化の空間、鏡の空間であり、シミュラークル[88]と呼び得るものです。

文学、文学の存在自体は、自分が何であるかと問われたとしたら、その答えは一つしかないと思います。その答えは、文学の存在はないということです。ただシミュラークルがだけがあり、シミュラークルこそが、文学の存在のすべてなのです(89)。プルーストの作品は、どのような点において、またどのようにして、文学がシミュラークルなのかを、われわれに見事に示していると思います。ご存知のとおり、『失われた時を求めて』は、プルーストの生からプルーストの作品へといたる道のりの物語ではなく、プルーストの生、つまり彼の現実の生、社交界での生等々が停止され、中断されて自らのうちに閉じこもるその瞬間から始まる道のりの物語です。生が自らのうちに引きこもる限りにおいて、作品は自身を創始し、自分に固有の空間を切り開くことができるようになるのです(90)。

しかし、このプルーストの生、この現実の生は、作品のうちでは決して語られません。他方で、プルーストがそのために自ら生を停止し、自らの社交生活を中断しようと決めることになったその作品も、決して与えられません。というのも、プルーストは、いかにして自身が、書物の最終行で始まるはずのこの作品にいたるのかを物語るのですが、しかし、実際この作品は、書物の本文では決して与えられないからです。

したがって、『失われた時を求めて』において、〈失われた〉という言葉には少なくとも三つの意味があります。まず一方において、〈失われた〉という言葉が意味するのは、生の時が、いまや閉ざされ、遠ざかり、取り返しのつかない、失われたものとして現れるということです。第二に、〈失われた〉という言葉が意味するのは、テクストが実際に完成される時には、作品はまだそこにないために、もはや完成される時を持たない作品、完成にいたることができず、作品の生成を語らなければならない作品、そうした作品の時は、言わば、あらかじめ浪費されているということです。作品の時は、生によって浪費されるだけではなく、プルーストが、自分がいかにして作品を書くことになるのかを語る物語によっても、浪費されているのです。そして最後に、〈失われた〉という言葉が意味しているのは、次のようなことです。決まった住処を持たないこうした時、日付も年譜も持たないこうした時は、押し殺されたような日常の言語と、最後になって啓示される作品の、きらめくような言語の間で道に迷ったように、コースから外れて漂流しています。こうした時こそ、われわれがプルーストの作品自体のうちで目にする時です。われわれは、こうした時が、断片を通じて現れ、現実の年譜もなしに、漂流しつつ現れるのを目にします。それこそが、失われた時であり、そうした時がふたたび見出されることができるのは、断片によって、黄金のかけらとしてだけなのです。したがってプルーストにおいて、作品自体が文学のうちで与えられることは決してありません。プルーストの現実の作品は、作品を作ろうという企て、文学を作ろうという企てに他なりませんが、現実の作品は、文学のとば口にたえず引きとめられています。作品の到来を語る現実の言語が沈黙し、作品が、自らの逃れがたい至高の言葉のうちについに現れるまさにその瞬間に、現実の作品は完成され、時間は完遂されます。したがって、第四の意味において、時間は、ふたたび見いだされるまさにその瞬間に失われたと言うことができます。

ご覧のように、プルーストのような作品においては、現実に作品であるような瞬間があると言うことはできません。現実に文学であるような瞬間がただの一瞬でもあると言うことはできないのです。実際、現在われわれは、プルーストによる現実の言語を読み、それをプルーストの作品と呼び、それは文学だと言っているわけですが、そうした言語とは何なのか、われわれにとってではなく、それ自体として何なのかと自問したら、それが作品でも文学でもなく、一種の中間的な空間なのだと気づきます。それは、鏡の中にある、見ることはできるが決して触れることはできない空間のような、仮想的な空間なのです。こうしたシミュラークルの空間こそがプルーストの作品に真の量感を与えているのです。

それゆえ、プルーストの企てそのもの、つまり、彼が自分の作品を書いた時に成し遂げた文学的行為は、指定し得るいかなる存在も現実には持っておらず、言語ないし文学のいかなる地点にも決して位置づけることができないということを認めなければなりません。実際に見つかるのは、シミュラークルだけ、文学のシミュラークルだけです。プルーストにおいて時間が持つ明らかな重要性は、次のような事実に由来するものにすぎません。つまり、プルースト的な時間とは、一方においては分散と衰退であり、他方においては諸々の幸福な瞬間の回帰と同一性なのですが、そうしたプルースト的な時間とは、作品と文学の間にある本質的な隔たりを、内的で、主題的で、ドラマ化され、叙述され、物語られた形で、投影したものに他ならないということです。作品と文学との間のこうした本質的な隔たりこそが、文学的言語の深遠な存在をなしているのだと思います。

したがって、もしわれわれが文学とは何かを特徴づけなければならないとしたら、まずサドによって象徴される、禁止と侵犯という否定的な形象があります。次に、繰り言という形象、十字架を手にして墓へと降りていく男のイメージ、〈墓の彼方〉[91]からしか決して書くことがなかった男のイメージがあります。つまりシャトーブリアンによって象徴される死という形象があります。それからシミュラークルという形象があります。これら三つの形象は、否定的とは言わないまでも、いかなる肯定性も持たない形象です。文学の存在は、これら三つの形象の間で、根本的に分散させられ、引き裂かれているのだと思います。

しかし、文学とは何かを定義するためには、われわれにはおそらくまだ重要な何かが欠けています。いずれにせよ、われわれがまだ語ってはいない何かがあって、それは、一九世紀以降出現したこうした言語の形式とは何かを知るために、歴史的に非常に重要なのです。実際、侵犯的な文学は一九世紀以前から数多く存在していた以上、侵犯が文学を完全に定義するには不十分だということは明らかです。シミュラークルも文学を定義するには明らかに不十分です。というのも、プルースト以前にもシミュラークルのようなものは存在していたからです。小説のシミュラークルを書いたセルバンテスや、[92]『運命論者ジャックとその主人』[93]を書いたディドロのことを考えてみてください。これらのテクストすべてにおいて、その中には文学も作品もないけれど、作品と文学の間のたえざる交換があるような、あの仮想的な空間が見いだされます。

「ああ、もし私が小説家だったら——運命論者ジャックは主人に言います——私があなたに物語ることは、私があなたにお話しする現実よりもずっと見事なものでしょうに。もし私が、自分があなたに物語ることを美しく飾り立てようとしたなら、その時あなたは、それは見事な文学のようだとお思いになるでしょうに。私には、文学を創作することはできませんし、実際にそうはいたしません。私はあなたに、あるがままを語らざるを得ないのです……」。ディドロは、まさにこうした文学のシミュラークル、こうした文学の拒絶のシミュラークルのうちで、実際には小説のシミュラークルであるような小説を執筆します。

実際、このシミュラークルという問題は、例えばディドロにおいて、そして一九世紀以降の文学において重要なもので、文学という事実にとって中心的だと思われるものへとわれわれを導いてくれます。ご存知のように、『運命論者ジャックとその主人』において、物語は複数のレベルにおいて展開されます。まず第一のレベルは、ディドロによって語られる、旅の物語と、運命論者と言われるジャックとその主人の間で交わされる五つの対話の物語です。次に、ジャックが、言うなればディドロに取ってかわって自分の恋の話を語り始めることで、ディドロの物語は中断されます。それからジャックの恋の物語も、第三のレベルの物語、第三のレベルの一連の物語によってふたたび中断されます。この第三のレベルの物語では、例えばおかみや隊長が自分自身の話を語ります。こうしてわれわれは、物語の内部において、日本人形のように互いに入れ子状になった複数の物語[94]の厚みを手にします。それこそが、『運命論者ジャックとその主人』という冒険小説のパスティーシュを構成しているのです。

しかし重要なこと、私がきわめて特徴的だと思うことは、物語がこのように互いに入れ子状になっているということだけではなく、ディドロが、たえず物語を言わば後方へと飛躍させているということ、いずれにせよ、入れ子状になった物語に一種の逆向きの形象を押しつけているということです。この逆向きの形象とは、一種の現実、中性的な言語の現実、一次的な言語の現実へとたえず導くものであって、その一次的な言語とは、日常的な言語、ディドロ自身の言語、ほかならぬ読者の言語なのです。

こうした逆向きの形象には三種類あります。第一に、入れ子状にする物語の登場人物たちの反応があって、そうした反応は、彼らが耳にする物語をたえず中断します。それから第二に、入れ子状にされた物語の中に登場する人物たちがいます。例えば、ある時おかみは、ある人の話を語るのですが、この人物は、ただ物語の中に仮想的な形でいるだけで、姿は見えません。ところがこの人物は、実際にはおかみによって語られた物語の内部にはめ込まれた地位しか持っていなかったにもかかわらず、突然ディドロの物語の内部に、現実の人物として姿を現します。そして第三の形象についてですが、ディドロはことあるごとに読者の方を向いて、次のように言います。「私が皆さんにお話ししていることは、途方も無いと皆さんは思われるに違いありませんが、しかしそれは、実際にあった通りなのです。もちろん、こうした驚くべき出来事は、文学の規則にふさわしくありませんし、よくできた物語の規則にも適っていません。しかし私は、私の登場人物たちの主人ではないのです。彼らは私の手に余る人々で、自分たちの過去や冒険、謎を抱えて、私の視界に入って来ました。私は皆さんに、物事をそれが実際に起こった通りにお話ししているだけなのです……」。したがって、物語の中で、最も入れ子状に包まれ、最も直接的ではない核心から、エクリチュールと同時期、あるいはそれに先立ってさえいるような現実にいたるまで、ディドロがしていることとは、自分の文学に対して、言わば自ら身を引き離すことに他なりません。あらゆる瞬間に問題になっているのは、それらは皆、実際には文学ではないと示すことです。直接的で一次的な言語があり、そうした言語だけが信じるに足るものであって、そうした言語の上に物語そのものが、自由気ままに、気晴らしのために作り上げられているのだ、というわけです。

こうした構造は、ディドロに特徴的なものですが、それはセルバンテスや、一六世紀から一八世紀の無数の物語にも見られます。文学からすれば、つまり一九世紀に創始された言語の形式からすれば、私が先ほど皆さんにお話しした『運命論者ジャックとその主人』に見られるような戯れは、実のところ取るに足らぬ冗談事でしかありません。

例えば、ジョイスが『オデュッセイア』に全面的に立脚した小説を嬉々として書く時にしていることは、ディドロが悪漢小説をモデルにして小説を作り上げた時にしていたこととはまるで違います。(95)実際、ジョイスがオデュッセウスを反復する時、彼がそうした反復をするのは、自らの上で反復された言語の折り目において、何ものかを出現させるためです。その何ものかとは、ディドロの場合のように日常の言語ではなくて、文学の誕生自体のような何かなのです。言い換えるなら、ジョイスは、自分の物語の内部、自分の文章、自分が用いる言葉、ありふれた都市でのありふれた男の一日をめぐる果てしない物語の内部で、何ものかが穿たれるようにしたのです。その何ものかとは、文学の不在であると同時に、文学の切迫でもあります。つまり、オデュッセウスが問題となっている以上、文学が絶対的に現前しているということであり、文学が隔たりのうちにあるということ、言わば文学が、自らの遠隔の最も近傍にあるということなのです。

おそらく、そのことから生じるのが、ジョイスの『ユリシーズ』にとって本質的なものである次のような布置です。一方には、円環的な諸形象があります。それは、一日のうち朝から晩にいたる時間の円環であり、そして登場人物が歩き回ることで街を一周する空間の円環です。次に、こうした円環的な諸形象とは別に、一種の垂直的で仮想的な関係があります。それは、ジョイスの『ユリシーズ』のそれぞれの挿話と、『オデュッセイア』のそれぞれの冒険との間にある逐一、一対一対応の関係です。ジョイスの登場人物の冒険は、こうした参照関係によって、たえず二重化され、二重写しにされているわけではありません。逆に、ジョイスの登場人物の冒険は、『オデュッセイア』の登場人物の不在の現前によって穿たれています。『オデュッセイア』の登場人物は、文学を保持する人物ですが、この人は遥か彼方にいて、決して接近することができないのです。

以上すべてを要約すると、古典主義時代において、言語による作品は、本当は文学ではなかったのだと、もしかしたら言うことができるかもしれません。『運命論者ジャックとその主人』あるいはセルバンテスは、ラシーヌ、コルネイユあるいはエウリピデスは文学だと言えないのはなぜでしょうか。もちろん、われわれにとって、われわれがそれらの作品を、われわれの言語に組み込む限りにおいて、というなら話は別ですが。ディドロが当時、彼自身の言語に対して持っていた関係が、私が先ほど皆さんにお話しした文学的関係でなかったのはなぜでしょうか。次のように言うことができるのではないかと思います。古典主義時代には、あるいはいずれにせよ一八世紀末には、言語によるあらゆる作品は、押し黙った原初的な言語との関連において存在しており、作品はこうした言語を復元するという役割を担っていました。この無言の言語とは、言うなれば初源の基底、絶対的基底であり、あらゆる作品は、こうした基底から浮かび上がり、そしてこうした基底のうちに宿っていました。こうした無言の言語、諸言語に先立つ言語とは、神の言葉であり、真理であり、モデルであり、古代人であり、聖書でした。それが、聖書の言葉そのものに、その絶対的な意味、つまり共通の意味を与えていたのです。聖書、自然、神の言葉といった、一種の先だって存在する書物があったのであり、そうした書物があらゆる真理を、自らのうちに隠すと同時に告げ知らせていたのです。

慎しみ深い至高の言語がそうしたものだったために、一方では、他のあらゆる言語、人間のあらゆる言語は、作品になりたければ、そうした慎しみ深い至高の言語を再翻訳し、書き写し、反復し、復元しなければなりませんでした。しかし他方では、そうした神の言語、自然の言語、真理の言語は隠されていて、隠されていました。こうした言語は、あらゆる開示の基礎だったのですが、自らは隠されていて、直に書き写し得るものではありませんでした。そのために、語をずらし、ねじること、つまりまさしく修辞学と呼ばれるシステム全体が必要になったのです。結局、隠喩、換喩、提喩といったものは、以下のようなものでないとしたら、一体何だったというのでしょうか。それは、序盤のゲームで障害物を使うように、不明瞭で、自身に対して隠されている人間の言葉を使って、無言の言語を、つまり作品がそれを復元し、再生させることを自らの意味、自らの課題としていた無言の言語を、ふたたび見いだすための努力なのです。

言い換えるなら、饒舌ではあるが、何も語らない言語と、すべてを語るが、何も示さない絶対的言語の間に、媒介的な言語が存在しなければならなかったのです。つまり、饒舌な言語を、自然と神の無言の言語へと立ち返らせる媒介的な言語が存在しなければならなかったのであり、それこそが文学的言語だったのです。もしわれわれが、バークリー(96)や一八世紀の哲学者たちにならって、自然や神によって語られたこと自体を記号と呼ぶとするなら、次のように簡潔に言うことができます。古典主義時代の作品を特徴づけていたのは、比喩形象の働きを通じて、言語の厚み、不透明性、不明瞭性を、諸記号の透明性、輝き自体へと引き戻すことだったのです。

逆に言えば、文学が始まったのは、数千年にもわたりたえず聴取され、感知され、想定され続けてきたこうした言語が、西欧世界あるいはその一部に対して、口をつぐんだ時だったのです。一九世紀以降、人々はこうした原初的な言葉に耳を傾けるのをやめます。そしてそのかわりに、際限のない呟き、すでに語られた言葉の堆積が聴き取られるようになります。こうした状況において作品は、無言の絶対的言語の記号に相当する修辞学の諸形象のうちで具体化される必要はもはやなくなります。作品は、すでに言われたことを反復する言語として語ればよいのです。そうした言語は、反復の力によって、かつて語られたあらゆることを消去しつつ、同時に自らのごく近くに接近させて、文学の本質を取り戻すのです。

文学は、修辞学の空間が、書物の量塊と呼び得る何かに取ってかわられた時に始まったと言うことができるでしょう。さらに大変興味深いことに、書物が、文学の存在において一つの出来事になったのは、かなり後になってからのことです。書物は、現実的、技術的、物質的な意味で発明されてから四世紀後になって、ようやく文学において地位を得たのです。文学における最初の書物はマラルメの書物です。[97] マラルメの書物とは、完全に挫折した企て、挫折せざるを得ない企てなのですが、そうしたマラルメの書物こそが、言わば、グーテンベルクの成功が文学に及ぼした波及効果なのです。マラルメの書物は、他のすべての書物を反復すると同時に消滅させようとし、そして決定的に逃れ去る文学の存在に、その純白さのうちでかすかに触れます。こうしたマラルメの書物は、古典主義時代の作品が書き写し、表象しようとした、沈黙しつつも、記号によって充たされた、あの大いなる書物に呼応しています。マラルメの書物は、あの大いなる書物に呼応しているのですが、しかし同時に、マラルメの書物はそれに取ってかわります。マラルメの書物はあの大いなる書物が失われたことを確認するものなのです。

古典主義時代の作品が、その名声においてだけではなく、その本質においても、表象《ルプレ》=再現前化《ザンタシオン》に他ならなかったことがいまや理解できます。[98] というのも、古典主義時代の作品は、既成の言語を再-現前化《ルプレザンテ》しなければならなかったからです。シェイクスピアであれ、ラシーヌであれ、古典主義時代の作品の本質自体が、結局は演劇のうちに見いだされるのはそのためです。人々は表象＝上演《ルプレザンタシオン》の世界にいるからです。反対に一九世紀以降、厳密な意味での文学の本質が見いだされるのは、演劇においてではなく、まさに書物においてなのです。

文学が、自らの存在を見いだし、自らの存在を基礎づけるのは、結局のところ書物のうちにおいてです。そうした書物は、他のすべての書物を抹消すると同時に、文学をなすという決して実現しない企てを担っています。書物は、文学が発明される以前から何世紀にもわたって、きわめて濃密な現実性を帯びて存在していましたが、実は書物は文学の場ではありませんでした。書物は、言語を流通させる物質的機会にすぎなかったのです。その証拠に、『運命論者ジャック』は、私が先ほどお話しした例の後方への跳躍によって、冒険の書物の魔力からたえず逃れていましたし、逃れようとしていました。ドン・キホーテとセルバンテスについても同様です。

とはいえ、もし文学が書物のうちで自らの存在を実現するとしても、文学は書物の本質を穏やかに受け入れるわけではありません。そもそも実際、書物には本質などありません。書物には、自分が内に含んでいるもの以外に本質はありません。文学がつねに、書物のシミュラークルであるのはそのためなのです。文学はあたかも書物であるかのように振る舞い、文学は一連の書物であるようなふりをします。文学が、他のすべての書物に対する攻撃と暴力によってしか自らを実現できないのもそのためです。さらに言うなら文学は、書物の可塑的で、取るにたらない、女性的な本質に対する攻撃と暴力によってしか自らを実現できません。文学とは侵犯であり、書物の女性性に抗する言語の男性性なのです。しかし文学とは結局、図書館という単調な空間の中で、他のすべての書物と一緒くたにされた書物、他のすべての書物のうちの一冊の書物でないとしたら、一体何であり得るというのでしょうか。文学とは、まさに言語の死後に残された儚い存在でないとしたら、一体何であり得るというのでしょうか。それゆえ、文学のあらゆる存在はいまや書物のうちにあるわけで、文学にとって、墓の彼方にないということは不可能なのです。

開かれているとともに閉ざされている書物の唯一の厚みのうちで、白紙であると同時に記号で覆われてもいる幾枚かの頁のうちで、唯一の巻――それぞれの書物はただ一つのものなのですから――であると同時に、すべての書物に似通った巻――すべての書物は互いに似ているのですから――のうちで、とり集められているもの、それは、文学の存在そのもののような何かなのです。文学を、人間の言語、神の言語、自然の言語、心情の言語、沈黙の言語として理解してはなりません。文学とは、侵犯的な言語であり、致命的で、反復的で、二重化された言語であり、書物自体の言語です。文学において、語る主体はただ一つしかありません。ただ一つのものだけが語るわけで、それこそが書物なのです。皆さんもご記憶の通り、セルバンテスは書物を燃やしてしまいたいと強く望んでいました。デイドロは、『運命論者ジャック』において、ごく頻繁に書物から逃げようとしていました。そして、皆さんもご存知のように、サドは、書物の中に閉じ込められていました。われわれもまた、書物の中に閉じ込められているのです。

第二回講演

昨日私は、皆さんに文学について、つまり書物のうちで具現化される、否定とシミュラークルの存在についてお話ししようとしました。今晩私は一歩後退して、自分が文学についてお話ししたことを、少しばかり迂回してみようと思います。と言うのも、よく考えてみると、文学について語ることができるということは、実際それほど明らかで、分かりやすいことなのでしょうか。よく考えてみると、文学について語る時、何を土台や地平にしているのでしょうか。おそらくそれは、文学が自らの周囲に残した空虚に他なりません。こうした空虚は、いずれにせよ奇妙で、おそらく特異なあることを可能にします。すなわち、文学とは、自らについて果てしなく語ることを許す、際限ない言語だということです。(99)

文学に関する言語による、文学の絶え間ない重複とは何なのでしょうか。解釈や注釈、二重化を際限なく可能にする、文学という言語とは何なのでしょうか。これは分かりやすい問題ではないと思います。この問題は、それ自体分かりやすいものではありませんが、それが、今日ほど分かりにくくなったことはないと思います。

この問題が、今日かつてないほどに分かりにくくなったのには、いくつかの理由があります。第一の理由は、批評と呼び得るもののうちで、最近ある変化が生じたということです。今日ほど、批評的言語の層が厚みを持ったことはいまだかつてないと言うことができるかもしれません。批評と呼ばれる二次的な言語が、これほど頻繁に用いられることはいまだかつてありませんでした。そして逆に、絶対的に一次的な言語、自らについてしか語らず、自らの名でしか語らない言語が、割合からいって今日ほど貧弱であったこともいまだかつてありませんでした。

このように、批評的行為が厚みを増し、増殖するという事態は、それとはほとんど正反対のある現象を伴っています。その現象とは、以下のようなものだと思います。批評家という人物、おおよそ一九世紀に、ラ・アルプとサント＝ブーヴ[100]の間で誕生した批評的人間《ホモ・クリティクス》が、批評行為が増殖するまさにその瞬間に、消え去ろうとしているのです[101]。つまり、批評的行為は、増殖し、分散し、言わば四散して、もはや批評を専門とするテクストのうちにではなく、小説、詩、省察、そして時には哲学のうちに場を得ているのです。今日、真の批評行為が見いだされるべきは、著者の名によって、はっきり批評的行為を目的としている言語の一区画においてではなく、むしろシャール[102]の詩やブランショの断章、ポンジュ[103]のテクストのうちにおいてなのです。批評は、組織も固有の主体も持たない、言語全般の一般的機能になったと言うことができるかもしれません。

ところで今日、文芸批評とは何かを理解することを難しくしているのは、第三の現象かもしれません。現在、以下のような新たな現象が現れているのです。われわれは、言語と言語の間に、正確には批評的関係とは言えない関係、ともかく批評に関する伝統的観念には合致しない関係が打ち立てられているのを目の当たりにしています。批評とは、伝統的観念によれば、判断を下し、階層化する制度であり、創造的な言語および創造的な作者と、たんにその消費者でしかない公衆の間を媒介する制度でした。一次的と呼び得る言語、つまり、われわれがより簡潔に文学と呼ぶ言語と、文学について語る二次的な言語、つまり、通常批評と呼ばれる言語との間には、今日、それとはまったく違った関係が形成されています。というのも、批評は現在、批評と文学との間に打ち立てられるべき関係の二つの新たな形式から刺激を受けているからです。

批評は現在、文学に対して、つまり一次的言語に対して、客観的で、言説的で、どの点においても証明可能で、論証可能な一種の網目を打ち立てようとしていると思います。そうした関係において、一次的で、本質的なものは、批評家の趣味、多かれ少なかれ秘められ、多かれ少なかれはっきりした趣味ではありません。そうした関係において本質的なのは、間違いなく明示的な方法、つまり、精神分析的方法、言語学的方法、主題論的方法、形式的方法といった分析方法です[104]。したがって、批評は言わば自らの基礎に関する問題を、実定性ないし科学性という次元で提起しつつあるのです。

他方において批評は、それがかつて担っていた役割、つまりエクリチュールと文学を媒介する役割ではない、まったく新たな役割を演じています。サント＝ブーヴの時代から現在にいたるまで、批評を行うこととは結局のところ何だったのでしょうか。それは、一種の特権的で一次的な読解、ほかのいかなる読解よりも始まりに近い読解を行うことでした。そうした読解のおかげで、著者が書いた、不可避的にいささか不透明で、分かりにくく、秘教的なエクリチュールが、われわれ皆のような二次的領域にいる読者たちにとって、接近可能なものとなったのです。われわれ読者は、自分たちが読むものを理解するために批評を経由する必要がありました。つまり、批評とは、読解に関する特権的で、絶対的で、一次的な形式だったのです。

ところで現在、批評において重要なのは、批評が、エクリチュールの側に移行しつつあることだと思います。それには二つの仕方があります。まず第一に批評は、作品創造の心理学的契機にはもはやまるで興味を抱かず、エクリチュールとは何かということ、作家たちのエクリチュールの厚み自体、自らの形式と布置を持ったエクリチュールの方に、ますます興味を寄せるようになっているのです。そして次に批評は、より良い読解、より始まりに近い読解、より理論武装された読解であろうとするのをやめたのです。批評は、自らがエクリチュールの行為になりつつあるのです。それはおそらく他のエクリチュールに比べれば、二次的なエクリチュールでしょう。しかし、それでもやはりエクリチュールなのであり、他のあらゆるエクリチュールとともに、網目、網状組織、複数の点と線からなる錯綜を形成しています。エクリチュール全般のこれらの点や線は、互いに交差し合い、反復し合い、覆い被さり合い、ずらし合って、ついには、完全に中立的な形で、批評と文学からなる全体と呼び得るものを形成しています。つまりそれが、エクリチュール全般をめぐる、現在における流動的な象形文字のような状況なのです。

文学という一次的言語に付け加わるこうした二次的言語とは何かを考えようとする時、われわれがどのような両義性に直面するか、皆さんにはお分かりでしょう。この二次的言語は、一次的言語に関して、完全に実定的で、明白で、全面的に論証的で、証明可能な言説を語るのだと主張しますが、同時にそれは、文学と同じくエクリチュールの行為であろうとします。こうした逆説について、どのように考えることができるでしょうか。批評はどのようにして、二次的言語であると同時に、一次的言語のようなものであることができるのでしょうか。私は、批評とは要するに何なのかを知るために、皆さんと一緒にこうしたことについて解明したいのです。

皆さんご存知の通り、かなり最近、およそ一〇年ほど前に、批評とは何かを説明するために、言語学者のヤコブソン(105)は、論理学者たちから借り受けたメタ言語という概念を導入しました。(106) 彼は、批評とは要するに、文法や、文体論、言語学一般と同様、メタ言語なのだと示唆したのです。メタ言語という概念は、間違いなく魅力的な概念で、一見したところでは、申し分なく適切なように思われます。というのも、メタ言語という概念は、批評を定義するために本質的な二つの特性を、われわれに提示しているからです。その第一の特性とは、所与の言語の諸特質、言語の諸形式、言語のコードや諸法則を、別の言語で定義するという可能性です。そしてメタ言語の第二の特性とは、それを用いて一次的言語の諸形式や諸法則、コードを定義できるこうした二次的言語は、必ずしも一次的言語と実質的に異なったものではないということです。というのも、要するにわれわれは、フランス語のメタ言語を、フランス語で作ることができるからです。もちろん、ドイツ語であれ、英語であれ、どんな言語を使っても作ることができますし、また、そうした目的のために考案された記号言語を使って作ることもできます。したがって、一次的言語に対してこのように一歩身を引くという可能性のうちにおいて、一次的言語に関して完全に論証的な言説を語りつつも、同時に、一次的言語と完全に同一の次元に立つことが可能になるわけです。

メタ言語という概念は、少なくとも抽象的には、批評が身を置き得る論理的場を規定しているように思われます。しかし私は、批評とは何かを定義するために、このメタ言語という概念を採用すべきだとは思いません。メタ言語という概念に対して、こうしたためらいを抱く理由を説明するためには、おそらく、昨日われわれが文学に関して語ったことを、少し見直す必要があるでしょう。文学の場として書物がわれわれの前に登場したことを思い出してください。文学の場とは、別の言い方をするなら、鏡と非現実性の一種の戯れのうちで、作品が文学のシミュラークルを自らに与える空間のことです。そうした空間では、侵犯と同時に死が問題になっていました。もし、われわれが同じことを、言語の専門家たちの語彙を使って言い表そうとするなら、おそらく次のように言うことができるでしょう。文学はもちろん、人間たちによって実際に発せられた、無数にあるパロールの現象の一つです。すべてのパロールの現象と同様、文学は、それらのパロールがラングと合わさる限りにおいて、つまり、所与のラングのコードを構成する一般的地平と合わさる限りにおいて、はじめて可能になります。したがって、パロールの行為としてのあらゆる文学が可能になるのは、こうしたラングとの関係、コードの諸構造との関係においてだけです。コードの諸構造こそが、ラングのそれぞれの語を実際に発話させ、それぞれの語を透明にして、それが理解されることを可能にするのです。文章が意味を持つのは、それぞれのパロールの現象が、ラングという、潜在的ではあるが絶対的な拘束力を持った地平のうちに宿るからです。こうしたことは皆、もちろん大変よく知られた考え方です。

しかし、文学とは極めて特異なパロールの現象であって、他のあらゆるパロールの現象とはおそらく違うのだと言うことはできないでしょうか。実際、文学は、自らがそこに位置づけられているコードにおそらく従うパロールです。しかしこのパロールは、それが始動するまさにその瞬間に、自らが発したそれぞれの語のうちで、自身がその中に位置づけられ、理解される当のコードを危ういものにします。別の言い方をするなら、誰かが何かを書くために筆を執る時、それが文学だと言えるのは、語を書くというまさにその行為のうちで、コードの拘束力が中断されるからなのです。こうしたコードの拘束力の中断によって、極端な場合には、語がラングのコードに従わないということが可能になります。実際もし、文学者によって書かれたそれぞれの語が、ラングのコードに従わないとしたら、そうした語はまったく理解され得ず、完全に狂気のパロールになるでしょう。(107) 今日において、文学と狂気の間に、本質的な帰属関係があることの理由はここにあります。しかし、それはまた別の問題です。われわれは、ごく単純に次のように言うことができます。文学とは、文学を構成する一文に含まれるそれぞれの語が、たえず犯し、たえず引き受けるリスクなのです。そのリスクとはつまり、こうした語、こうした文、そして残りのすべてが、コードに従わないことです。「長い時にわたって、私は早くから寝たものだ」と「長い時にわたって、私は早くから寝たものだ」という二つの文章があり、最初の文章は、私が語ったもので、二番目の文章は、私がプルーストの著作の中で読んだ文章だとします。これら二つの文章は、言葉の上では同じですが、実際はまったく別物です。(108) この文章が、プルーストによって『失われた時を求めて』の冒頭に書かれた瞬間から、極端に言えば、どの一語といえども、われわれがその語を日常的に口にする時に、その語に付与する意味を持たなくなることが起こり得るのです。パロールが、自らがそこから借り受けたコードを中断することが起こり得るのです[109]。

言うなれば、あらゆる文学のうちには、つねに本質的で、根本的で、消し去ることができないあるリスクが存在しています。それは、構造的な秘教主義というリスクです。コードが尊重されないことが起こり得るのです。いずれにせよ、文学的なパロールは、コードを中断するという至上権をつねに持っています。たとえ実際には行使されないとしても、おそらくこうした至上権こそが、あらゆる文学作品が持つ危険と偉大さをなしています。それゆえ私は、メタ言語が、文芸批評のための方法として実際に適用し得るとは思いませんし、メタ言語が、われわれが批評とは何かを位置づけることができる論理的地平になり得るとも思いません。なぜならメタ言語は、ラングのために確立されたコードから出発して、実際に発せられたあらゆるパロールの理論を作ることをまさに前提しているからです。もしコードがパロールのうちで危うくされるとしたら、もし極端な場合には、コードが絶対的な価値を持ち得ないとしたら、その場合、そうしたパロールのメタ言語を作るのは不可能であり、別のものに頼らざるを得ません。それでは、もしメタ言語という概念に頼ることができないとしたら、文学を定義するために、一体何に頼ったらよいのでしょうか。

おそらく、もっと謙虚にならねばなりません。メタ言語という、論理学の厄介な用語を不用意に持ち出すかわりに、次のような明白な事実——この事実はほとんど注目されませんが、私は決定的だと思います——をただ確認するわけにはいかないでしょうか。その事実とはすなわち、言語は、世界に存在するもののうちで、全面的に反復可能な、おそらく唯一の存在だということです。

もちろん、世界にあるもので、反復可能な存在は他にもあります。同じ動物を二度見ることはありますし、同じ植物を二度見ることもあります。しかし、自然界において、反復は、実際には部分的な同一性でしかなく、その上それは、論証的な仕方で完璧に分析可能なものです。厳密な意味での反復は言語の次元にしかない、と私は思います。おそらくいつか、言語のうちにある反復のあらゆる可能な諸形式を分析しなければならないでしょう。こうした反復の諸形式を分析することによってこそ、言語の存在論のような何かを素描することができるでしょう[110]。今はただごく簡単に、言語はたえず反復されるとだけ言っておくことにしましょう。

言語学者たちは、そのことをよく知っており、あるラングの完全な語彙集を作るためには、あまり多くの音素は必要ないということを示しました[111]。こうした言語学者たちや辞書の執筆者たちは、われわれが毎日発している言表のような、際限がなく、数量の面から言って不可避的に開かれた、可能なあらゆる言表を構成し得るためには、結局あまり多くの語は必要ないことを知っています。われわれは、ある種の反復の構造、つまり、語の音声的反復や意味論的反復をたえず口にしており、声や発声の機会を別とすれば、言語が反復され得ることを知っています。同一の文章を語ることもできるし、別の語を使って同一のことを語ることもできます。釈義や注釈といったものは、まさにそのことによって成り立っているのです。さらには、ある言語を、その意味は完全に括弧に括って、その形式という点で反復することもできます。言語理論家たちがあるラングを、その文法的構造あるいは形態論的構造に関して反復する時にしているのは、そういうことです。

皆さんお分かりのように、いずれにしても言語は、そこにおいて反復のような何かが完全に可能になる、おそらく唯一の存在の場なのです。ところで、こうした言語における反復という現象は、もちろん言語の構成的な特性なのですが、そうした特性は、書くという行為に対して、中立的で、積極的に関与しないものではありません。書くこととは、言語の避けようのない反復の周囲をめぐることではありません。私が思うに、書くこととは、反復を作品の中心自体に据えることなのです。ひょっとしたら、次のように言わねばならないかもしれません。文学——といっても、私は他の文学を知りませんし、それについて何が言えるのかも分からない以上、もちろん西洋文学のことを言っているのですが——西洋文学が始まったのは、間違いなくホメロスにおいてです。ところで、ホメロスは、『オデュッセイア』において驚くべき反復の構造を用いていました。『オデュッセイア』第八すが、彼らには、オデュッセウスが誰なのか分かっていませんでした。オデュッセウスは、パイアーケスの人々の饗宴に招かれますが、誰も彼が何者なのか知りませんでした。彼は、競技会で力を発揮して、競争相手たちに勝利し、自分が英雄であることを示しましたが、それでも、自身の本当の身元は明かしませんでした。したがって、オデュッセウスはそこにいながら、姿が見えなくなっているのです。そして、饗宴もたけなわになってから、一人の吟唱詩人がやって来ます。吟唱詩人は、オデュッセウスの冒険と偉業を歌うのですが、オデュッセウス自身がその場にいるのですから、この冒険と偉業は、まさに吟唱詩人の目の前で続けられているのです。いまだ完遂されていないこの偉業は、自らの物語をその一挿話として包含しています。というのも、オデュッセウスがある時点で、吟唱詩人が自分の冒険について歌うのを聴くということも、彼の冒険の一部をなしているからです。したがって『オデュッセイア』は、自らの内で自分自身を反復しています。『オデュッセイア』は自分自身の言語のうちに、中心に置かれた一種の鏡を持っています。その結果、ホメロスのテクストは、テクストにとって本質的な運動の中で、自らを巻き込み、自らを包み込み、自身の中心の周りで自らを展開し、自らを二重化するのです。こうした構造は、別の場所でもしばしば見られるもので、例えば、『千夜一夜物語』のある物語は、死を逃れるために、千一夜にわたりスルタンに物語を語るシェヘラザードの物語になっています。

こうした構造はおそらく、文学一般の存在とは言わないまでも、少なくとも西洋文学の存在自体の本質をなしていると私は思います。

ところで、こうした反復の構造と、われわれが近代文学において見いだす内的反復の構造の間には、おそらくは、いや確かに、非常に重要な相違が存在します。実際『オデュッセイア』において、果てることのない吟唱詩人の歌は、オデュッセウスのあとを追い、彼に追いつこうとしていました。そして同時に、すでに開始されていたこの吟唱詩人の歌は、オデュッセウスを迎えに行き、オデュッセウスを彼自身の伝説のうちに迎え入れました。この歌は、オデュッセウスが沈黙するまさにその瞬間に、彼に語らせ、オデュッセウスが姿を隠した瞬間に、彼の素性を明かしたのです。ホメロスによって語られたこうした長々しい脱線に対して、近代文学における自己言及は、おそらくもっとずっと密やかなものです。近代文学が自分自身を反復するのは、おそらく自らの言語の厚みのうちにおいてであり、おそらくそれは、私が先ほど皆さんにお話ししたパロールとコードの戯れによってなされるのです。

とにかく私は、皆さんに次のような提案をして、メタ言語と反復の諸構造に関する考察を終えたいと思います。すなわち、批評を、メタ言語としてではなく、言語における反復可能なものの反復として、非常に素朴な仕方で定義できると考えてみよう、という提案です。そうすると、文芸批評はもしかしたら、偉大なる釈義の伝統のうちに組み込まれるより他ないのかもしれません。少なくともギリシア世界にとっては、ホメロス注解を行った初期の文法学者たちから始まった釈義の伝統です。批評とは、ただたんに、諸々の分身に関する言説である、つまり、言語の諸々の同一性がその中で配分される、隔たりと差異の分析である、と差し当たり、大まかに言うことはできないでしょうか。すると、三つの可能な批評の形式があることになります。第一の形式とは、諸形象に関する学問、知識、目録であり、それらを通じて、言語における同一の諸要素は反復され、変異させられ、結合されます。問題は、音声学的な諸要素、意味論的な諸要素、統語論的な諸要素をどのように変異させ、結合し、反復するかということです。こうした意味における批評とは、要するに、言語の形態上の反復に関する学問のことです。長きにわたって存在してきたこうした批評は、修辞学と呼ばれるものです。次に分身に関する学問の第二の形式は、諸言語の多様性を通じた意味の同一性、変化、変容に関する分析です。問題は、どのようにして様々な異なる語によってある一つの意味を反復することができるかということです。ご存知のとおり、サント＝ブーヴからごく最近にいたるまで、古典的な意味での批評が行ってきたのは、およそそうしたことです。そうした批評は、一つの作品が持つ多様性をこえて、心理学的ないし歴史的な意味作用の同一性、そして最終的には、何らかのテーマ系の同一性を見いだそうとしてきました。伝統的に批評と呼ばれているのは、そうしたものなのです。

さて私は、批評の第三の形式のための場所があり得るのではないか、いまやすでにそうした場所があるのではないかと思います。批評の第三の形式とは自己言及の解読です。つまり、私が先ほどホメロスに関して皆さんにお話ししたような、作品が、反復という厚みのある構造の中で、自らに対して行う包含に関する解読のことです。作品が、自らの内部で、つねに自分自身を指示し、言語による言語の反復として自らを提示する、あの曲線に関する分析のための場所はないものでしょうか。作品自身の包含の分析、作品が自らの内部でたえず自身を指示するための諸記号の分析、そうしたものこそが、今日、文学分析と呼ばれている、多様で多型的な諸々の企てに意味を与えているのだと思います[113]。

文学分析という概念は、バルトやスタロバンスキー[114]といった様々な人たちによって使用され、応用されています。私は、そうした文学分析がどのようにして省察を基礎付け得るのか、つまり、文学分析がどのようにして準哲学的な省察に通じ得るのかを皆さんにお示ししたいと思います。昨日私は、文学者が真の文学をやっていると認めませんでしたが、私自身も、真の哲学をやっているというつもりはありません。昨日、文学は文学のシミュラークルのうちにあると言いましたが、それなら私は、哲学のシミュラークルのうちにいるということになるかもしれません。だからこそ私は、文学分析が、哲学のシミュラークルへとわれわれを導いてくれるのではないかを知りたいのです。

今までに素描されてきた文学分析の概要は、次のようにして分類することができるのではないかと思います。ともかく、それに、次のような二つの異なる大きな方向性を与えることができるでしょう。一方は、作品が、自らの内部で自身を指示するための諸記号に関わるものです。そして他方は、作品が、自らの内部でとる隔たりを空間化する方法に関わるものです。

はじめに、文学作品がどのようにして、自らの内部でたえず自身を指示するのかを明らかにするために、たんに研究計画としてではありますが、これまでなされてきた諸々の分析、そしておそらくこれからなされ得る諸々の分析について皆さんにお話ししたいと思います。皆さんご承知の通り、逆説的なことにごく最近になって次のような発見がなされました。つまり、文学作品は、諸観念や、美、そしてとりわけ感情からできているわけではないという発見、そうではなくて、文学作品は、ただたんに言語からできているという発見です。[115] したがって文学作品は、諸記号のシステムからできているわけです。しかし、この諸記号のシステムは孤立したものではありません。それは、他の諸記号のネットワーク全体の一部をなしています。他の諸記号とは、一定の社会の中で流通する記号、つまり、言語学的な記号ではなく、経済的、貨幣的、宗教的、社会的な記号のことです。したがって、ある文化の歴史において、研究対象として選択されたそれぞれの瞬間には、諸記号のある種の状態、諸記号一般の全般的な状態があります。つまり、明らかにすべきは、表意的な諸価値の支えとなっている諸要素はどのようなものか、表意的な諸要素は、流通に際してどのような規則に従っているのかということなのです。

文学作品は、入念な準備をして言語的な諸記号を用いるものである以上、文学作品が、ある文化の歴史のそれぞれの瞬間に諸記号の状態と呼ばれるものを形成している水平的なネットワークに、その一区域として属していることは確かです。そうした水平的なネットワークは、押し黙ったものであれ、饒舌なものであれ、いずれにしてもつねに明滅しています。したがって、文学がどのようにして自らを意味するかを知るためには、文学がどのようにして意味されるのか、文学が、ある社会における諸記号の世界の中でどこに位置づけられるのかを知らなければなりません。こうした分析は、現代社会に関して言えば、まったくと言っていいほど行われていません。おそらく、われわれの文化よりももっとずっと古い諸文化に関する研究をモデルにして、そうした分析を行う必要があるでしょう。私の念頭にあるのは、ジョルジュ・デュメジル[116]がインド・ヨーロッパ社会に関して行った研究です[117]。

皆さんもご存知のように、デュメジルは、アイルランドの伝説やスカンジナヴィアのサガ、ティトゥス・リウィウス[118]に反映されているようなローマ人の歴史叙述、アルメニアの伝説といったもの、つまり、文学という語を避けるなら、言語による諸作品と呼び得るこうした作品全体が、実際どのようにして、はるかにより一般的な諸記号の構造の一部をなしているのかを示しました。こうした諸々の伝説と、例えばインド・ヨーロッパ語族の他のある社会に見いだされる何らかの宗教的ないし社会的儀礼との間に存在する、構造的同質性について明らかにしてはじめて、そうした伝説が実際にどんなものであるかを理解できるのです。そしてその時、人は次のようなことに気づきます。つまり、文学はこれらの社会において、本質的に社会的で宗教的な記号として機能していたということ、文学は、それが宗教的儀礼や社会的儀礼の表意的な機能を引き継ぐ限りにおいて存在していたということ、文学は、創造されると同時に消費されていたということです。

現在、われわれの社会における諸記号の状態を明らかにし、理解しなければなりません。文学が今日、宗教的な諸記号の側にではなくて、それよりはるかに、消費ないしは経済の諸記号の側に位置しているということは、大いにあり得ます。とはいえ、結局のところわれわれは、それについて何も分かっていません。文学が位置する表意的な地帯を規定している、こうした最初の記号学的地層を調査する必要があるのです。

しかし、文学はそうした最初の記号学的地層に対しては、活発に関与しているわけではないと言うことができます。たしかに文学は機能してはいますが、文学が機能するそうしたネットワークは、文学に属するものではありませんし、文学はその中心をしめてもいません。したがって、記号学的分析をさらに押し進める必要があります。と言うよりむしろ、記号学的研究を、作品にとって内在的な別の地層に向けて発展させなければなりません。

つまり、特定の文化の内部でではなくて、作品自体の内部で働く諸記号のシステムがどのようなものかを明らかにしなければならないのです。われわれは、そうした分析に関しても、まだ基礎的な段階に、あるいは言わばいくつかの例外的研究の段階にあります。ソシュール(119)は、彼が残したかなりの数のノートにおいて、ラテン文学における音声学的記号ないし意味論的記号の用法と構造を明らかにしようと試みていました。これらのテクストは、現在スタロバンスキーによって『メルキュール・ド・フランス』において公刊されていますから、参照してみてください(120)。これらのテクストでは、文学が本質的に言語的諸記号の組み合わせとして現れるような、分析の概略が示されています。こうした分析を容易に施すことができる作者は、少なからずいます。私の念頭にあるのは、シャルル・ペギー(121)や、もちろんレーモン・ルーセル、そしてシュルレアリストたちです。そうした言語的記号自体の分析のうちには、可能なる記号学的分析の第二の地層があると言えるかもしれません。すなわち、文化的な記号学の地層ではなく、言語学的な記号学の地層です。言語学的記号学は、なされ得る選択や、そうした選択が従う構造、そうした選択がなされた理由、システムのそれぞれの地点で与えられ、作品の内的構造を意味する潜在性の度合いについて明らかにします。同様に、おそらく諸記号の第三の地層もあって、文学は自分自身を意味するために、この諸記号の第三のネットワークを利用しています。言うなればそれは、バルトがエクリチュールの記号と呼ぶものです。つまりそれは、直接的なコミュニケーションの領域の外部で、書くという行為が儀礼化されるための諸記号です。

今日ではよく知られているように、書くということは、個人的な定型表現をいくらか織り交ぜつつ、ある時代の定型表現を使うというだけのことはありません。書くということは、才能、凡庸さ、そして天才をいくらか交ぜ合わせることではありません。書くということが意味するのは、何より、エクリチュールの諸記号にほかならぬ諸記号を用いることです。エクリチュールの諸記号とは、もしかしたら、なんらかの語、高尚だと言われる語のことかもしれません。しかし、エクリチュールの諸記号とは、何よりもまず、例えばフランス語における動詞の時制のような、ある種の深い言語学的構造のことです。皆さんご存知のように、フローベールのエクリチュールは本質的に、半過去、単純過去、複合過去、大過去の間のある種の布置、ある種の関係に存しています(122)。バルザックからプルーストにいたる、フランスのすべての古典的物語についても同様です。こうした布置が、皆さんや私が使うような言語、あるいは新聞で使われる言語において、同様の価値を伴って見いだされることは決してありません。こうした四つの時制の布置は、フランス語の物語においては、それがまさに文学的な物語だという事実を構成するものなのです。

最後に、第四の記号学的地層に話を移さねばなりません。はるかに限定され、はるかに控えめな、この第四の記号学的地層とは、包含ないし自己包含の諸記号と呼び得るような諸記号の研究です。つまり、作品が、作品の内部で、自らを指示するための諸記号、作品が、自らの内部で、ある種の形式のもと、ある種の相貌を伴って、自らを再‐現前化するための諸記号です。私は、先ほど『オデュッセイア』第八書についてお話ししました。その場面でオデュッセウスは、吟唱詩人がオデュッセウス自身の冒険を歌うのを耳にします。ところで、そこにはきわめて特徴的なことがあります。パイアーケスの人々に相変わらずまだ身元が知られていないオデュッセウスは、吟唱詩人が彼自身の冒険を歌うのを耳にした瞬間、頭を下げ、顔を覆って、涙を流し始めます。ホメロスのテクストが言うには、その身振りは戦闘の後で夫の亡骸を受け取る時の妻の身振りなのです。

皆さんお分かりのように、文学自身による文学の自己包含の記号は、この場面において大変深い意味を持っています。それは、儀礼、まさに喪の儀礼なのです。言い換えるなら、作品が自らを指示するのは、死においてのみ、主人公の死においてのみなのです。作品が存在するのは、主人公が、作品のうちでは生きているものの、出来上がった物語との関係においては、すでに死んでいる限りにおいてなのです。

こうした自己包含の記号を、プルーストの作品のうちにある自己包含の記号と比較してみると、非常に興味深く、また特徴的な諸々の差異が見いだされます。『オデュッセイア』とは逆に、『失われた時を求めて』による自己包含は、非時間的な啓示という形で与えられます。ダマスクス風のナフキンをめぐって、マドレーヌをめぐって、ヴェネツィアの敷石の凹凸を思い出させるような、ゲルマント家の中庭の敷石の凹凸をめぐって、作品の非時間的で、啓示された、絶対的に幸福な現前のような何ものかが、まさにその作品を書いている者に突如として与えられるのです。皆さんお分かりのように、こうした非時間的な啓示と、顔を覆い、戦死した夫の遺骸を受け取る妻のように涙を流すオデュッセウスの身振りの間には、絶対的な差異があります。作品自身における作品の自己包含のこうした諸記号に関する記号学は、文学とは何かについて、必ずやわれわれに多くのことを教えてくれることでしょう。しかし、それらは皆、まだほとんど実現されていないプログラムのままです。私がこれら様々な記号学的な諸地層について強調したのは、言語学的で記号学的な手法を文学に対して利用することに関して、現在、ある種の混乱が行きわたっているためです。皆さんご承知のように、幾人かの人々は、世間でよく言われるように、あらゆるソースをまぶして言語学の手法を使い、文学を言語の生の事実として扱っています。

文学が、言語からできているというのは本当です。それは結局、建築が石からできているというのと同様です。しかし、そのことから、言語一般に対して有効である構造や、概念、法則を、文学に対して無差別に適用できるという結論を引き出してはなりません。実際、記号学的手法をそのまま文学に適用する時、人は二重の混同に陥ってしまいます。一方において人は、諸記号一般の諸領域のうちの、ある一つの特殊な有意的構造を繰り返し用いることになります。別の言い方をするなら、言語は実際には、私が先ほどお話ししたような、宗教的記号、社会的記号、経済的記号といった諸記号のより一般的システムのうちの一つの記号システムにすぎないということを忘れてしまうのです。そして他方において、言語学的分析をそのまま文学に適用することで、人は、文学が非常に特殊で、言語に固有の諸構造よりもはるかに繊細な有意的構造を用いているということ、とりわけ、私が先ほど皆さんにお話ししたような、自己包含の諸記号を用いているということを忘れてしまいます。実のところ、そうした自己包含の諸記号は、文学の中にしか存在しないのであり、言語一般のうちに、そうした記号の例を見いだそうとしても不可能なのです。

別の言い方をするなら、有意的であるとともに、自分自身を意味するものとしての文学の分析が展開されるのは、言語という次元においてだけではないのです。文学の分析は、いまだに言語的記号ではない諸記号の領域のうちに入り込んでいます。他方で文学の分析は、言語的記号よりもはるかに複雑な他の諸記号の方へと広がり、高まり、延長されています。それゆえ、文学が文学であるのは、それが意味論的な面だけ、言語的記号の面だけを使用することに限定されないからなのです。実のところ文学は、諸記号からなる複数の厚みを通じて成立していて、言わば徹底的に多義的なものです。しかし、文学が多義的だというのは、あるメッセージが複数の意味を持つことができ、両義的だと言われるのとは違った、独特のあり方においてです。実際、文学が多義的だということが意味しているのは、次のようなことです。すなわち、あるたった一つのことを語るために、あるいはもしかしたら、何一つ語らないために――というのも、文学は何かを語らなければならないのだと証明するものは何一つないのですから――、とにかく、何かを語るために、あるいは何も語らないために、文学は、一定数の記号学的地層、私の考えでは最低でも、先ほど皆さんにお話しした四つの地層をつねに踏破しなければなりません。文学は、そうした四つの地層のうちから、自分自身を意味するという特性を持った形象を構成するのに必要なものを取り出します。つまり文学とは、社会や文化の中で別々の地層において与えられている諸記号を、垂直的な形で再構成することに他なりません。別の言い方をするなら、文学は沈黙から構成されるものではないのです。文学は、沈黙という言い表し得ないものでもなければ、語られ得ず、将来も語られることがないものの発露でもないのです。

実際、文学が存在するのは、人がたえず語り続けたからであり、人がたえず諸記号を循環させるからです。文学の周りにいつも諸記号があるからこそ、そして、それが語るからこそ、文学者のような何者かは語ることができるのです。厳密な意味で記号学的な文学分析が、どのような方向に発展し得るのかということについては、大まかに図式化するなら以上の通りです。もう一つの別の路線は、今まで見てきた路線よりもおそらくよく知られていますが、あまり知られていないとも言えます。それは、作品の意味をめぐる、有意的な諸構造にではなく、作品の空間性に関わる路線です。

皆さんご存知のように、長きにわたって言語は、時間と深い親近性を持っていると考えられてきました。そのように信じられてきたのには、おそらくいくつかの理由があります。それはまず、言語とは本質的に、物語を語ることを可能にするものであると同時に、約束をすること[123]を可能にするものだからです。言語とは本質的に、時間を〈結びつける〉ものなのです。それから次に、言語は、自らのうちに時間を沈澱させるものだからです。というのも、言語とはエクリチュールであり、言語はエクリチュールとして、時間のうちに自らを保持し、自らが語ったことを時間のうちに保持するからです。実のところ、諸記号によって覆われた表面は、持続の空間的な狡知にすぎないのです。したがって、時間は、言語のうちにおいてこそ自らに対して自らを現出するのであり、そして時間は、言語のうちにおいてこそ、歴史として自らを意識するようになるのです。ヘルダー[124]からハイデガーにいたるまで、ロゴスとしての言語は、時間を保存し、時間を見守り、時間のうちに自らを保持し、身動きひとつせず寝ずの番をして時間を保持するという高級な任務をつねに担ってきたのだと言うことができるのです。

これに対して、言語とは結局、時間に属するものではなく、空間に属するものだと考えた人は、これまで誰もいなかったと思います。誰もいなかったと言っても、一人だけ例外がいます。私は、その人のことがあまり好きではないのですが、とはいえ、そのことは認めざるを得ません。その人物とは、ベルクソンです。ベルクソンは、言語とは結局、時間に属するものではなく、空間に属するものだと考えたのです。[125]しかし困ったことに、ベルクソンは、そこから否定的な結論を引き出してしまいました。もし、言語が時間に属するのではなく、空間に属するのだとすれば、それは、言語にとっては気の毒なことだと、ベルクソンは呟きました。まさに言語である哲学の本質とは、時間を思考することだったために、ベルクソンは、そこから次のような二つの否定的な結論を導き出しました。第一に、哲学は時間についてよりしっかり考えられるように、空間と言語から離れなければならないということです。そして第二に、時間について思考し、表現することができるように、言わば言語を省略しなければならないということです。要するに、言語において、きわめて空間的であり得るようなものを厄介払いしなければならなかったのです。こうした言語の力や性質、言語が持つ空間的な宿命を無効化するためには、言語自身に対して言語を働かせ、語に対して、別の語、言わば反対−語を使わねばなりませんでした。こうして、語を互いに褶曲させ、衝突させ、交錯させることで、それぞれの語の空間性は、別の語の空間性によって相殺され、拭い去られ、無化され、いずれにせよ制限されるというわけです。こうした言語の働きこそが、厳密な意味における隠喩であって、ベルクソンにおいて隠喩が重要なのはそのためなのです。言語自身に対する言語のこうした働きのおかげで、空間性を無効化する隠喩のこうした働きのおかげで、何ものかがついに生まれ出る、少なくとも姿を見せる、それこそが時間の流れそのものなのだと、ベルクソンはそう考えたのです。

ところで、ほとんどまったく経験的な様々な道筋を通じて、人々が現在見いだしつつあるのは、言語とは空間なのだということです。[126] 言語とは空間なのですが、そのことが忘れられていた理由は、言語が時間の中で機能するから――言語とは語られた連鎖なのです――、そして、言語は時間を語るために機能するからにすぎません。しかし、言語の機能は言語の存在ではありません。言語の機能が時間であることだとすれば、言語の存在とはまさに空間であることなのです。言語の存在が空間であるというのには、いくつかの理由があります。まず、言語のそれぞれの要素は、共時態のネットワークの中でしか意味を持たないからです。次に、それぞれの語、あるいは、それぞれの表現の意味論的な価値は、一つの一覧表、一つの範列の切り分けによって規定されるからです。そして次に、諸要素の連続自体、語の順序、屈折、異なる語の間の一致、語られた連鎖の長さといったものは、その自由度に違いこそあれ、統辞法の、同時的で、構成的で、したがって空間的な諸要請に従っているからです。最後に、一般的に言って、シニフィエを伴った有意な記号が存在するのは、諸要素の代入と結合の諸法則によって、したがって全体において定義される一連の諸操作によってでしかないからであり、それゆえ、空間の中においてでしかないからです。

私が思うに、長い間、ほとんど今日に至るまで、時間的機能である、記号の予告的で回顧的な機能と、記号が記号であることを可能にするものが混同されてきました。記号が記号であることを可能にするものとは、時間ではなく空間なのです。神の言葉は、世界の終末の諸記号を、世界の終末の諸記号たらしめるものですが、そうした神の言葉は、時間の中で生じるわけではありません。神の言葉は、たしかに時間の中に現れることができますが、永遠なものであり、何かを意味するそれぞれの記号に対して共時的なのです。文学分析が本来の意味を持つのは、言語と時間が混同されてきたために、文学分析がとらわれてきた、あらゆる時間的図式を忘れるという場合だけだと思います。そうした様々な図式の中でも、とりわけ創造の神話を忘れなければなりません。これほど長い間、作品が生まれつつある瞬間、芽生えつつある瞬間という最初の創造の瞬間を復元することを自らの機能、自らの役割としてきたのは、批評が、言語の時間的な神話に従ってきたからにすぎません。以下のような、批評の必要事、批評のノスタルジーがつねに存在してきたのです。すなわち、創造の道のりをふたたび見いだすということ、作品の秘密を握っているに違いないと考えられてきた誕生と完成の時間を、批評に固有の言説のうちで復元するということです。言語に関する諸観念が時間に結びつけられてきた限りにおいて、言語が時間に属するものとして受容されてきたまさにその限りにおいて、批評は、言うなれば、創造説に与してきました。批評は、沈黙を信じてきたのと同様に、創造を信じてきたのです。

空間としての作品の言語の分析は、やってみるだけの価値があると私は思います。実を言えば、そうした分析は、幾人かの人々によって、いくつかの方向においてすでに行われています。まだプログラムが素描にすぎないことを、少し独断的な仕方で図式化することになりますが、非常に大まかに、次のように言うことはできないでしょうか。第一に、複雑な文化的布置の中にしっかりと組み込まれた空間的な諸価値があるのは確かで、そうした諸価値は、その文化のうちに現れる言語全体、作品全体を空間化していました。私が考えているのは、例えば、一五世紀末からおよそ一七世紀初頭にいたる期間における、球体という空間のことです。その期間は、中世末期からルネサンスを経て古典主義時代のはじめにまでおよびます。この時代、球体は、図像や文学において、他の形象に比して特権的な形象だったというだけではありません。球体は、実際に空間化を行う形象であり、ルネサンス文化、そしてバロック文化における他のあらゆる諸形象が位置づけられる、絶対的で根源的な場所だったのです。閉ざされた曲線、中心、丸天井、光り輝く球は、その時代の人々によって何の気なしに選ばれた形式ではありません。それらは、この文化のあらゆる可能な空間および言語の空間を、ひそかに与える運動なのです。もちろん、経験的な見地から言うなら、地球は丸いという発見がなされたわけで、実際、そのために、球体が特権視されるようになりました。それは、地球は、天球とその穹窿の、固くて、薄暗く、自らの上へと身を縮めたイメージだという発見だったのです。またその結果、人間は、ミクロコスモス的な小さな球体であり、地球というコスモスの上に位置づけられ、エーテルからなるマクロコスモスの内部に存在するのだと考えられるようになりました。

球体が重要性を持ったのは、これらの発見や考え方のためなのでしょうか。そうした問題を提起しても、おそらくあまり意味はありません。確かなこと、分析されるべきことは、一五世紀末から一八世紀初頭にいたるまで、最も一般的な意味での表象、イメージ、見かけ、真実、アナロジーといったものが、球体という根本的空間のうちで与えられていたということです。確かなのは、例えばクワトロチェント[127]の絵画にみられた絵画的立方体が、空洞のある半球によって取ってかわられ、そうした半球の中に、一五世紀末とりわけ一六世紀から、絵画の人物たちが移され、配置されたということです。確かなのは、言語が自分自身の方に向けてたわみはじめ、円環的な形態を作り出して、自らの出発点に回帰するようになったということです。『パンタグリュエル物語』の摩訶不思議な旅を例にとってみましょう[128]。この旅は、オリンポス山やテッサリア、エジプト、リビア、さらにラブレーが加えて言うには、ユダヤ海のヒュペルボレオス島といった場所を思い起こさせる優美な地方を通って、曖昧な出発地点にたどり着きます。旅で最も遠い地点に到達した時、すっかり道に迷ってしまったまさにその時に、いくつもの島の果てに、かの地を横切るのですが、ラブレーの口癖によるなら、トゥレーヌの国に比肩するほど優美なこの土地は、間違いなく、旅の仲間たちが出発点としたまさにその土地、彼らがあの島々へと向けて出発したまさにその土地なのです[129]。ですから、彼らはずっと故郷にいたわけで、自分たちの故郷へと戻るために、そんな旅をする必要はまるでなかったのです。あるいはひょっとしたら、その土地からふたたび離れるためには、と言ったほうがいいかもしれません。というのも、もし彼らがふたたび乗船しようとしている、今まさにその瞬間にトゥレーヌの地にいるとすれば、おそらくそれは、彼らが新たな旅へと出かけようとしているからなのです。いずれにせよ、円環は果てしなく再開されるのです。

こうしたルネサンス的表象の円環が分解され、文字通り爆発し、自らの身をよじらせることで、鏡、虹色の水泡、球体、螺旋、渦巻きのように体に巻きつき、垂直方向に伸び上がる大掛かりな衣装といった、大いなるバロック的諸形象が、一七世紀半ばに誕生したのでしょう。諸々の作品一般の空間性に関して、こうしたタイプの分析をすることができると思います。そもそも、例えばプーレ[130]が行ったような分析のうちに、そうした分析の、アウトラインというよりも雛形が数多く見いだされます。

言語一般に関するそうした文化的空間性は、どうしても作品を外部から捉えることしかできないのかもしれません。ところで実際には、作品自体の内的空間性もあります。そうした内的空間性とは、作品の構成のことでもなければ、伝統的に作品のリズムあるいは作品の運動と呼ばれてきたものでもありません。それは言わば、作品の諸形象がそこからやって来て、そこで循環する深い空間なのです。実を言えば、そうした分析は、スタロバンスキーの『ルソー』[131]やルーセ[132]の『形式と意味』において、すでにかなりの程度行われています[133]。私の念頭にあるのは、コルネイユにおける環と螺旋について、ルーセが行った見事な分析です。私は彼のテクストを引用するだけですから、皆さんはぜひ直接参照してみてください。ルーセは、コルネイユの演劇が、『法院の回廊』から『ル・シッド』にいたるまで、環という空間性にいかに従っているのかを示しました。つまり、こういうことです。二人の人物が登場しますが、彼らは、戯曲が始まる前には結びついていました。そうした人物たちが引き離されることではじめて、戯曲が始まります。そして戯曲の半ばで、彼らはふたたび一緒になります。しかし、彼らはすれ違ってしまい、和解は不可能であるか、不完全なままなのです。これが、ロドリーグとシメーヌの物語です(134)。彼らは、起こってしまったことのために、完全にはふたたび一緒になることができません。そのため、彼らはまた離れ離れになってしまい、戯曲の最後で、ようやくよりを戻します。以上のことから生じるのが、コルネイユの初期作品の空間性を特徴づけている環という形式、あるいは、言わば無限の記号である8という形式なのです。そして『ポリュークト』(135)は、コルネイユの演劇にそれまで存在していなかった上昇運動が突然出現したことを示しています。そこにはまさに、この8という形象があります。ポリュークトとポリーヌという二人の人物は、戯曲が始まる前には結びついていましたが、離れ離れになり、ふたたび一緒になってから、また別れ、そして最終的に再会します。しかし、別離のゲームが生じるのは、登場人物たち自身と同じ次元にある出来事のためではありません。そうした事態が生じるのは、本質的にはポリュークトの改宗によって引き起こされた上昇運動のためです。分離と結合の要因は、言わば、神において頂点に達する垂直構造なのです。こうした運動から出発して、『ポリュークト』はポリーヌと別れ、神のもとに加わります。こうした渦巻きが、『ポリュークト』という戯曲や、その後のコルネイユの作品に、螺旋運動を、つまり、同時代のバロック彫刻に見出されるのと同様の、上へと向かう服の襞のような動きを与えることになります。

最後に、もしかしたら作品の空間性を分析する第三の可能性があるかもしれません。それは、作品全般の空間性を研究するのではなく、作品における言語自体の空間性を研究するというものです。つまり、文化の空間でも、作品の空間でもなく、真っ白な紙片の上に置かれた、言語自体の空間を明らかにするわけです。そうした言語は、自らに固有の性質によって、しばしば非常に複雑な、ある種の空間を構成し、切り開きます。そうした空間が明らかになったのは、おそらくマラルメの作品においてでした。それは、無垢、処女性、清純さの空間です。それは、窓ガラスの空間であり、鳥がとらえられた、冷気、雪、氷結の空間です。それは、張りつめられていると同時に、滑らかな空間です。それは、閉ざされ、自らのうちに閉じこもった空間でもありますが[136]、その空間は、自由さ[137]という特性を持っていて、開かれています。その空間は、そうした空間をくまなくたどることができる視線が持つ、絶対的な洞察力に対して開かれているのですが、しかしこの視線は、実際にはその空間の上を滑ることしかできません。この開かれた空間は、同時に、完全に閉ざされた空間でもあるのです。くまなくたどることができるこの空間は、氷結し、完全に閉ざされたような空間なのです。こうしたマラルメ的な諸対象の空間、マラルメの湖の空間は、マラルメの言葉の空間でもあります。例えば、ジャン＝ピエール・リシャール[138]が見事に分析した、マラルメにおいて扇と翼が持つ様々な意味を取り上げてみましょう[139]。扇と翼は、開かれている時には、視線から隠すという特性を持っています。翼は、たっぷりとしたものなら、鳥を視線から隠しますし、扇は顔を覆い隠します。翼と扇は、視線から隠し、隠蔽し、遠く手の届かないところに置きます。しかし、翼と扇が隠すのは、それらが広げられている限りにおいて、つまり、翼の豪奢な色どりが、あるいは扇の図柄自体が、広げて見せられている限りにおいてなのです。反対に、閉じられている時には、翼は鳥の姿を見せますし、扇は顔を見せます。したがって、翼と扇は、それらが先ほど開かれていた時には隠していたものを、近づけ、視線の届くところ、手の届くところに差し出します。しかし、翼と扇は、折りたたまれた瞬間に隠すものとなって、開かれていた時には広げて見せられていたものを皆、隠匿してしまいます。それゆえ、翼と扇は、顕示と謎からなる両義的な契機を形成しているのです。それらは、見られるべきものの上に広げられたヴェールという契機をなすとともに、絶対的な誇示という契機をなしているのです。

　顕示すると同時に隠蔽する、マラルメ的な諸対象のこうした両義的な空間は、おそらくマラルメの言葉の空間そのもの、言葉自体の空間です。マラルメにおいて言葉は、自らを誇示しながら、そうした誇示の下に、自分が今語ろうとしていることを覆い隠し、沈みこませます。言葉は、自分が語らなければならないことを隠しつつ、白い頁の上に折りたたまれると同時に、自分の方に折りたたまれるまさにその運動において、断固として不在のままにとどまっているものを隔たりのうちに出現させます。おそらくそれがマラルメのあらゆる言語の運動なのです。いずれにせよそれがマラルメの書物の運動なのです。われわれは、マラルメの書物を、もっとも象徴的な意味で、言語の場として理解しなければなりませんが、同時に、マラルメの企てという、まさにその意味でも理解しなければなりません。この企ての中でマラルメは、その人生の最後に、文字通り自らを見失い、途方にくれてしまったのです。したがってそれは、扇のように開かれていて、露わにしつつ、隠さなければならない書物、閉じられているが、マラルメが自らの言語でたえず名指し続けた空虚を、露わに見せなければならない書物、そうした書物の運動です。それゆえ書物とは、書物の不可能性そのものなのです。広げられている時には、書物は封印するような純白さをたたえ、折りたたまれている時には、書物は開示するような純白さをたたえています。マラルメの書物は、その執拗なまでの不可能性のうちで、言語の不可視的な空間をほとんど可視的なものにします。マラルメだけでなく、どんな作者に取り組むにせよ、こうした言語の不可視的な空間を分析しなければならないのです。

これらの可能な分析は、部分的にはあちこちですでにその概要が示されていますが、こうした分析はてんでばらばらに作品に手をつけているように見えると皆さんは私におっしゃることでしょう。つまり、一方には記号学的な諸層の解読があり、そして他方には空間化の諸形態の分析があるというわけです。こうした二つの運動、つまり記号学的な諸層の分析と空間化の諸形態の分析は、並行関係にとどまるべきなのでしょうか。それらはやがて収斂していくのでしょうか。それとも、それらが収斂するのは、無限の彼方においてのみ、作品が遠くにかろうじて見える、そうした彼方においてのみなのでしょうか。新たな記号学的諸価値と、そうした諸価値が空間化される空間とを同時に出現させるようなただ一つの言語が、いつの日にか現れると期待することができるのでしょうか。

われわれが、まだまったくそうした言説を語ることができないということは間違いありません。私がいましがた皆さんにした話が、ばらばらに分散しているということが、それを示しています。

しかし、むしろそれこそが、おそらくわれわれの課題なのです。現在の文学分析の課題、そしておそらくは、現代における哲学の課題、思考全体の課題、言語全体の課題とは、あらゆる言語の空間を、言語へともたらすこと、語、音素、音声、書かれた略号がすべて記号となり得るような空間を、言語へともたらすことなのかもしれません。言語を引きとどめつつ、意味を解放するような枠組みが、いつの日か現れなければならないでしょう。しかしどんな言語が、言語を言語として構成する空間自体を名指し、出現させるほどの力や備え、暴力や中立性を持っているのかは、私たちには分かりません。それは、われわれの言語よりもずっと引き締められた言語、もはや現在のように、文学、批評、哲学を分かつことのない言語、言わば絶対的に原初的であり、〈想起〉という語の強い意味において、ギリシア的な思考の最初の言語がどんなものであり得たのかを想起させるような言語なのでしょうか[140]。あるいはもしかしたら、次のように言うことはできないでしょうか。文学が現在、意味を持っているとしたら、そして、私がいましがたお話ししたような意味での文学的分析が現在、意味を持っているとしたら、それはおそらく、文学や文学分析が、言語がどんなものになるのかの前触れになっているからであり、そうした言語が今まさに生まれようとしていることの徴になっているからなのではないでしょうか。結局のところ、文学とは何なのでしょうか。どうして文学は、昨日お話ししたように、一九世紀に出現し、書物という奇妙な空間と結びついたのでしょうか。二世紀たらず前に生まれた、最近の発明品である文学とは、根本的には、まさに構成されつつある言語と空間との関係であり、かろうじて可視的になってはいるが、いまだ思考可能にはなっていない、言語と空間の関係なのです。文学とは、おそらくまさにそうしたものなのです。

　言語が、忘却されてはならないものを取り集めるという、数千年にもわたる自らの古くからの務めを断念する時、言語が、自らが侵犯と死を通じて、書物という空間の断片に結びついていること、使いこなすことは容易いが、思考することは困難なあの空間の断片に結びついていることを見いだす時、文学のような何ものかがまさに生まれます。文学の誕生は、われわれにとってまだごく身近なものですが、しかし、文学はすでに自らの窪みにおいて、文学とは何かという問いを投げかけています。というのも文学は、非常に古い言語のうちにあって、いまだに極めて新しいものだからです。文学が出現したのは、数千年来、いずれにせよギリシア的思考の黎明期以来、時間へと向けられてきた言語のうちにおいてでした。したがって文学は、時間へと向けられてきた言語のうちにおいて、口ごもりとして、おそらくまだ長く続く言語の、最初の口ごもりとして出現したのです。そうした口ごもりの果てに――われわれは、そこにはまるで到達していません――こうした言語は、空間へと向けられることになるでしょう。書物は、一九世紀までは副次的な媒体でした。書物は、その空間的な物質性という点で、記憶と回帰に心を砕く言葉の副次的媒体だったのです。ところが、おおよそサドの時代になると、書物は、言語の本質的な場、つねに反復可能だが、決定的に記憶を欠いた、言語の起源となったのです。まさにそれが文学なのです。

批評に関して言えば、サント＝ブーヴから他の批評家たちにいたるまで、批評とは何だったのでしょうか。時間とは完全に異質なもの、空間へと向けられたもの、つまりは文学を、時間や、継起、創造、系統、影響といった用語によって思考しようとする努力、絶望的で失敗を運命づけられた、そうした努力でなかったとすれば、批評とはいったい何だったのでしょうか。今日、多くの人々が取り組んでいる文学分析とは、批評をメタ言語に昇格させることでもなければ、細々とした辛抱強い身振りや、少しばかり骨の折れる蓄積作業によって、ついに実証的なものになった批評でもありません。文学分析に意味があるとすれば、文学分析が行っていることとは、批評の可能性自体を消去することに他なりません。文学分析は、言語がますます歴史的なものでも継起的なものでもなくなっていることを、いまだにぼんやりとした状態ではあれ、少しずつ可視化します。文学分析は、言語がますます自身から離れていること、言語が、ネットワークとして自身から遠ざかっていることを明らかにします。文学分析は、言語の分散の原因は、時間の継起でもなければ、夕暮れの陽気さでもなく、真昼の炸裂、輝き、不動の嵐なのだということを明らかにします。私がこれまで皆さんに説明しようとしてきた、厳密で真摯な意味における文学とは、照らし出され、不動で、破砕された、こうした言語に他ならないのかもしれません。われわれが今日、思考しなければならないのは、そうしたことなのです。

サドに関する講演

バッファロー、一九七〇年三月

編者の注

一九七〇年三月、ミシェル・フーコーはニューヨーク州立大学バッファロー校のフランス文学部に招待され、二本の講演を行った。一本目の講演はフローベールの『ブヴァールとペキュシェ』に関するもの、(14)二本目の講演はサドに関するもの、より正確に言えば『新ジュスティーヌ』に関するものであった。哲学者フーコーにとって『新ジュスティーヌ』という著作は、全面的に真理という徴の下に書かれたものであった。

この二本目の講演のタイプ原稿と、様々な手稿――われわれの知る限りでは、『ジュスティーヌ』の分析にあてられた書類は三つあって、一つ目は「一九七〇年バッファロー」と題された十四枚の書類、二つ目は「一九七一年春モントリオール」と題された四七枚の書類、そして三つ目は「七二年一〇月」と題された二二枚の書類である――が示しているのは、フーコーがサドに関する発表を二部に分けて行ったということである。最初の講演は、サドにおける真理と欲望の関係という問題に関するものである。二回目の講演は、一九七〇年一一月に『言説の領界』の出発点となる諸々の問題系を先取りするものである。その問題系とは、とりわけ次のような考え方である。すなわち、ある時代の知の一般的な分類化と組織化は、同定と受容可能性の諸基準に依拠しており、あらゆる言表は、そうした同定と受容可能性の諸基準に従ったり、あるいは逆にそうした諸基準を告発したりするような論理を前提としているのである。『狂気の歴史』以来、サドという形象――不名誉な裁判と検閲を経験した侵犯者、政治と真理をめぐる思想家、アンシャン・レジームの司法の告発者――は、フーコーの興味を引きつけてきた。しかも神のごとき侯爵の存在は、一九六〇年代に行われたある種の文芸批評をめぐる考察においてきわめて大きなものであり、サドを、ヘルダーリンやマラルメ、カフカ、ロートレアモン、アルトーと結びつけたのはフーコーだけではなかった。当時サドは、ある種の反近代性を志向する人々にとっては、一種のトポスないしは特権的対象のようなものだったのである。(142)

われわれが本書に転記したバッファロー講演の五三頁のタイプ原稿において、フーコーの分析を内部から動かしているのは何よりも、諸言説の複雑なエコノミーという考え方である。しかし、サドの〈用法〉はそうした分析にとどまるものではない。というのも、その後フーコーはサドを「性の法務官」、つまり、道具的合理性を発揮させる、規律的なエロティシズムの提唱者と見なすことになるからである。(143)

講演をタイプに起こした原稿でも、三本の手稿でも、自然、エクリチュール、魂、法といった用語は、大文字になっていることもあれば、なっていないこともある。われわれは、これらの用語すべてについて小文字を使うことを選択したが、慣例に従い、神という名詞に関しては大文字を用いることとした。

第一回講演

これから私は、主にサドの後期のテクストの一つである『新ジュスティーヌあるいは美徳の不幸』と題された著作に依拠してお話しします。これは、『ジュスティーヌ物語』を一〇巻という形で大幅に加筆した再版で、サドはそこに『ジュリエット物語あるいは悪徳の栄え』を付け加えています。『新ジュスティーヌ』は、一七九七年に出版されたテクストですが、私の考えでは、サドの思想と想像力を最も過激かつ最も完璧な形で定式化しつつ、ある種の仕方で総決算したものです。ですから私は、『閨房哲学』や『ソドムの百二十日あるいは淫蕩学校』以上に、この『新ジュスティーヌ』というテクストに依りつつお話ししたいと思います。

もしよろしければ、導入として一言二言、まったく明らかなことをいくつか指摘したいと思います。『新ジュスティーヌ』と、それに続く、彼女の姉であるジュリエットの物語の全体、これら一〇巻に及ぶ著作は皆、全面的に真理という徴の下に置かれているということです。

冒頭の一行でサドは、自分がこれから語ることすべてに対して、いかに嫌悪や不快を感じようとも、文人たるものは、真理を語るのに十分なほどに哲学者であらねばならないと説明しています。(144)サドは、自分は犯罪をあるがまま、現実にあるがままに、つまりは勝ち誇った崇高なものとして示すだろうと言うのです。

そして、第一〇巻の終わり（サドが自分の話の真理性に関して行っているその他の言及や参照については省略します）、第一〇巻の終わりの最後の数行で、サドは自らの小説が持つ、絶対的に真であるという性質について再度強調しています。最後のある挿話――それはもっとも信じがたいような挿話の一つなのですが――この挿話について、登場人物の一人は次のような注釈を加えています。「これほど本当らしくない話は、もしそれが小説の中で語られたとしたら、信じてはもらえないでしょう。しかしこの話は小説ではなく、真実であり、それゆえ、あなたがたは私を信じなければなりません」(145)。小説の末尾、最後の文章でサドは、この小説のすべての登場人物、ジュスティーヌとジュリエットはもはや死んでしまったのであり、彼女たちは自分たちの遍歴に関して、サドが今われわれに伝えたばかりのまさにその物語以外には、どんな物語も残しはしなかったと説明しています。(146)もし新たな作者が現れて、自分はジュリエットとジュスティーヌの遍歴の続きを語ると主張するとしたら、彼は偽作者にすぎず、嘘しか語っていないことになります。というのも、ジュリエットとジュスティーヌは死んでしまっているのですし、彼女たちはサドに対してすべてを語ったからです。サドは、彼女たちの真の人生の物語であるこの物語をできる限り正確に書き写しているだけだというのです。

こんな月並みなことを強調してしまって申し訳ありません。一八世紀のあらゆる小説において、物語自体を一種の真理、本当らしさという原則の上に言わばピン留めすることは、伝統的に用いられる効果の一つでした。一八世紀の作者たちは、その種の真理－本当らしさを証明するために、いくつかの手法をすすんで利用していました。サドは、当時利用されていた修辞学的な手法のいくつかを取り上げていますが、それには例えば次のように語るという手法があります。「私があなたがたにお話ししようとしていること、あるいは私があなたがたにお話ししたことは、私が自分の頭の中から取り出してきたものではありません。私は、自分が見つけてきた手稿、自分の手に渡ってきた手紙、自分が不意に耳にした打ち明け話といったものの中に書かれていることや語られていることをただ書き写しただけです。話しているのは私ではなく別の人であって、私はその人を舞台に上がらせているわけです。それゆえ、私が語っていることは、この人物の存在そのものと同じくらい真実なのです」。別の手法でも、作者自身を介入させるのですが、この作者はある瞬間に自分自身の名において口を開き、例えば次のように話します。「これからお話しすることは、あなたがたには本当らしくないと思われるかもしれません。しかし仕方ないではありませんか……。そうしたことは、小説の中では本当らしくないとしても、ここではそうではありません。なぜなら、私はあなたがたに真実をお話ししているからです」。

この種の手法や技巧は、一八世紀には大変よく知られていて、ディドロやスターン(147)は、周知のように天才的な仕方でそうした手法や技巧を利用していました。サドは、ひどく狼狽させるほどに無遠慮でぎこちない仕方で、こうした手法を用いています。『アリーヌとヴァルクール』(148)において、サドは複数の手紙を書き写しているということになっていますが、その中には一通だけでまるまる一巻をしめる手紙があります。その手紙はおよそ三五〇頁にも及ぶものですが、そこでは、手紙の書き手が明らかに知り得なかったような出来事が語られています。詳細については省略します。それはまるで本当らしくないのです！ 同様に、『ジュスティーヌ』の脚注に、「それは真実なのだ」と言うためにサド自身が介入してくる時、彼が何に関してそう言っているのかを見てみなければなりません。それは大概、登場人物の一人が、殺戮がもたらし得る性的興奮の威力に我を忘れている最中のことです。その時サドはもはや我慢できなくなり、次のような脚注をつけます。「私はあなたがたに請け合いますが、それは真実です。私を信じてください。それはまったくもって正確なのです！」。一八世紀の作者たちが立証の手法として用いたこれらの方法は、サドのテクストの中では、実際には過剰や重複、エクリチュールが激昂する点でしかないのであって、実のところ、小説を本当らしさのうちに書き込むという現実的機能はまるで持っていません。さて話を戻すと、サドは彼の小説を通じてずっと、自分の語っていることは真理だと語っています。しかし、この真理とは一体何なのでしょうか。というのも出来事の筋を取り上げてみれば、サドのテクストにはたとえ一瞬たりといえども、わずかばかりの本当らしさもないことは明らかだからです。そこに登場するのは、無数の死者と殺戮であり、日がな一日、若い娘たちや若者たちを手に入れては、彼らを使って無限に繰り返される性的享楽を得た後で、この若者たちを虐殺し続ける、そうした男女です。ある者はローマで、二四もの病院とそこに収容された一万四千人もの人々を一瞬にして破壊し[149]、またある者は、火山の噴火を引き起こします[150]。こうしたことは皆、サドのテクストにあっては日常茶飯事で、サドはそれでもなお、「私があなたがたにお話ししていることは真理だ」と言い続けるのです。

それでは、そうした真理とは何なのでしょうか。こうした真理は、一八世紀の小説家たちの真理－本当らしさと同一視できるものではまるでありません。物語の内容自体を考えてみれば、こうした真理を文字通り受け取ることは決してできません。そのような真理とは一体何なのでしょうか。さて、私はここでもやはり事は単純だと思います。サドが言う真理というのは、彼が語っている事柄の真理ではなくて、彼の推論の真理なのです。一八世紀の小説家の問題とは、本当らしさという形式のもとで、人の心を動かし得るフィクションを作り上げることだったのですが、サドの問題とは、真理を論証すること、欲望の実

現に完全に結びついた真理を論証することではなく、哲学者のように真理を論証すること
なのです。

『ジュスティーヌ』の物語において問題になっているのは、欲望の実践において、支配や残酷さ、殺人の実践において、真理であるような何ものかを出現させることです。そうした行為を行っている最中、あるいはその前や後で、そのような行為を説明し、正当化するために、登場人物たちが語っていることこそが真でなければならないのです。別の言い方をするなら、真でなければならないものとは推論であり、欲望の実践によって称揚され、欲望の実践を支えるこうした合理性の形式こそが、真でなければならないのです。サドはテクストを通じて、まさにそうした欲望の実践に関してこそ、真理そのものが問題になっていると、たえずわれわれに語ります。私の考えでは、サドにおける真理と欲望の関係という問題を正しく提起するためには、以上のような事柄から出発しなければなりません。

さてそれでは、こうした真理と欲望の関係は、どのようにして、どんな形式で、どのようなレベルで現れるのでしょうか。そうした問いを二つのやり方、二つのレベルで分析することができると思います。第一に、書物の実在自体においてであり、第二に、登場人物たちによってなされる推論の内容においてです。

今晩私が論じてみようと思っているのは、第一の問い、つまり書物の実在という問いに

ついてです。問題は単純です。サドは一体なぜ書いたのでしょうか。サドにとってエクリチュールの実践は、一体何を意味し得るのでしょうか。サドに関する諸々の伝記的情報を通じて分かっていることは、サドが数千頁も執筆しており、その量たるや、現在われわれに残されているテクストが膨大であるとはいえ、それよりもはるかに大量だったということです。サドは、幾度にもわたり監禁されている間に、テクストの大部分を失ってしまいました。彼が紙の切れ端にテクストを書きつけるたびに、没収されていたからです。そういうわけで、サドがバスティーユで『ソドムの百二十日』を執筆した時には（サドは一七八八年から一七八九年にかけて、この作品を完成させたのだと思いますが）、バスティーユ襲撃の際に原稿は没収されてしまいました。バスティーユ襲撃の悪しき側面とは、『ソドムの百二十日』が失われてしまったことだったわけです。幸いなことに原稿は、ふたたび発見されましたが、それはサドの死後で、そのためサドは、〈血の涙〉[151]を流しました。サドはこのテクストを紛失してしまったために、血の涙を流したのです。サドが書くことに執念を傾けたこと、テクストを紛失してしまった時、サドが血の涙を流したこと、それからサドが何かを出版するたびいつも（テクストを出版するたびいつも、というのは言い過ぎで、しばしばといったところですが）、彼が投獄されたこと、こうしたことは皆、サドがエクリチュールに並々ならぬ重要性を与えていたことを証明しています。エクリチュールと言っても、たんに書くことばかりではなく、出版することも考えなければなりません。というのも、サドは自分のテクストを出版していましたし、その時もし運よく監獄の外にいた場合には、サドは自らの出版物のためにすぐさまふたたび監獄に戻されることになったからです。

サドにおいて、エクリチュールはいたって真剣なものです。それはなぜでしょうか。サドにとってのエクリチュールの重要性とは、一見したところでは以下のことによるものだと、私は思います。第一に、『ジュスティーヌ』と『ジュリエット』で彼が繰り返し言っているように、サドは、自分の物語が読者たちのうちに呼び起こし得る快楽のために彼らに語りかけるわけではありません。サドは、自分の物語において読者たちにとって不快であり得るようなものにもかかわらず、彼らに語りかけるのです。サドは次のように言います。「これほど恐ろしい物語が語られるのを聞くことは、あなたがたのお気には召さないだろう。美徳はつねに罰せられ、悪徳はつねに報酬を受け、子供たちは虐殺され、若者や若い娘たちはバラバラにされ、身重の娘たちは首をくくられ、多くの病院が丸ごと焼かれる。こうしたことは、本当に聞いていて心地の良いものではない」。「あなたがたの感受性は憤慨させられ、あなたがたの心はもはや我慢の限界に達してしまう。しかし仕方ないではないか。私が語りかけているのは、あなたがたの感性に対してでもなければ、あなたがたの心に対してでもなく、あなたがたの理性に対して、あなたがたの理性に対してだけなのだ。私はあなたがたにある根本的な真理を証明したい。その真理とは、悪徳はつねに報酬を受け、美徳はつねに罰せられるということなのだ」。さて、ここで問題が生じます。サドの物語をたどっていくと、悪徳の報酬と美徳の処罰にはいかなる論理もまるでないことに気づきます。というのも、美徳あふれるジュスティーヌは毎度罰せられるのですが、そうした罰は、ジュスティーヌが推論の間違いを犯したことによって生じるものでもなければ、何らかのことを予見しなかったということによって生じるものでもなく、何らかの現実に関して、彼女自身が目を閉ざしていたことによって生じるものでもないからです。実際、ジュスティーヌは完璧な仕方で計算しますが、いつも恣意や偶然という次元に属する恐ろしい不幸が起こり、彼女を罰することになります。ジュスティーヌはある人を救うのですが、彼女がその人を救った瞬間に、別の誰かが通りかかって、彼女がいましがた命を救った人を殺し、ジュスティーヌを盗賊たちの隠れ家か、贋金つくりたちのもとへと連れて行ってしまうのです。いつも偶然が介入するのであり、罰を決定しているのは、決して行為の論理的な帰結ではないのです。

他方、『ジュリエットあるいは悪徳の栄え』でも事態は同様です。善良なるジュリエットは、もっとも恐るべき数々の犯罪を犯します。そして彼女はついに、自分よりもさらに大犯罪者の風格を持った人物に出くわします。それは、ブラ・ド・フェール〔鉄腕〕という名の、恐ろしいイタリア人の盗賊です。[152] 少なくともイタリア人がブラ・ド・フェールと名乗ることがあり得るとすれば、ですが！　彼女は処刑されそうになりますが、それなのに、一体何が彼女を死から免れさせるのでしょうか。彼女の計算の正しさでしょうか。彼女の才気でしょうか。彼女の明晰さでしょうか。まるで違います。それは、ブラ・ド・フエールが、ジュリエットが昔から知っている、親友のクレアウィル(153)の兄弟であり夫であったというただその事実のためなのです。それですべてがうまく行き、ジュリエットは処刑されずにすみます。こうした折に悪徳が栄えたという事実は、ジュリエットの行動の論理的帰結に結びついているわけではまったくなくて、ただただ偶然に結びついているのです。したがって、錯綜した恣意的な諸々の出来事のシステムを整えたのはサド自身なのです。自分の物語の中で、悪徳がつねに報酬を受け、美徳がつねに罰せられるよう、サドが手はずを整えたのです。しかし、たとえ諸々の出来事が別の仕方で配置されたとしても、結果は同じでしょう。それゆえ問題なのは、悪徳ないし美徳の合理性ではまるでありません。ですからサドが、「私が語りかけているのは、あなたがたの心ではなく、あなたがたの理性なのだ」とわれわれに言う時、明らかに彼はわれわれをだましているのであって、本当は真剣ではないのです。

だとすれば、物語の枠組みは、実際にはまったく別のものに向けられているにもかかわらず、そのような論証をしようとする時、自分はわれわれの理性に語りかけているのだと主張する時、サドは何をしようとしているのでしょうか。サドにおけるエクリチュールの機能全体を理解するためには、以下のテクストを参照しなければならないと思います。それは、私の考えでは、『ジュスティーヌ』と『ジュリエット』において、書くという活動に関連している唯一のテクストです。そのテクストでジュリエットは、彼女の愛人の一人である、ある登場人物に語りかけています。この人物はすでにかなり倒錯的ではあるものの、それでもまだ十分ではありません。(154) 最後のレッスンをして、倒錯の最終段階を乗り越える必要があります。そこでジュリエットは、以下のような助言を与えます。(155)

二週間の間ずっと色欲に関わらぬようになさい。気を紛らわせて、他のことを楽しみなさい。ともかく、二週間たつまで、わずかなりとも放縦な考えを近づけてはなりません。時期が来たら、真っ暗な部屋で、静かに落ち着いて横になりなさい。そこで、それまでの間、自分が禁じてきたあらゆることを思い出しなさい。それからあなたの想像力を自由にして、様々な種類の錯乱を段々と思い描きなさい。そうした錯乱を皆、詳細にたどりなさい。それらを順番に検討しなさい。地球はあなたのものであって、あなたは、自分にとって良いと思われるすべての存在者を変化させ、切りきざみ、破壊し、めちゃくちゃにする権利を持っているのだとよくよく得心なさい。何も恐れる必要はありません。あなたに快楽をもたらすものを選びなさい。もはや例外はありません、何ものたりと削除してはいけません。誰に対してであれ、遠慮は無用です。あなたは、いかなる絆にもとらえられてはなりませんし、いかなる歯止めにも押しとどめられてはなりません。あなたの想像力に、すべてを任せなさい、そして何より、あなたの動きを急かしてはなりません。あなたの手を、あなたの気質にではなく、あなたの頭脳に従わせるのです。あなたの気づかぬうちに、あなたが自分の目の前を通過させた様々な情景のうちで、ある一つの情景が、ほかの情景よりも非常に力強くあなたをとらえて、あなたはそうした情景を遠ざけることも、取り替えることもできなくなります。私があなたに教えた方法で得られた観念があなたを支配し、あなたをとらえて離さなくなるでしょう。妄想があなたの感覚をとらえて、自分が行為に及んでいるのだと信じ込み、あなたはメッサリナ[156]のように精を放つことになるでしょう。そうしたら、すぐにろうそくにふたたび火を灯し、一覧表の上に、いましがたあなたを燃え上がらせた錯乱の種類を、その詳細をよりいっそう激しいものにし得るような諸々の状況を一切おろそかにせずに書き写すのです。それを終えたら、眠りなさい。翌日、自分のノートを読み返して、作業を再開し、あなたの想像力が、あなたに精を出させた考えに少しあきあきしているとしても、そうした想像力が、自らの興奮を高めるべくあなたに思いつかせ得るすべてのことを付け加えなさい。今こそ、こうした考えを形にして、それを目の前に置き、そこに新たに、あなたの頭脳があなたにすすめるあらゆる挿話を付け加えなさい。それから実行に移しなさい。そうすれば、そうしたことがあなたに一番ぴったりな逸脱だと分かるでしょう。

こうしたテクストは、あるエクリチュールの使用法をわれわれにはっきりと示していま す。皆さんもお分かりのように、それはエクリチュールのきわめて明白な使用法です。それは、典型的なマスターベーションの方法なのです。想像力に完全な自由を与えることから出発して、最初の享楽にいたると、書き、眠り、そして読み返し、新たに想像力を働かせて、改めてエクリチュールによって練り上げ、それからサド自身が言うように、まるで料理のレシピのようにして「それから実行に移しなさい」というわけです。このテクストに関して、三つのことを指摘しておかねばならないと思います。第一に、皆さんもお分かりのように、エクリチュールは、サドが別の箇所で（「私があなたがたに向けて書いているのは、あなたがたの感覚や、あなたがたの想像力、あなたがたの心に語りかけるためではまったくなくて、あなたがたの頭脳に語りかけるため、あなたがたを説得するためなのです」とサドがわれわれに語る時に）われわれに言っているような、理性的な伝達の道具ではまったくありません。エクリチュールは、普遍的な合理性の道具ではまったくなくて、個人的な幻影の純然たる道具、補助物、補佐物として現れます。それは、エロティックな夢想を、性的実践に組み合わせるある種の方法なのです。それが純粋に個人的な処方であることは、テクストの中ではっきり語られています。というのも、それによってあなたに一番ぴったりな逸脱へと行き着くはずだというのですから。それゆえエクリチュールとは、幻影の構成、性的実践の構成において、夢想から実行へといたる純然たる一段階なのです。

第二に指摘できるのは、幻影的なエクリチュール、純粋にエロティックなエクリチュールのこうした処方は、おそらくサド自身が体験したものであり、そしておそらくサドは、そのようにして実際に自分の小説を書いたということです。先ほどの箇所でジュリエットが説明していること、おそらくそれは、四〇年にわたり監禁されている間にサドが行ってきたこと、実行に移すことを除けば、朝な夕なに彼が行ってきたことなのです。サドがこの箇所で記述しているエクリチュールとは、サド自身の書物のエクリチュールであり、彼の孤独な狂乱のエクリチュールなのです。

第三に指摘しておくべきは、エクリチュールの役割に関するこうした記述は、別の場所に移されてはいるものの、かなり忠実に書き写されて、『小説論』[157]と題された、発禁書ではなく、しっかり公刊されたテクストの中にふたたび見いだされるということです。このテクストにおいてサドは、小説家は次のような仕方で仕事しなければならないと語っています（こうして彼は、このテクストと、自分自身のエクリチュールの実践とを同時に認証するのです）。まず、よき小説家は、母を愛する者が、母の身体に身を沈めるように、自然に身を沈めなければなりません。それゆえ小説家とは、近親相姦を犯す自然の息子であり、先ほど見た箇所で、登場人物が自分の想像力に身を委ねていたように、母なる自然に身を委ねるのです。それから小説家は、ひとたび自然の胸の中に身を沈めたならば、書きはじめますが、サドが言うところによれば、自分に対して差し出された胸を半ば押し開きつつ、書きはじめるわけです。お分かりのように、ここでも性的なイメージがはっきりしています。サドによれば、胸にもぐり込み、半ば押し開けたなら、その時小説家は、いかなる妨げによっても押しとどめられたり、制限されたりしてはなりません。サドは、小説家に語りかけて、次のように言います。「君がわれわれ読者に用意しようとしている快楽のために歯止めを外すことが必要とあらば、歴史上のいかなる逸話であろうと、その中身を損なってしまう権利を思うままに行使したまえ」(158)。したがって自然は、諸々の真理、物語を提供してくれます。自然は、子供に快楽を与える母として、様々な材料を提供してくれるのです。しかし小説家は、そうした材料を全面的に変化させ、変形させて、自分がそうした材料を完全に支配していると感じなければなりません。それは、私が先ほど皆さんに読んで聞かせた記述の中で、リベルタン(159)が、はじめに自分に与えられた一般的で、母性的で、近親相姦的な想像力から出発して、自らの想像力を働かせて諸々のイメージを変化させ、増殖させるのと同様です。それから、『小説論』のテクストは次のように言います。作品の素案ができて、その素案をひとたび紙の上に書きつけたなら、その素案を展開するよう懸命に努めなさい。素案が君に押し付けてくるような境界に押し込められてはなりません。君のプランを乗り越え、変化させ、拡張させなさい。『小説論』のこの箇所には、先ほど見た箇所において、性的幻影のうちで起こっていたことに相当するものが見いだされます。

というのも、『小説論』では、ひとたび素案が書き留められたら、その素案をふたたび取り上げ、それに手を加えて、このエクリチュールに対して想像力を働かせることが重要なのですが、それは、幻影を抱いた翌朝、書いたテクストをふたたび取り上げ、それを再読して、想像力に対して浮かんでくるあらゆる細部を付け加えながら、そのテクストを書き直すのと同様だからです。『小説論』のテクストは次のように結ばれています。「私が君に絶対的に求めることはただ一つ、最後の頁まで読者の興味をつなぐことである」(160)。

ご覧の通り、ここで最後の頁は、先ほど私が皆さんにお話ししたテクストにおいて現実が演じていた役割を演じています。つまり、エクリチュールに関する二つの記述、すなわち、ここでわれわれが検討している幻影的なエクリチュールに関する記述と、サドが『小説論』の中で与えているエクリチュールに関する諸々の助言は、完全に対称的なのです。手法は同一であり、違っているのは次の二つの要素だけです。まず、ジュリエットの幻影においては、与えられているのは想像力の自由なのに対して、『小説論』の場合には自然です。それから、異なっている第二の要素ですが、ジュリエットの幻影においては、最終的には現実が問題になっているのに対して(「それから実行に移しなさい」とサドは言います)、『小説論』の場合にはサドは、こうして最後の頁にいたると言っています。この二つの違いについては、後ほど立ち戻らなければなりませんが、そうした違いを別にすれば、二つのやり方は同じです。サドが、そうやって小説を書かなければならないと言う方法、彼がおそらくその通りに小説を書いている方法は、先ほどの箇所でサドが推奨している、性的幻影のためにエクリチュールを用いる方法と一致しているのです。したがって私の考えでは、思い違いをする余地はありません。サドにおけるエクリチュールが、彼の小説においてそう自称するもの、つまり理性から出発して聞き手の理性に呼びかけるような理知的な何かではまるでないことは、十分明らかです。問題になっているのは、まったく別のものです。サドにおけるエクリチュールとは、性的幻影であり、その限りにおいてわれわれは、そうしたエクリチュールは真理といかなる関係を持っているのかという問いにふたたび直面するのです。もし純然たる性的幻影を紙の上に書き写しているだけだとしたら、どうして真理を語っていると称することができるのでしょうか。サドは、自らの想像力で戯れるようにして、自らのエクリチュールをもてあそびながら、あるいはより正確に言えば、自らの想像力をよりよく働かせるために自らのエクリチュールを巧みに操りながら、自分はわれわれに対して真理を語っていると、持ち前の大胆さ、ないしは軽率さで述べるのですが、この時サドは、われわれを騙しているのではないでしょうか。彼は、われわれの好意にただただつけ込んでいるのではないでしょうか。

先ほど私が、皆さんの前で読解した『ジュリエット』のテクストを、もう少しきちんと検討してみる必要があると思います。実際このテクストにおいて、エクリチュールは、正確に言えばどのように機能しているのでしょうか。

第一に、エクリチュールはそこで、想像的なものと現実的なものの間を媒介する要素として働いています。サド、ないしはこのテクストで問題になっている人物は、可能なる想像的世界の全体をはじめから自らに与えているのです。彼は、すでにすべてを想像したと思っていたにもかかわらず、この想像的世界を変容させ、この世界の限界を乗り越え、この世界の境界を転覆させ、さらにその彼岸へと赴きます。彼が幾度も書き移すのは、まさにそうしたことなのです。そして一度でも、たった一度でも、書き写してしまえば、彼は現実に到達します。こうしてかの名高き「それから実行に移しなさい」にいたるのです。それはまるで、一万人の子供を虐殺した、数百の病院を焼き払った、火山を爆発させたなどと夢想したら、実行するのは容易いというかのようです。したがってエクリチュールとは、現実的なものにまでいたる手法、契機です。しかし実のところエクリチュールは、現実的なものを非実在の限界にまで押しやります。エクリチュールは、想像力を拡張し、想像力の増幅を可能にし、想像力の境界を乗り越えることを可能にし、そして現実的なものを、『ジュリエット』のテクストにおいて「それから実行に移しなさい」という形で示されている、ほとんど何ものでもないものに還元してしまいます。エクリチュールとは言わば現実原理を、想像力の境界の最も遠くへと押しやるものなのです。エクリチュールとは、認識という契機を押しやり、想像力の彼岸へとたえずずらすことによって、あるいは想像力を働かせ、現実的なものという契機に猶予をもたらすことによって、ついには現実原理に取ってかわるものなのです。エクリチュールのおかげで、想像的なものは、それまで自分にとって絶対に欠かすことができなかった一歩、つまり現実性の一歩を乗り越える必要がもはやなくなります。エクリチュールは、現実を押しやり、想像力自体と同じくらい非現実的なものにしてしまいます。エクリチュールとは、現実原理の代わりになるものであり、想像力が決して現実に達しないという欠点を許してやるものなのです。

したがってエクリチュールの第一の機能とは、現実と想像力の間の境界を廃棄することです。エクリチュールは、現実を排除するものであり、その結果エクリチュールは、想像的なもの自体のあらゆる限界を無制限化し、消去します。フロイト的な用語を使うなら、エクリチュールのおかげでいまや人は、快原理によって全面的に支配された世界、現実原理にはもはや決して出会うことのない世界を手にすることになるのです(161)。

引き続き『ジュリエット』のこのテクストを参照しつつ、二番目に指摘できるのは、こうしたエクリチュールが、性的享楽の二つの契機のまさに中間に位置しているということです。実際、見事に述べられているように、想像力の運動は、最初の性的享楽にいたるまで巧みに導かれ、徐々に増幅させられねばなりません。そうした享楽の後になってはじめて、執筆が開始されるのです。それからおとなしく眠りにつき、翌朝ふたたび読み返すことで、すべてが再開され得るだろうと、サドはわれわれに語ります。エクリチュールは、性的幻影の内部で、反復原理の役割を果たしているのです[162]。別の言い方をするなら、エクリチュールのおかげで、書かれたもののおかげで、人はまず、夢想されたことへと立ち戻ることができるのであり、そして夢想されたことを想像力の中で反復することができるのです。それから夢想されたことを想像力の中で反復することで、人はこうして反覆された想像力から、すでに起こったこと、つまり享楽の反復を手に入れることができるのです。

エクリチュールとは、反復された享楽の原理です。エクリチュールとは、再-享楽、あるいは再-享楽を可能にするものなのです。こうしてエクリチュールの快楽主義、再-享楽としてのエクリチュールが明らかになります。一八世紀の古典的な文芸理論の中で、エクリチュールにおける興味の増大という原理を伝統的に特徴づけていたのは、人がつねに、興味が保たれるよう仕方で物語ろうとしてきたことでした。ところでサドは、そうしたことに関して、最も極端で、最も厚顔無恥な性的起源を提示します。つまりそれは、性的享楽の終わりなき再開の原理としてのエクリチュールということです。それゆえエクリチュールは、時間の限界を消去することに寄与し、枯渇、疲労、老化、死といった限界を消去することを可能にします。エクリチュールから出発することで、すべては永久に際限なく再開することが可能になります。エクリチュールの世界には、疲労や枯渇、死が姿を見せることは決してありません。先ほど見たように、エクリチュールとは、快原理と現実原理の間の差異を消去するものでした。したがってエクリチュールの第二の機能とは、時間の諸限界を消去し、反復を反復自身のために解放することです。人は反復の世界それ自体の中に身を置くことになります。サドの様々な小説を通じて、同じ物語、同じ人物たち、同じ身振り、同じ行為、同じ暴力、同じ言説、そして同じ推論が際限なく反復されるのをわれわれが目にするのはそのためです。なぜならまさしくエクリチュールの世界には、時間的な限界がもはやないからです。ジュリエットの物語の終わりで、最終巻は次のような言葉で結ばれています。「さらに十年にわたり、われらが登場人物たちは、あなたがたがいましがた読んだのと同じような遍歴をたどったのだった」。その後ジュリエットは、世界から消えてしまいますが、それがどのようにしてなのかは分かりません。そもそも人は反復の世界の中にいるのですから、彼女には消え去る理由などありません[163]。すべては際限なく反復されるはずであって、ジュリエットが現実に死ぬことなど、実際にはありそうにもないのです。

『ジュリエット』のテクストを引き続きたどっていくと、エクリチュールの第三の機能とは、享楽の際限なき反復に導くばかりでなく、想像力が自らの限界を超えることを可能にすることです。「ろうそくにふたたび火を灯し、一覧表の上に、いましがたあなたを燃え上がらせた錯乱の種類を、その詳細をよりいっそう激しいものにし得るような諸々の状況を一切おろそかにせずに書き写しなさい。それを終えたら、眠りなさい。翌日、自分のノートを読み返して、作業を再開し、あなたの想像力が、あなたに精を出させた考えに少しあきあきしているとしても、その想像力が、自らの興奮を高めるべくあなたに思いつかせ得るすべてのことを付け加えなさい」。

したがって反復するエクリチュールは、増幅するエクリチュール、激化するエクリチュール、増大させるエクリチュール、際限なく増幅するエクリチュールでもあります。こうした書き直し《レエクリチュール》、つまり書くこと－読むこと－書き直すこと－ふたたび読むことは、想像力を際限なくたえず先へと押し進めることを可能にします。書くたびごとに、人は新たな諸限界の乗り越えを開始するのです。エクリチュールは、自らの前で無限の空間が開かれるのを目にします。この無限の空間において、イメージや快楽、過剰は、いかなる限界にも直面せずに、増幅されることができます。したがって、現実に対して快楽を無制限化するエクリチュール、時間に対して反復を無制限化するエクリチュールは、同時にまた、イメージ自体の無制限化でもあります。エクリチュールは、限界そのものの無制限化なのです。というのも、あらゆる諸限界が次々に乗り越えられていくからです。いかなるイメージも決定的に固定されることはありませんし、欲望がひとつの幻想のうちにとらわれてしまうことも決してありません。ある幻想の背後にはつねに幻想が存在しています。したがって、エクリチュールがわれわれに保証しているのは、幻想の諸限界自体の消去なのです。

エクリチュールの第四の機能は、テクスト自体において語られています。「実行に移しなさい。そうすれば、そうしたことがあなたに一番ぴったりな逸脱だと分かるでしょう」。つまり、エクリチュールが幻想を無制限化し、時間の中における反復を無制限化するにいたるこうした方法を通じて、エクリチュールは、以下のことを可能にします。エクリチュールのおかげで、個人は、他のあらゆる個人に対して、行動をめぐるあらゆる規範と習慣に対して、あらゆる法に対して、許可されたり禁じられたりするあらゆること対して、最大限に可能な隔たり、距離を獲得することができるようになります。こうしてエクリチュールによって、想像され、手を加えられた行為は、果てまで押し進められ、さらにはその果ての諸限界の彼方まで押し進められることになります。その行為が実行されようとされまいと、大した違いはありません。なぜならエクリチュールにとって、そうした違いはもはや関係ないからです。こうした行為は、個人を不可能性の地点に位置づけるのですが、そのために、いまや個人は、あらゆる単独性のうちで最も逸脱した地点、可能な限り最大限に隔たった地点に立ち、もはや誰とも何ら共通点を持たなくなります。したがって、こうした運動の原動力としてのエクリチュールは、過剰と極端の原理なのです。エクリチュールは、個人を単独性のうちに置くばかりでなく、手の施しようのない孤独のうちに置きます。サドは、他の多くのテクストで次のように語っています。主体ないし個人は、絶対的におぞましく、絶対的に不可能な行為を着想し、その行為を実際に実行した瞬間から、もはや後戻りすることはできない。いかなる後悔も、いかなる悔悟も、いかなる埋め合わせも、いまやもはや不可能だ、と。こうした行為から出発して、個人は絶対的かつ全面的に犯罪者になります。犯罪の実在を消去するものは何もなくなり、犯罪としての個人を消去するものも何もなくなります。したがってエクリチュールとは、犯罪者を創設する原理、いずれにせよ、犯罪者が犯罪者として創設される原理なのです。エクリチュールは、最高の過剰を創設します。ところで、エクリチュールが個人を極点に位置づけたこの瞬間以降、人はまだ本当に犯罪について語ることができるのでしょうか。もし後悔が存在しないとしたら、もし個人が自分の犯した犯罪を決して償うことができないとしたら、もしいかなる処罰も実際には彼に及び得ないとしたら、もし彼の良心が自分を犯罪者として認めないとしたら、そのことによって、犯罪自体が消え去ります。そして個人は、自分自身にとっても、他の人々にとっても、法を乗り越えた犯罪者としてではなく、ただたんに絶対的に単独的なものとして、他の人々とは関係を持たない単独者として現れることになります。サドにおいて中心的な概念である、不規則性という概念[164]のために、犯罪は消え去るのです。

すでにいくつかの限界を消去していたエクリチュールは、こうしていまや、犯罪者と非犯罪者の間の限界、許されることと許されないことの間の限界という、究極的な限界までも消去します。エクリチュールは、不規則的なものの際限なき世界のうちに入り込むのです。いまや、サドが「私は真理を語るために書く」と述べる時、彼が何を言わんとしているのかがよりはっきりと分かります。実際、サドにとって、真理を語るということが、一八世紀の小説家たちのように、本当らしい何かを語ることではないことは明らかです。その点については、われわれの意見はすでに一致しています。サドにとって真理を語ることとは、真理との関係において、欲望、幻想、性的想像力を明らかにすることを意味しますが、そうした真理との関係において、欲望に反対し、欲望に否と言い、欲望に対して、「お前が達成できないものがある」、「お前は間違っている。お前は幻想、想像力にすぎない」と言い得る現実原理が、欲望にはもはや存在しないのです。というのも、欲望に全面的に従い、欲望に働きかけ、欲望を増幅するエクリチュールが現実原理を退けた瞬間から、幻想を検証《ヴェリフィエ》(165)することはもはや不可能だからです。言い換えるなら、あらゆる幻想は真実となり、想像力自体が自らを検証するものになります。あるいは、唯一可能な検証とは、一つの幻想を超えて、別の幻想を見いだすことなのです。

エクリチュールが、欲望を真理の次元へと参入させるという第二の理由は、エクリチュールが、時間のあらゆる限界を消去することを可能にし、その結果、反復の永遠な世界のうちに欲望を導き入れることを可能にするために、欲望は、ある瞬間に存在し、その後消えてしまうものではなくなるということです。エクリチュールのおかげで、欲望はもはや、ある瞬間に存在し、その瞬間には真ではあるが、その後、偽となるものではなくなります。欲望は、生の終わり、死の瞬間になって空想的だと判明するようなものではありません。

というのも、もはや死も生の終わりも存在せず、人は永遠に反復のうちにいるからです。したがって、そうした時間の障壁を取り除くこと、反復的な世界を創設することは、欲望に対して、欲望がつねに真であること、何ものも欲望を無効にすることは決してできないことを保証するのです。

エクリチュールが、欲望を真理の世界へと導き入れるという第三の理由は、エクリチュールが、合法的なものと非合法なもの、許されたものと許されないもの、道徳的なものと非道徳的なものの間のあらゆる境界、あらゆる限界を、欲望に対して消去するということです。言い換えるなら、エクリチュールは、際限なく可能的でつねに無制限な、可能なものの空間のうちに、欲望を導き入れるのです。エクリチュールは、想像力と欲望が、自らに固有な単独的な個体性以外のものにはもはや決して出会わないことを可能にします。エクリチュールは、欲望がつねに、言わば、自分自身の不規則性の高みに存在することを可能にします。何ものも、欲望を抑圧したり、妨害したりすることは決してできません。欲望はつねに、自らに固有の真理と同じ次元にあるのです。エクリチュールという事実によって生み出される、こうしたあらゆる無制限化の結果、欲望は、自身に対して、自らに固有な法となります。欲望は、自らに固有の真理、自らに固有の反復、自らに固有の無限、自らに固有の検証審級を自身のうちに保有する、絶対的な主権者となるのです[166]。もはや何ものも、欲望に対して、「お前は偽物だ」と言うことはできませんし、もはや何ものも、欲望に対して、「お前は全体性ではない」と言うことはできませんし、もはや何ものも、欲望に対して、「お前が夢想するものがあっても、お前に反対するものがある」と言うことはできません。もはや何ものも、欲望に対して、「お前がそのような経験をするとしても、現実がお前に差し出すのはそれとは別のものだ」と言うことはできません。エクリチュールによって欲望は、全面的で、絶対的で、無制限で、外部から異議申し立てできない真理の世界に、決定的に参入したのです。

したがって、サドのエクリチュールの特徴が、誰かに対して、他の人の考えや感情を伝達したり、押し付けたり、示唆したりすることではまったくないということが、お分かりになると思います。誰かに外的な真理について説得することが問題になっているわけでは断じてないのです。サドのエクリチュールは、実のところ、誰にも語りかけることのないエクリチュールです。サドのエクリチュールが誰にも語りかけないのはなぜかと言えば、それはそこで問題になっているのが、サドが脳裏に抱いた真理や、彼が気付いた真理、あるいはサドが認識し、読者にも作者にも同じような仕方で認められる真理を、誰かに対して説得することではまるでないからです。サドのエクリチュールは、絶対的に孤独なエクリチュールであり、ある意味では誰もそうしたエクリチュールを理解することはできず、誰もそうしたエクリチュールによっては説得され得ません。しかし、こうした幻想すべてすが、物質的で堅固なものとしてのエクリチュールを経由することが、サドにとっては絶対に必要なのです。というのも、ジュリエットのあのテクストが言っているように、こうした物質的なエクリチュール、際限なく読み、修正し、ふたたび手に取ることができるような、頁の上に書かれた記号からなるこうしたエクリチュールこそが、欲望を完全に無制限な空間の中に置き、そうした空間において、時間や想像力の限界、禁止や許可が、決定的かつ全面的に廃棄されるからです。したがってエクリチュールとは、ごく簡潔に言うなら、もはや何ものによっても制限されない真理へとついに到達した欲望です。エクリチュールとは、真理となった欲望であり、欲望という形をとった真理、反復的欲望、際限なき欲望、無法の欲望、制約なき欲望、外部なき欲望という形をとった真理です。エクリチュールとは、欲望に対する外部性の消去なのです。サドの作品においてエクリチュールが実際に成し遂げているのは、おそらくそうしたことであり、それゆえにこそサドは執筆するのです。

第二回講演

先日われわれは、サドが自らの夢想を用い、それを書いたのはなぜかということ、そして、サドのエクリチュールのレベル自体において、欲望と幻想、夢想、エロティックな幻影の間の関係がどのようなものだったのかを検討しました。これからわれわれは、少しだけ分析のポイントをずらして、サドが自分の理論的な言説に対して与える意味というよりも、サドのテクストにおいて規則的な形で見られるような、理論的な言説とエロティックな場面との交替に対して、サドが与える意味について検討してみることにしましょう（私が〈場面〉と呼ぶのは、自分の小説のパートナーや登場人物たちが身を委ねるあらゆる性的組み合わせについて、サドが説明し描写している箇所のことであり、私が〈言説〉と呼ぶのは、振り子のような正確さでエロティックな場面と規則的に入れ替わる、長い理論的な箇所のことです）。もしよろしければ、言説と場面の交替というこの問題から出発したいと思います。[167] こうした交替は、たんに目につくというばかりではなく、執拗なものです。というのも、それぞれの場面の前には、機械のように規則的な仕方で理論的な言説が置かれ、今度はそれに場面が続くわけで、『ジュスティーヌ』と『ジュリエット』の十巻[168]を通じてずっとその調子だからです。『ソドムの百二十日』においては、こうした仕掛けは事前に手配されています。というのも、一日の数時間ははっきりと言説にあてられ、残りの時間はエロティシズムの場面にあてられているからです[169]。こうした交替の原理は何を意味しているのでしょうか。私が検討したいと思っているのはこうしたテーマです。

はじめに頭に浮かんでくる考えや説明は、明らかにごく単純なものです。つまり、エロティックな場面と入れ替わるこうした言説が存在するのは、そうしたエロティックな場面について真理を語るためなのではないかというわけです。そうした考えによれば、場面は、事物、行為を表象します。実践は、セクシュアリティをその作劇術、その演劇において表象します。そして言説が、事後にあるいは事前にやって来て、起こったことを説明し、真理を語り、自らに先立つ、あるいは自らの後に続く箇所で上演されたことを示し、正当化するのだというわけです。ところで、こうした言説を少しでも眺めてみると、驚くべきことにサドは、セクシュアリティとは何かということを説明していませんし、決して説明しようともしません。例えば、人が自分の母親を欲望することがどうしてあり得るのかということや、同性愛者であることがどうしてあり得るのかということ、あるいは、どうして人は小さな子供たちを殺したいと欲望するのかといったことについて、サドは説明しません。つまり、実際に語られていることを心理学ないし生理学、あるいはただたんに自然主義的な説明といったレベルで説明することができるようなもの、場面という形で提示されたものを、真なる説明の用語で書き直すことができるようなもの、そうしたものは、サドの言説においては決して見いだされないのです。サドの言説は、欲望について語りません。サドの言説が、セクシュアリティについて語ることはないし、セクシュアリティや欲望はこの言説の対象ではないのです。サドの言説の対象は別のものです。問題になるのは、神や、法、社会契約、犯罪一般とは何かといったことであり、自然や魂、不死性、永遠とは何かといったことです。サドの言説のうちに存在しているのは、こうした対象なのです。欲望は、この言説において対象として存在していないのです。ところでここで、この第一の指摘とともに、われわれの出発点となる第二の指摘をしましょう。言説において対象としては存在していない欲望と言説自体の間には、明白で、ほとんど生理学的な一つの場が存在しているということです。というのも、サドの言説は、場面の前、ないし後に登場するからです。言説は場面の前に登場し、場面が展開されることになる劇場を築き上げるのにある意味で寄与します。例えば『ジュリエット』の最終部では、幼いフォンタンジュ[170]の強姦について語られています。フォンタンジュは、ジュリエットに預けられた少女で、ジュリエットは彼女の財産を奪った後、彼女の洋服を剝ぎ取り、彼女を強姦し、虐殺してしまいます。この場面の前に、長い言説が登場しますが、この言説が語るのは、社会契約や、諸個人の間に存在し得る義務の関係、諸個人を相互に繋ぎ得る義務の多かれ少なかれ強制的な性格に関してなのです。それは言わば、場面が展開される理論的な劇場です。というのも幼いフォンタンジュは、母親の手でジュリエットに預けられたのですが、ジュリエットはフォンタンジュの面倒を見て、彼女の財産を守り、彼女を結婚させると約束したにもかかわらず、明らかにそうした約束を守らないからです。ところで、これから展開されることになる戯曲を理論的に上演するこうした長い言説の終わりに、一体何が起こるのでしょうか。言説という事実それ自体によって――とはいえこの言説においては、義務一般、相互性の責務、契約、法制度、犯罪といったことだけしか問題になっていなかったのですが――、純粋に理論的なこうした言説の果てに、言説を交わす人々、まさに議論している当人たちは、こうした理論的な議論をしているというただそれだけで、非常に大きな性的興奮の地点に達してしまって、彼らは生じることになることをごく自然に行い（とはいえ、言説が完全に抽象的だったり、言説がもっぱら法にあてられていたりしたために、彼らは言説においてはそうしたことを夢想することはなかったのですが）、そしてそのことで彼らは十分に性的興奮の極致にいたるのです。

別の挿話では、言説は場面に先立たずに、場面の後に続きます。何事か（ブレサック[17]が自分の母親を犯すこと）が起こり、その後、なぜ、またいかに家族関係を真に受けてはならないかを説明する言説や、家族に関する長い省察が続きます。こうした省察の果てに人々は、こうした理論的な言説という事実ただそれだけのために、ふたたび性的興奮の頂点に達し、すでに自分たちが行ったことを再開せずにはいられなくなります。こうして、言説は欲望に対して、欲望の原動機ないしは原理として機能します。言説は、言わば、欲望の力学というレベルにおいて欲望に結びついているのです。言説の力学は、欲望の力学を引き起こすわけで、欲望の力学が終着点に達した時、言説は言葉を取り戻し、言わば欲望を再稼働させるのです。その結果、欲望自体は言説のうちに存在していないにもかかわらず、欲望と言説は、それぞれの内的な力学のレベルで互いに結びつくのです。したがって、サドの言説とは、欲望に関する言説ではありません。それは、欲望とともにある言説、欲望の後に続く言説、欲望以前あるいは欲望以後の言説、欲望が現れる前、あるいは欲望が消え去った後に欲望の代理をする言説、欲望の代理である言説なのです。したがって、欲望と言説は同じ場所を持ち、それゆえ互いに繋がり合っています。言説が欲望の上位にあり、欲望の真理を語るわけではないのです。こうしたテーマ、つまり言説は欲望に関する真実を語るのではなく、言説と欲望は繋がり合っているということ、真理と欲望は、ある種の力学を通じて互いに繋がり合っているということ、こうしたテーマを私は展開させてみたいのです。

したがって最初の問いは以下のようなものです。こうした言説のうちには何が見いだされるのでしょうか。そうした言説は何を語るのでしょうか。結局のところ、こうした言説が語るのはつねに同じことです……。とはいえ正確に言えば、サドはつねに一つの同じことを語るわけではなくて、四つの同じことを語ります。サドの言説は、『ジュスティーヌ』と『ジュリエット』の一〇巻を通じて、また『ソドムの百二十日』や他のすべての作品を通じて、四つの同じことを語るのです。それは四つの面を持った一種の多面体です。この多面体は登場人物たちによってたえず投げ返されて、ある面に当たることもあれば、別の面に当たることもあり、また場合によっては言説を通じて四つの面が次々に現れることもあります。この四つの面は容易に規定されます。それら四面は皆それぞれに非存在の確認を担っているのです。

第一の面、つまりこの多面体全体の底面はもちろん、神は存在しないということです。神が存在しないことの証拠は、神が完全に矛盾しているということです。神は全能だと言われているのに、どうして神の意志が、あらゆる瞬間に、人間たちの意志によって揺り動かされ得るなどということがあるのでしょうか。したがって、神は無能なのです。神は自由だと言われていますが、実際のところ人間には、神が望むことをしないでいる自由があります。したがって、神は自由ではないのです。神は善良だと言われていますが、世界がどのように進んでいるか眺めてみれば、神が善良ではなく、邪悪であることは十分に分かります。したがって、神は矛盾しているがゆえに、神は存在しません。これが最初の証明です。

第二の証明は、魂は矛盾しているがゆえに、魂もまた存在しないというものです。というのも、もし魂が身体に結びついているとするなら、もし魂が身体に従っているとするなら、もし魂が欲望や感情によって侵入され得るとするなら、魂は物質的です。もし魂が身体とともに誕生するとするなら、もし魂が身体と同時に世界に現れるとするなら、魂は物質的です。もし魂が身体とともに誕生するとするなら、もし魂が身体と同時に世界に現れるとするなら、魂は、人々が言うように永遠なものではなく、滅ぶべきものです。魂が罪を犯した時、もし魂に責任があるとするなら、どうしてこの罪がいつの日にか許され、魂がふたたび潔白なものとなることがあり得るでしょうか。反対に、もし魂が自分が為すことを行うべく定められているのだとするなら、どうして魂を断罪し得るでしょうか。こうした一連の逆説のすべてが示しているのは、魂はそれ自体において矛盾しており、したがって、魂は存在しないということなのです。

第三の非存在証明は、犯罪は存在しないというものです。実際、犯罪は法に対してしか存在しません。法が存在しないところには、犯罪も存在しません。法がある種の事柄を禁止しない場合には、こうした事柄は犯罪として存在することはできません。ところで法とは、ある個人たちによって彼らだけの利益のために決定されたものでないとしたら、一体何だというのでしょうか。法とは、幾人かの個人たちが、彼ら自身の利益のために企てた陰謀の表現でないとしたら、一体何だというのでしょうか。とすれば、犯罪とはたんにある人々の意志と対立するもの、せいぜいのところ彼らの偽善に対立するものだとしたら、犯罪は悪だなどとどうして言えるのでしょうか。

第四の非存在証明とは、自然は存在しないというものです。あるいはより正確に言うなら、たとえ自然が存在するとしても、それは破壊という形式でだけ、したがって自己自身の廃止という形式でだけだというものです。実際のところ自然とは何でしょうか。自然とは生ある諸存在を生み出すものです。ところで、生ある諸存在の特徴とは、まさしく死ぬということでないとしたら、一体何なのでしょうか。死ぬというのは、ある場合には、老化という自然の運命によって死ぬことであり、そのことが示しているのは、自然は自分自身を破壊するより他のことはできないということです。別の場合には、死は、他の諸個体の暴力に由来しますが、暴力、邪悪さ、渇望、食人欲求を持ったそうした諸個体たちを作り出したのは自然です。したがって、やはり自然が自己自身を破壊しているのです。それゆえ、自然とはつねに自己自身の破壊なのです。しかしそれぞれの個体は、自らの本性に導かれて自己自身を保存しようとします。自然はすべての個体に、そうした保存欲求を刻み込んだのです。ところで、もし諸存在が自己を保存するということが自然の法則だとすれば、諸個体が死ぬこと、諸個体が自分自身のせいで、あるいは他の者たちのせいで死ぬことが自然の法則だということがどうしてあり得るでしょうか。したがってわれわれは、諸存在が自己を保存するという欲求と、諸存在を死へと追いやる運命との間に、自然のただ中に一種の矛盾を穿つ何ものかを見いだすのであり、自然はこうした矛盾のうちで消失してしまうのです。

したがって、非存在に関する四つのテーゼがあるのです。すなわち、神は存在しない、魂は存在しない、犯罪は存在しない、自然は存在しないというテーゼです。これら四つのテーゼは、サドの作品を通じて、そのあらゆる側面において、あらゆる帰結を伴いつつ、あらゆる仮説から出発して反復されます。ところで、こうした四つのテーゼはまさしく、サドにおける不規則な実存と呼び得るものを定義しています。実際サドの言う意味における不規則な個人とは一体何なのでしょうか。それは、こうした四つの非存在に関する四つの原則を決定的な仕方で提起する者です。それは自分の上位に、神の至高性であれ、魂の至高性であれ、法の至高性であれ、自然の至高性であれ、いかなる至高性も認めない者です。それは、自らの生の瞬間ばかりでなく、自らの欲望の瞬間をも超越するようないかなる時間、いかなる永遠性、いかなる不死性、いかなる義務、いかなる連続性にも結びつけられていない個人です。不規則的な実存とは、神に由来する宗教的規範であれ、魂によって定義された個人的規範であれ、犯罪によって定義された社会的規範であれ、自然の規範であれ、いかなる規範も認めない実存です。そして最後に不規則な実存とは、いかなる不可能性も認めない実存です。いかなる神も、いかなる個人的同一性も、いかなる自然も、社会や法に由来するいかなる人間的制約も存在しないとするなら、可能なものと不可能なものの間にはもはや違いはありません。結局のところ、不規則な実存、つまりジュリエットの実存、あるいはサドの主人公たちの実存とは、あらゆる規範の外部、あらゆる瞬間の非連続的な再開のうちで、すべてが起こり得るような実存なのです。サドの登場人物の不規則な実存を定義する、四つの否定的なテーゼを伴ったこれらの言説とは何かに関して、最初に見当をつけるとすれば、以上の通りです。

そこから出発して、これらの言説の機能に関する問いを提起してみることができます。これらの言説は何の役に立っているのでしょうか。どうしてこれらの言説は、四つの否定的なテーゼを伴うのでしょうか。どうしてこれらの言説が介入してくるのでしょうか。これらの言説はどのようなゲームを演じているのでしょうか。また、これらの言説の果てに登場人物たちが経験する性的興奮がその効果、象徴となっているこの種の力学を通じて、これらの言説はどのようにして欲望に結びついているのでしょうか。仮説としてではありますが、私は、サドのこれらの言説の五つの機能を取り出して、改めて提示してみることにします。

最初の機能は、明快で、明瞭で、意義深いものです。これらの言説は、乱交、放蕩の場面の前、犯罪の前に介入してきます。なぜでしょうか。それは、登場人物が、自らの欲望のうちの何ものも断念しないようにするためであり、登場人物が、自分が目指すことのできる対象のうちの何ものも取り逃がすことがないようにするためです。したがって、こうした最初の機能の枠内において、言説は以下のような役割を担っています。（1）あらゆる限界を廃止し、欲望が出会い得るあらゆる限界を消去して、人が欲望のうちの何ものも断念することがないようにするという役割。（2）人が自分自身の利害関心のうちの何ものも決して犠牲にしない、したがって、他者の利害関心のために、決して自分自身を犠牲にしないようにするという役割。つまり、私の欲望は完全に成就されなければならないのです。二番目に、私の利害関心がつねに第一でなければなりません。三番目に、私の実存が絶対に救われなければなりません。それこそが、サドの登場人物が場面あるいは乱交を始める前に繰り返し述べることです。サドの登場人物は、そうしたことを自分自身に対して繰り返し述べるとともに、それを他者に向かって語り、他者を説得し、自分の方へ引きつけようとします。「お前は、自分の欲望のうちの何ものも断念してはならない。お前は、自分の利害関心をいささかも犠牲にしてはならない。お前は、いつも自分の生を絶対的なものだと見なさなければならない」。非常に単純で非常に明白な、言説の第一の機能を少し眺めてみると、哲学的な言説だと自称し、四つの非存在の長い論証だと自称するこの言説が、実はかなり驚くべきものだということに気づきます。というのも、つまるところそれは、西洋の哲学的でイデオロギー的な言説の機能を逐一反転させているからです。西洋における言説の役割、あるいはイデオロギー的な言説の役割とは、去勢するという役割でした。実際、プラトン以来重要だったのは、自分自身の一部を断念することに依拠して、個人の同一性を定義し、創設することだったのです。哲学的で宗教的な言説とは、ギリシアの時代から、およそのところ以下のようなものでした。お前が完全に自分自身であるのは、お前が自分自身の一部を断念する限りにおいてでしかない。したがってまず、お前が、神によって認められ、神によって名付けられ、神によって呼びかけられ、神によって永遠に選別され選ばれるのは、つまり永遠なるものがお前の名を呼ぶのは、お前が世界、身体、時間、欲望を断念する時だけだろう。さらにまた（この同じ西洋の宗教的で哲学的な言説は語り続けます）、お前が、社会においてある地位を得て、その他大勢のうちで何某かのものになり、名、独自の名を授かり、そして犯罪者や狂人といった集合的な呼称を免れるのは、つまりお前が名、名声を得るのは、お前が個人として存在する限りにおいてだけだろう。すなわちお前が、自らの欲望や、殺人の意志や、幻想を断念し、自らの身体と身体の法を断念する限りにおいてだけだろう。哲学的言説、宗教的言説、神学的言説は、去勢を行う言説なのです。そうした言説との関係において、サドの言説は脱-去勢する機能を持っていると言うことができます。というのも、サドの言説において重要なのは、去勢という契機を乗り越えることではなく、去勢自体を否定し、否認し、拒絶することだからです。そうした去勢の拒絶は、諸々の否定においてなされる、きわめて単純なずらしの作用を通じて行われます。サドの言説は、哲学的で宗教的な言説が肯定しようとしたことをすべて否定するのです。西洋の宗教的で哲学的な言説は、つねになんらかの仕方で、神を肯定し、魂を肯定し、法を肯定し、自然を肯定してきました。サドの言説はそれらをすべて否定します。その反面、西洋の哲学的言説は、これら四つの根本的な肯定、これら四つの哲学的主張から出発して、否定的な命令の次元を導入しました。神が存在するのだから、お前はこれをやってはならない。お前の魂が存在するのだから、お前はこれをする権利がない。法が存在するのだから、お前はこうしたことを断念しなければならない。自然が存在するのだから、お前は自然を侵してはならないというわけです。つまり西洋の哲学的言説は、四つの根本的な主張、四つの根本的な肯定から出発して、道徳と法の次元、命令の次元に、否定を導入したのです。西洋の形而上学は、存在論のレベルでは肯定的であり、命令のレベルでは否定的なのです。反対にサドの言説のゲームは、否定を逆転させて、肯定されていたものをすべて否定します。神は存在しない。したがって自然は存在しないし、法は存在しないし、魂は存在しない。ゆえにすべてが可能であり、命令の次元において拒絶されるものはもはや何もないのです。

図式化するなら、四つのタイプの言説があるのだということができるかもしれません。

まず無意識の言説があって、フロイトを信じるなら、無意識の言説は全面的に肯定的です。[172]無意識の言説は、事物が存在することを肯定すると同時に、欲望が欲望することを肯定します。それとは別の極点に、すべてを否定する分裂症的言説があります。何も存在しない（世界は存在しない、自然は存在しない、私は存在しない、他者たちは存在しない）というわけで、こうした否定は、欲望の否定、つまり、私は何も欲望しないということを含んでいます。[173]したがって、完全に肯定的な無意識の言説と、完全に否定的な分裂症的言説があるのです。それからイデオロギー的、哲学的、あるいは宗教的な言説があって、こうした言説は、真理の次元においては肯定し（神、自然、世界、魂は存在する）、欲望の次元においては否定する、つまり〈したがって、お前は欲望してはならない、したがってお前は断念しなければならない〉と語ります。そして四番目の言説としてリベルタン的言説があるのですが、このリベルタン的言説はイデオロギー的言説の反対であり、それを倒錯的言説と呼ぶこともできるでしょう。[174]それは、哲学的言説が肯定することをすべて否定する言説であり、したがって倒錯的言説は、主張の次元では否定し、命令という次元では肯定します。リベルタン的言説は、神は存在しない、魂は存在しない、自然は存在しない、ゆえに私は欲望すると語ります。以上が、言うなればこうした言説の第一の機能です。それは、リベルタン的言説として自らを構成すること、つまり、西洋の形而上学的言説の内部、欲望に対して去勢という大いなる機能を果たす形而上学的言説の内部で、否定のシステムをずらすような言説として自らを構成することなのです。

サドの言説の第二の機能は、以下のようなものです。サドのあらゆるテクストにおいて、リベルタン的言説を語るのはもちろん、サドにおける積極的主人公、つまりリベルタン自身です。しかし、話者ではなく、言説が向けられる人物、つまり対話者について言うなら、対話者はたんに未来の犠牲者であるという場合がしばしばあります。人は未来の犠牲者に向かって、「神は存在しないのであり、もしお前がこの真理に納得するなら、お前は拷問をまぬがれるだろう」と語ります。ところで興味深いことに、犠牲者は誰一人として説得されず、明らかな危険が身に迫っているにもかかわらず、彼らは皆、こうした言説に対してまるで耳を傾けません。ところでしかし、サドはこうした言説を、その帰結に関して絶対的に真なる言説としてだけではなく、その展開に関して絶対的に厳密な言説として提示していて、少しでも注意を払えば、すぐに説得されざるを得ないと繰り返し述べています。ところがサドの小説においては、こうした説得の力が現れているようにはまるで思えません。というのも、サドのいかなる作品においても、誰かが説得されることは決してないからです。実のところ、対話者、つまりサドの言説が語りかける人物は、おそらく犠牲者ではないのです。サドの言説が犠牲者に語りかけるのは、標的としてだけであり、真の対話者としてではまるでありません。真の対話者とは、その場にいるか、その場にはいない別のリベルタンなのです。別のリベルタンは、すでに根本的な諸前提を認めており、当然のことながらサドの言説に納得しています。そもそもこの人物自身が、何頁か前に同じような言説を語っていたのです。したがってすでに勝負はついています。言説は、標的として犠牲者に語りかけますが、それが対話相手として語りかけるのは、すでに説得されている別のリベルタンなのです。それゆえサドの言説が行使するのは、実のところ説得の機能ではなくて、まったく別のものです。実際、言説は、リベルタンからリベルタンへと語りかけられるのです。

そもそも結局のところ、もし犠牲者たちが説得されてしまったとしたら、大いに困ったことになります。というのもその場合には、彼らもはや犠牲者ではなくなり、もはや彼らをもてあそぶことはできなくなるからです。したがって、犠牲者たちは説得されてはならないのであり、言説は説得という機能を持ってはならないのです。だからこそ言説は、他のリベルタンたちに向かって語りかけるのです。しかし、リベルタンたちはすでに説得されているというのに、どうしてそんなことをするのでしょうか。私の考えでは、この言説は何よりも、言わば紋章の役割、承認の徴の役割を果たしています。要するにそれは、リベルタンたちと犠牲者たちを区別する閾を打ち立てるためのものなのです。実際、二つに一つです。ある人が四つのテーゼ、四つの根本的な否定を認めたとすると、その瞬間にその人はリベルタンになります。あるいはその人が、それら四つのテーゼすべてを一体のものとしては認めない、たとえたった一つであろうと、どれかのテーゼを保持していないとすると、その個人はただちに真のリベルタンではなくなり、犠牲者たちの側に打ち捨てることが可能になります。したがって四つの言説は、ある人に関して、その人が犠牲者たちの側にいるのか、それともリベルタンたちの側に位置づけられなければないのかを知るための、差別化の徴、試練、試験の役割を果たしているのです。皆さんが、能力試験として繰り広げられるかの名高い言説をしばしば目にすることになるのはそうしたわけです。巨漢の食人鬼ミンスキー[175]が善良なるジュリエットに出会った時、彼はジュリエットにいくつかの質問を投げかけます。彼はジュリエットに「お前はよもや神を信じてはいないな？」と尋ねます。「もちろん、信じていません」とジュリエットは答え、試験に合格します。ミンスキーは、ジュリエットは自分と同じくリベルタンだと認め、それゆえジュリエットは犯されずにすみます。もちろんジュリエットは暴行を受けますが、それでも殺されたり、食べられたりはしません。つまり、彼女はリベルタンたちの側に移ったのです。

　それから、リベルタンたちの相互承認というこの一般的な機能に関して、同じ音域のなかにとどまりつつ、第二の機能上の変奏が演じられます。それは、他のリベルタンたちが同じレベルのリベルティナージュ[176]に相変わらずとどまっているかどうか知るために、リベルタンたちが互いに罠を仕掛け合うという事態です。彼らは互いに罠を仕掛け合い、互いに多種多様な試験を受けさせます。彼らは、様々な理論的な喜劇を演じるのです。『ジュリエット』の最終場面の一つである、幼いフォンタンジュをめぐる場面をもう一度取り上げてみましょう。ジュリエットはノアルスイユ[177]に再会しますが、彼女には、ノアルスイユが同じ心持ちのままかどうか、彼が相変わらずリベルタンのままかどうか分かりません。そこで彼女はノアルスイユに次のように言います。「私は先ほど幼いフォンタンジュと再会したのですが、この子は、母親の莫大な財産すべてとともに、私に預けられていました。私は彼女に財産を返して、私がこの子の母親に約束したように、彼女に豪華な結婚式をあげさせてやろうと心に決めました」。その時、ノアルスイユは驚いて、ジュリエットは変わってしまったと独りごち、彼女に不信の念を抱き始めます。そこでジュリエットは、ノアルスイユが同じ気質のままだと分かって（というのも彼は、こうした善良な感情を目にして不安を抱き、さらには憤りを覚えさえするのですから）、安堵します。ジュリエットは、ノアルスイユが同じレベルのリベルティナージュにとどまっているのだと納得します。二人のリベルタンは、ただちに互いを認め合います。彼らは、互いが相手に対して張った罠にはまり込まなかったのです。

罠を張る必要は大いにあります。というのもこれら四つのテーゼを、一度きりで決定的に承認される、四つの教義条項のようなものと見なしてはならないからです。それらは、完璧な推論の必然的で不可避の帰結でもありません。実際には、これら四つのテーゼは道徳的課題なのであり、きわめて放埒なリベルタンであっても、そのテーゼのうちのどれかを取り逃がしてしまうことがあり得ます。というのも、四つのテーゼを、そのうちのどれか一つでも疎かにせずに四つともすべて保持し、それらを強烈に心に留めておくことは、非常に困難だからです。実際ジュリエットの物語では、かつては四つのテーゼを保持していた幾人かのリベルタンが、どれか一つのテーゼを取り逃がしてしまい、その瞬間に真のリベルタンでなくなるということが起こります。例えば、コルデリィ(178)という名の人がいて、この人はなかなか注目すべき人物なのですが、彼はかなり強烈なある場面で、自分の娘を犯して、殺し、煮て、食べてしまいます。したがって、コルデリィはかなりすさまじいリベルティナージュの徴を示しているわけですが、彼はこの場面の後に小さな部屋に引きこもります。何が起こっているのかとジュリエットが様子を伺ってみたところ、コルデリィが自分のしたことを悔やみ、もし神が存在するなら、自分が先ほどしたことをお許しくださいと神に祈っているのに気づきます。したがってコルデリィは、神の存在に関する第一のテーゼを取り逃がしてしまったのです。それゆえコルデリィはよきリベルタンではない、もはやリベルタンではまったくないのであって、今度は彼が殺されることになります。その上こうしたことは、サン゠フォン(179)の身にも生じます。サン゠フォンはしばらくの間、四つのテーゼを立派に保持していますが、しかしそのうちの一つのテーゼ、神の非存在に関するテーゼではなく、魂の不滅性に関するテーゼを取り逃がしてしまいます。サン゠フォンは以下のようなことをします。彼の犠牲者の一人がいまにも死にそうな瞬間、サン゠フォンは彼をある個室に連れて行きます。そこでサン゠フォンは、彼にひどくおぞましい瀆神の言葉を語らせるのですが、この瀆神の言葉のおぞましさはといえば、もし魂が永遠に不滅だとしたら、その魂が永遠に地獄に落とされてしまうようなものです。サン＝フォンは次のように語ります。「まったくそれは素晴らしい拷問だ。魂が不滅だとしたら、犠牲者を、彼が生きている間だけではなく、彼に残された永遠の時にわたって、苦しめたと確信できるのだから(180)」。したがってそれは拷問の極致なのです。これに対してジュリエットとクレアウィルは、そうした拷問が永遠だと考えられ得るのは、魂が不滅である場合だけだと正当にも指摘します。そしてそのことは、サン＝フォンが、魂は可死的であるというテーゼを取り逃がしていることを証明しているのです。したがって、サン＝フォンは罰を受けねばならないことになります…。それゆえサン＝フォンは、実際にノアルスイユの手にかかって犠牲となるのです。以上が紋章の機能、再認、区別の機能、試練、永遠に更新される試練の機能です。

この差異化の機能は重要です。こうした機能は二つの系列の帰結を含んでいると思います。こうした機能は、これらのテーゼの肯定を可能にします。したがって、たえず再開されるこれらの言説に賛同することは、二つのカテゴリーの個人を区別することを可能にします。まずは犠牲者と呼ばれる人々、つまり、言うなれば、言説の外に脱落してしまう諸個人、外部にとどまり、現在も将来も決して説得されない諸個人がいます。彼らは、言説の外部にいるというただそれだけのために、ある種の際限のない対象になります。つまりリベルタンの欲望が、際限なく彼らに襲いかかり、彼らの身体、彼らの身体の断片、彼らの解剖された身体の一センチ一センチ、彼らの器官に襲いかかることになるのです。強姦はもちろん最初の挿話にすぎません。事が終わるのは、サドの登場人物の活動が、犠牲者たちの解剖された身体の最も奥深くまで及んだ時であり、個人が強姦され、切りきざまれ、解体された時、内臓が取り去られ、心臓がむさぼり食われた時、身体の内側にあるものがすべて外に出され、もはや一かけらの断片も残ってはいない時なのです。言説の外に脱落した者の身体は、他者の欲望によって、際限なく分割されます。別の言い方をするなら、もしあなたがたが言説の外に脱落してしまったら、あなたがたの身体は際限なく欲望の対象になる、つまり際限なく迫害、分割、切断、断片化の対象になるのです。すなわち、言説の外部にいる者の身体の際限なき細分化です。人が言説の外に出た瞬間から、身体は統一性を失い、もはや組織も至高性も持たなくなります。身体はもはや一なるものではなくなり、そしてその理由のためだけに、他者の暴力の前に、増大し、増殖し、消え去るような、欲望のあらゆる可能な対象の際限なきうごめきと化すのです。犠牲者については以上の通りです。

それとは逆に、リベルタンたち、パートナーたち、つまり言説の内部におり、四つのテーゼを認め、それら四つのテーゼの内部のうちにとどまる人々がいます。彼らには何が起こるのでしょうか、彼らの身体には何が起こるのでしょうか。まず、彼らは死ぬことがありません。ある人がリベルタンである、つまり、四つのテーゼを保持する人間であると認められた瞬間から、その人を殺してはならないという合意がリベルタンたちの間に存在しています。そのかわりリベルタンは、その人の身体を使用することができますし、彼があなたがたに自分の身体を貸し与えることは義務でさえあります。しかし彼が自分の身体を差し出すのは、犠牲者の場合とはまったく違った形態においてです。彼は、自分の口や、性器、パートナーの気にいるような自分の身体の様々な部分を差し出しますが、しかし身体は、言わば有機的な統一性を保ったままで貸し与えられ、返却されなければなりません。そしてリベルタンの身体を使用する者、つまり他のリベルタンは、もし必要とあらば今度は自分の身体の似たような部分、対称的な部分、あるいは別の部分を貸し与えなければなりません。しかしそれはつねに、(犠牲者の場合のような)際限のない細分化ではなく、有機的な細分化です。四つテーゼを備えた言説の内部においては、リベルタンは他のリベルタンにとって、犠牲者のような際限のない対象ではなく、私が基礎的な対象と呼ぶような対象なのです。したがってこうした言説は、欲望の対象として、際限のない対象、果てしなく虐殺され細分化される対象と、基礎的な対象とを区別することを可能にします。基礎的な対象は、分割されはするものの、そうした分割は、生体の構造にしたがい、身体の完全性と生命の完全性とを保持するような仕方でなされます。リベルタンは、自分の身体を貸し与えても死ぬことはありませんが、犠牲者はいつも、際限なき分割のために死んでしまいます。したがって言説の二番目の機能とは、このように二つのタイプのエロティックな対象を分割すること、つまり対象－パートナーないし基礎的な対象と、対象－犠牲者ないし際限なき対象とを分割することなのです。

皆さんはここですぐに、かなり難しい二つの問題が生じるのがお分かりになるでしょう。それこそが、第二のグループの帰結です。というのも、言説の第一の機能においては、その機能のおかげで、欲望を制限し得るあらゆるものが退けられていました。ところでいまや言説の第二の機能は、二つのタイプの対象、つまり犠牲者とパートナーとを区別することによって、一つの制限、というか実を言えば二つの制限を導き入れてしまいます。というのも一方で、対象－犠牲者、際限なき対象は、必ずや消失し、死に、際限なく解剖されて、何も残らなくなります。そうなると、私がこの犠牲者に対して抱く欲望が、消滅という制限に直面する瞬間がやって来ます。欲望を満足させるための犠牲者がもはやいなくなってしまうのです。他方で私は、パートナーからその人の身体の一部を借り受けることができるという意味において、パートナーに手を出す権利を持っていますが、とはいえパートナーを殺す権利は持っていません。[181]犯罪友の会において、その第二条は以下のように定められています。友の会内部では、盗みは許されるが、殺人は、犠牲者たちが閉じ込められている場所である後宮の中でしか許されない。後宮では、殺人は可能だが、リベルタン同士の間では、殺人はあってはならない。ジュリエットが、イタリアのミンスキーの城館

――彼女はそこに監禁されていながら、女主人のように振舞っていました――を離れる時、ある人が彼女にミンスキーを殺すように勧めて、そうすればどんなに快いことだろうとささやきます。それに対してジュリエットは、実際そうすればとても快いだろうが、ミンスキーはリベルタンであって、それゆえ自分は彼を殺すことができないと答えます。ジュリエットにはミンスキーを殺す権利がないのです……。人はここで、もう一つ別の欲望の限界に直面するわけです。したがって二つの限界があります。もし私が自分の欲望の対象を取っておきたいと望むなら、私はその対象を自分と対等なものにしなければならず、そうした対象はリベルタンでなければなりません。反対にもし私が、他者が犠牲者であることを望むなら、したがってそうした犠牲者を際限なく所有したいと望むなら、私は犠牲者を殺してしまい、犠牲者は消え去ってしまいます。こうした問題から現れて来るのが、サドの言説の第三の機能なのですが、私はそれを用途の機能と呼ぶことにしましょう。[182]

実際これらの言説すべてには、きわめて逆説的なところがあります。言説は、どんな形式のものにせよ、非存在に関する四つの主張（神、魂、犯罪、[183]自然は存在しない）の反復です。さて、神は存在しないと想定してみましょう。そうすると、宗教が私に教えたり禁じたりすることには、なんら実在性がないことは明らかです。したがって、すべては空想、幻想、誤認といったものでしかあり得ないことになります。すると、もし神が存在しないとすれば、神の不在を確信しているリベルタンにとって、なんらかの欲望は存在し得るでしょうか。例えば、教会で愛の行為をすること、あるいは聖体の上で悦楽を味わうことはどうでしょうか。もし近親相姦、近親相姦の罪が存在しないとすれば、好き好んで自分の家族の誰かと愛を交わすことにどんな快楽があり得るでしょうか。ところでサドの登場人物たちが、この種の行為をすることに最大級の快楽と欲望を感じていることを、人はつねづね目のあたりにしています。他ならぬブレサックの挿話を取り上げてみましょう。ブレサックはジュスティーヌに、家族の自然な絆など実際には存在しないのだと説きます。つまるところ、母親とは何なのでしょうか。何ものでもありません！　母親とは、たんに一人の女にすぎません。彼女は、ある日あるいはある晩、誰かと愛の営みをして快楽を得たわけで、このたんに個人的な快楽から、その生理学的帰結として子供が誕生したのです。母親はその子供を養育したではないかと、もしかしたら言う人がいるかもしれません。しかし子供を養育することは、生理学的で、たんに動物的な本能ないし欲求を満足させることにほかなりません。その証拠に、動物の雌も自分の子供を養育するのです。母の絆はもっと深いものだ、というのも母親は子供の世話をして、子供の教育にかかりきりになるではないかと、もしかしたら言う人がいるかもしれません。それに対してブレサックはこう答えます。それもまた虚栄の原理にすぎない。母親は、自分の子供が成功したり、教養豊かになったりすることを望むのだ、と。したがって、もしあなたがたが、子供に対する母親の愛着の絆とは何なのかを、その経緯と進展全体を通して考えてみれば、一連の快楽（物理的快楽、生理的欲求、虚栄の快楽）しか見つかりません。神聖で不可侵な母と子の絆、母性的絆をその特殊性において基礎づけるようなものは、決して何も存在しないのです。[184]このような説明をしたからには、ブレサックは次にように語ることができるわけですし、語らなければなりません。実のところ、母親と息子の間には特別な絆などないのだから、母親と愛を交わすことにも、女中と愛を交わすことにも、従姉妹と愛を交わすことにも、外国人と愛を交わすことにも、まったく違いはない。唯一違いがあり得るとすれば、それはたんにその人物の美しさあるいは若さだけだ、と。ところで、ブレサックは根っからの同性愛者であって、それゆえ彼はいずれにせよ、「たとえ母親だとしても、他の女と同様、俺の欲望をそそりはしない」と言わなければならないはずです。ところがブレサックは、同性愛を原則とし、それを実践しているにもかかわらず、自分の母親を例外、それも人生でただ一度の例外として扱います。というのも、自分の母親だという事実がブレサックのうちにきわめて大きなエロティックな興奮を呼び覚まして、彼は母親と肛門性交におよぶからです。したがって自分の母親だという事実は、欲望のレベルにおいて特別な役割を演じるのです。自分の母親だからこそ、欲望が引き起こされ、完遂されるのです。

法王と神についても、同じような挿話を取り上げることができます。物語のさらに後半で、ジュリエット[185]は法王[186]に出会い、そしてもちろん法王とともにおぞましい行為をするのですが、そうした行為に先立って、法王の長い言説が登場します。法王は、「あなたも知っての通り、神は存在しない。私はそれを知るのに絶好の地位にいる」と語ります。そう言って法王は、ジュリエットの手を取り、彼女を連れて、サン＝ピエトロ大聖堂のペテロの墓の上で愛の行為にふけります。ところで、もし神が本当に存在しないとしたら、そんなことをして何の得になるのでしょうか。他の場所よりも快適だというわけではないのですから！　もし理性的な言説が神、魂、自然、法（人間界で尊重されなければならないあらゆるもの）を消し去るとしたら、言説は結局、神への冒瀆、嘲弄された自然、侮辱された人間関係といった、リベルティナージュの特権的な対象をことごとく消し去ってしまうのではないでしょうか。

この段階で私は、サドの諸言説をより詳しく検討してみなければならないと思います。サドの諸言説の中には、ごく限られた数ではありますが、言わば一八世紀的なタイプの言説、〈発生的〉な言説がいくつか存在しています。そうした言説において、サドは次のように語ります。「神は存在しない。神とは、かつて人間が自然現象に対して抱いた恐れから生まれた想像の産物であり、そうした心配、そうした原初的不安から、神のイメージが少しずつ形成された。したがってわれわれは、神のイメージに対して敬意を払う必要はない。というのも神のイメージは、そうしたことによるものにすぎないのだから」。これは一八世紀末の攻撃的な合理主義の典型的な言説です。しかしこうした言説は、サドにおいてはごく稀なものです。サドの偉大な言説は、それとはまったく別の仕方で構築されています。サドの言説は、逆向きに構築されているのです。サドの言説は、「神は存在しない、したがって神は善良でもなければ邪悪でもない」と語るわけではありません。そうではなくてサドの言説は、「神は邪悪である。神は邪悪なのだから、つまり全能で限りなく善良な神が邪悪だということは矛盾しているのだから、したがって神は存在しないはずだ」と語るのです。あるいはまたサドは、「母性的絆は存在しない。母親とは、とるに足らない人物であり、それゆえ、母親は善良なのか邪悪なのか、母親と愛の行為をして良いのか悪いのかと問う必要はない」と語るわけではありません。サドは、「私の母は、私の父とともに快楽を得た。母は、そこから生まれることになる私のことなど考えずに快楽を得たのだ。それゆえ母は邪悪であり、したがって母が邪悪だとしたら、母は善良ではない。ところで、母の本質とはつねに善良であることである。したがって母は存在しない」と語るのです。それゆえサドは、非存在の確認や非存在の肯定から、法や禁止に対する無関心を演繹するわけではありません。そうではなくて彼は、問題になっている諸対象の邪悪さから、最終的にそうした諸対象の非存在を演繹するのです。両者の演繹はまったく別物であって、このことはかなり難しいいくつかの論理的問題を提起しています。

大まかに言うなら、サドによる論証の骨子は以下のようなものです。神は邪悪である。ところで、邪悪であるということは、全能性と善良さによって定義された、完全なる神の実在と矛盾する。したがって、神は存在することはできないし、存在してはならない、というわけです[187]。したがってサドの言説によれば、神が邪悪であればあるほど、神は存在しないのです。もし神が善良なら、神は存在することになるかもしれません。邪悪な神は存在しないのであり、もし神がさらに邪悪だとしたら、神はますます存在しないことになります。邪悪さから演繹される非存在は、邪悪さとともに増大するのです。サドは、自然についても同様の論証をふたたび採用します。サドは、「自然は存在しない、したがって、自然が良いとか悪いとか言うことには意味がない」と語るわけではありません。サドは次のように語ります。「自然は破壊する。自然は暇に任せて、諸々の存在者を生み出すが、それらの存在者を生み出すやいなや、自然はそれらを死に追いやるか、あるいはそれらを見捨ててしまう。それらの存在者は老衰して死ぬか、殺されてしまう。いずれにせよ、自然はそれらの存在者が死ぬように運命づけているのであり、こうしたことは矛盾している」。したがって、死すべく定められたこれらの存在者たちが自然に反逆することは、物事の本性にかなっています。そうした自然への反逆には二通りの仕方があります。まず、存在者たちが互いに殺し合うことです。ある存在者が別の存在者を殺す時、その存在者は、自然がなすことを行っています。それゆえ、その存在者は自然の法則に従っています。しかしその存在者は、自然の代わりにそれを行っているのであって、これは自然を殺す一つの方法なのです（私が誰かを殺すたびに、私は自然の地位をしめているのであり、それゆえ私は自然を殺している、ということです)。次に個体が、自分が殺されるのを拒絶することです。この時その個体は、自然が作ったものを保存しています。それゆえ、この個体は自然の法則に従っています。しかし自然の法則によれば、生ある諸個体は死ぬことになっているのだから、生ある一個体が死ぬことを拒絶する時、その個体は自然を嘲弄していることになります。というのもその個体は、自然がなすこととは反対のことを行っているからです。これら矛盾の数々は皆、自然の邪悪さの論理的帰結ですが、そこから、自然は存在しないという結論、あるいはより正確に言うなら、自然が邪悪であればあるほど、自然は存在しない、という結論が引き出されます。自然が破壊的になればなるほど、自然は存在しなくなるのです。この種の言説は、「神は邪悪である、ゆえに神は存在しない。神が邪悪であればあるほど、神は存在しなくなる。自然は存在しない、なぜなら自然は邪悪だからだ。人間関係は存在しない、なぜなら人間は邪悪だからだ」と語るのですが、こうした言説から、かなり重要ないくつかの帰結を引き出すことができます。

最初の帰結は以下のようなものです。サドの論理は、反ラッセル的な論理であり、あるいはこう言ってよければ、ラッセル(188)の論理は、サドの論理から想像し得る限り最も隔たった論理なのです。ラッセルの論理の少なくとも一つの形式は、次のようなことを示しています。「黄金の山がカリフォルニアにある」というタイプの命題が、真であったり、偽であったりし得るのは、その命題を分解して、まず「黄金の山が存在する」と言うことができ、それから「黄金の山はカリフォルニアにある」と言うことができるという条件においてだけです[189]。皆さんお分かりのように、サドの推論は正反対の論理に立脚しています。というのも、そこで問題になっているのは、「自然は存在する、そして自然は邪悪である」と言うことではなくて、「自然は邪悪である、それゆえ自然は存在しない」と言うことだからです。問題なのは、属性判断から、属性の主体に関する非存在判断を引き出すことなのです。これは、論理学的には考えられ得ず、また実践し得ないことですが、しかしそれこそがサドの論理の核心にあります。したがってそれは、ラッセルの論理とは絶対的に異なる論理なのです。サドの論理は、デカルト的な論理からも同じく異質なものです。実際皆さんが、サドの論証をデカルトの存在論的論証[190]と比べてみれば、それらがまったく反対なのがお分かりになるでしょう。デカルトの論理は次のように述べます。神は完全である。ところで、完全さは存在を含意する。したがって、完全なものである神は存在する、と。問題は、属性判断から出発して、存在判断へといたることです。サドは、反ラッセル主義者であるのと同様に、反デカルト主義者でもあります。というのもサドは、属性判断から出発しますが、それはそこから存在を演繹するためではなく、非存在を演繹するためだからです。この限りにおいて、サドの論理はまったく怪物的だと言うことができます。というのも、観念と観念の存在に[191]、したがって可能なるものに必然的な仕方で立脚しているデカルトの〈直観主義的〉論理と、ラッセルの形式主義的論理との間で、サドは、論理学の観点からすれば絶対に実現不能であるような一種の論理を打ち立てるにいたったからです。つまりサドは、ある属性判断から出発して、それに対して事柄が帰属させられるもの自体の非存在判断にいたるのです。以上が、これから見ていくように、西洋哲学全体の内部において、絶対的に倒錯的で破壊的な仕方で機能するサドの言説の、言わば最初の二つの帰結です。

サドの言説の第三の帰結は、神、他者たち、犯罪、法、自然といった、存在しない怪物的なものたちは、一八世紀的な意味における錯覚ではないということです。それらが錯覚ではないという理由は、一度錯覚だと分かれば、人は当然、自由になったと感じるはずであり、結局は錯覚なのだと分かった対象にはもはや関わり合いにならないからです。一八世紀になされた批判が、例えば、神は存在しないとか、魂は錯覚であると論証した際に行ったのはそうしたことでした。ひとたび錯覚だと論証されれば、人はそれから解放され、もはやそれらとは関わり合いになりません。サドは、神や魂、自然や法を錯覚にはしません。彼は、それらを奇怪な空想、彼が〈奇怪な空想《シメール》〉(192)と呼ぶものにします。奇怪な空想とは、存在しないものではなくて、それがそれ自身であればあるほど、ますます存在しなくなるようなものです。神が奇怪な空想だというのは、神は、自身の本質に適合していればいるほど、自分がそうであり、そうあらねばならないものに近づけば近づくほど、ますます存在しなくなる、という意味においてです。つまり、神は邪悪であればあるほど、ますます存在しなくなるのです。神が自らに固有の邪悪さに近づけば近づくほど、また、自然が自らに固有の激烈さに近づけば近づくほど、神も自然もますます存在しなくなります。一八世紀における錯覚が存在しないものであり、そこから解放されねばならないものであるのに対して、サドの奇怪な空想とは、それが自身であればあるほど、ますます存在しなくなるものなのです。

最後に、サドの言説の四番目の帰結ですが、神は、邪悪であればあるほど、ますます存在しなくなるというのが真実だとしたら、実のところ、何が神の邪悪さを増大させているのでしょうか。神をますます邪悪にしているのは何なのでしょうか。その結果、神をますます存在させなくしているのは何なのでしょうか。つまり、こうした邪悪さとは一体何なのでしょうか。神の邪悪さとは、人々が他の人々によって殺されるようにするような邪悪さであり、有徳な人々が生まれると、彼らを他の人々の悪しき手管の犠牲者にするような邪悪さです。したがって、神を邪悪にしているのは、リベルタンたちが存在し、彼らが、美徳が迫害されるまさにその瞬間に、悪徳を勝利させることなのです。結局のところ、神をますます邪悪にするもの、神の邪悪を増大させるものとは、リベルタンの存在以外の何だというのでしょうか。リベルタンが存在すればするほど、リベルタンがリベルタンであればあるほど、神の邪悪さは証明されるばかりか、現実に実現されることになります。リベルタンとは、受肉した神の邪悪さなのです。キリストが、受肉した神の善性だというのが真実ならば、リベルタンとは、神の邪悪さのキリストなのです。リベルタンたちが多ければ多いほど、神はいっそう邪悪になります。ところでわれわれは先ほど、神は邪悪であればあるほど、ますます存在しなくなるということを確認しました。したがって、リベルタンが増えれば増えるほど、またリベルティナージュの数が多ければ多いほど、神の非存在が保証されます。それゆえ神の非存在は、理論的なテーゼではありません。つまりそれは、推論から演繹されることができ、その後そこからそうした推論を演繹することができる真理として、一度限りで決定的に断言されるような理論的テーゼではないのです。神の非存在は、リベルタンの人格と行動において、神の邪悪さとして、現動化された神の邪悪さとして、それぞれの瞬間ごとに実現されるような何かなのです。したがって、欲望と真理を、さらに言うなら、リベルタンの欲望と、神は存在しないという真理を結びつける関係は、原理と帰結の関係ではまるでありません。それはもっとずっと複雑な関係です。神が邪悪であるからこそ、リベルタンたちが存在するわけですが、その結果として冷酷な欲望が存在するようになります。そして、リベルタンたちが多ければ多いほど、欲望はますます冷酷になり、神は存在しないことがますます真理になります。したがって、神は存在しないという真理と、その徴の増加は、一種の果てしない務めにおいて互いに結びついているのです。われわれの欲望を増幅させよう、われわれの邪悪さを増幅させよう、われわれの欲望の冷酷な性格をたえず激化させよう、そうすれば神はますます存在しなくなるだろう、というわけです。真理と欲望の結びつきは、奇怪な空想の怪物性を実現しますが、それによって、神や自然という奇怪な空想、あるいは法や魂という奇怪な空想は、ますます怪物的になる、つまりますます空想的になる、つまり、ますます存在しなくなります。そしてそれらは、存在しなくなればなるほど、ますます邪悪になり、ますます怪物的になるのです。そうしたことが繰り返されるわけで、神は完全なる沈黙のうちに沈み込むこともなければ、欲望の地平から実際に消え去ることもありません。神の不在は、言説の中、欲望の中で、それぞれの瞬間ごとに実現されるのです。

したがって、人々の懸念をよそに、サドの欲望が欲望の対象を消し去ることはないと言うことができます。欲望と言説は、それぞれ同じ対象に襲いかかるのです。実は先ほど私は、サドの言説が神については語るのに、欲望については語らないのは奇妙だと皆さんにお話ししましたが、そう指摘をした時に、実は私は、根本的なことを忘れていたのです。その根本的なこととは、言説はたしかに神について語るが、欲望もまた神に語りかけるのであり、言説と欲望は、実のところ同一の対象を持っているということです。その対象とは、存在しないものとしての神、それぞれの瞬間ごとに破壊されねばならないものとしての神なのです……。サドの言説において根本的なのは、言説と欲望のこうした関係です。そこから出発して、サドにおける言説の最後の二つの機能を演繹するのは、比較的容易だと思います。

実のところ、それら最後の二つの機能は、最初の二つの機能に対峙しており、それらの機能に対して、ある程度、制限を加え、異議を申し立て、それらを問いに付します。最初の二つの機能とは、脱－去勢の機能と差異化の機能であり、差異化の機能とは、リベルタンたちが、犠牲者たちと対峙しつつ互いに承認し合うという機能でした。さて最後の二つの機能のうち、四番目の機能は、二番目の機能に異議を申し立て、五番目の機能は、最初の機能に異議を申し立てます。これら四つの形象の真ん中にあるのが、私が先ほど説明した三番目の機能、つまり、言うなれば破壊の機能なのです。

第四の機能、すなわち競合の機能とは以下のようなものです。サドの諸言説はいつも同じようなものです。サドの諸言説がいつも、たえず再現なく繰り返される四つの同じテーゼだというのは、実のところ真実です。しかしよく見てみると、これらの言説が変化していること、様々な要因にしたがって変化していることに気づきます。サドの諸言説は、状況にしたがい変化しているのです。例えば、幼いフォンタンジュの遺産を横領することが話題になる場合、言説は、人間同士の関係や、義務が持つ多かれ少なかれ神聖な性格、社会契約、社会によってもたらされる制裁等について論じます。逆に例えば、ブレサックが登場して、母親を欲望することが話題になる場合、言説が論じるのは家族関係についてです。したがって言説は、対象によって変化し、また個人によって変化するのであり、そして諸個人の言説は、彼らに特有の性格や社会的状況、教育によって変化するのです。

例えば、ラ・デュボワ[193]の言説があります。ラ・デュボワは、その名が示す通り、庶民出身の女性で、彼女の言説は大体のところ以下のようなものです。「自然が人間たちを作った時、自然は彼らを不平等にすることに心を砕きはしなかった。自然は人間たちを皆、同じモデルにしたがって作った。不平等を生み出したのは社会である。したがって、社会を犠牲にして平等をふたたび打ち立てるのが自然なことだ。ところで、社会自体が不平等に立脚しているために、社会は人間たちが平等であることを望まないのだから、平等をふたたび打ち立てるには、暴力によるしかない」。そして彼女は、暴力の理論を、社会に対抗して、原初にあったはずの自然的な平等をふたたび打ち立てるために必要な暴力の理論をそっくり作り上げます[194]。こうした体系は、もちろんラ・デュボワのもとでしか見いだされないものであって、サドが登場させる貴族たちのもとでは見いだされません。

また同様に、法王の体系があります[195]。法王は、非常に特殊な体系を持っているですが、この体系はまず、神は存在しないとはっきり語ります。法王にとって、自然以外の創造主は存在しませんが、その自然は善良なものではありません。自然をその全体にわたって構成し、貫いているのは、破壊的な猛威に他なりません。したがって、人間にできることはただ一つ、自然に反抗することです。自然な傾向が人間に現れるたびに、そうした自然な傾向を拒絶し、自然が人間に命じるのとは別のことをすることが、リベルタンである人間の義務なのです。したがって、自然は悪しきものなのだから、人間はそうした自然を愚弄し、自然に反抗しなければならなりません。例えば、肛門性交を一貫して実践することで、子供を作らないようにしなければならないのです。その時、一体何が起こるのでしょうか。もし人間が肛門性交しかしないとしたら、最終的には人類は破壊されて、消え去ってしまいます。法王によれば、それこそまさに自然が望んでいることなのです。というのも、自然が求めていることはただ一つ、人類が消え去ることであり、その証拠に、自然は人類に対して完全に邪悪なのです。こうした体系が、まさに法王その人にぴったりと合致しているのが分かります。実際、法王が宣べ伝えるのは、神ではなく、自然であり、普遍的な善良さではなく、普遍的な邪悪さであり、救済と諸個人の繁栄ではなく、諸個人の破壊であり、人類の永遠性ではなく、人類の決定的な消滅です。このように法王の言説のうちで、法王が伝統的に担ってきたあらゆる機能が逆転されるのです。

同様に、サン゠フォンの奇妙な体系(196)や、他のいくつかの体系があり、それらは互いに異なっています。したがって、こうした言説の肌目《きめ》そのものを見てみるなら、一般的に認められている四つのテーゼというレベルから、これら四つのテーゼの現動化と、それらが明確化される仕方に話を移すなら、それぞれのリベルタンがある種の仕方で、四つのテーゼを結びつけていることが分かります。それぞれのリベルタンは、それらのテーゼがどのようにして組織され、基礎づけられるのかを示すための独自の仕方を持っていて、そのことによって、四つのテーゼやそこから引き出し得る帰結、そこから演繹し得る犯罪的実践や性的実践が正当化されるのです。したがって、サドの一般的な体系といったものは存在しません。サドの哲学や、サドの唯物論、サドの無神論といったものは存在しないのです。存在しているのは、互いに並置された複数の体系です。それらの体系は、われわれがいましがた語ったような、四つのテーゼのネットワークを通じてのみ相互に交流しているのです。

こうしたネットワーク、これら四つの要素は、状況や個人にまったく特有な諸言説を、それぞれに異なった結晶として築き上げることを可能にします。サドが〈体系〉と呼ぶのはまさに、四つのテーゼがとる様々に異なる相貌のことなのです。ある人物が別の人物に、次にように言っているのがしばしば見られます。「私に君の体系について語ってくれ、私に君の体系について説明してくれ。君がこんなことをしたのはどうしてなんだ？　君の体系を話してくれ」という具合です。こうした体系は、私が先ほど皆さんにお話しした四つのテーゼが、状況と個人に特有の仕方で結晶化したものです。したがって、これらの言説は、（言説が、承認の機能、リベルタンと犠牲者を分割する機能を持っていることに加えて）、リベルタンたちのただ中で、互いに還元不可能な諸個人、自らの体系によって特徴づけられるような諸個人を区別するという別の機能を可能にします。なぜなら体系は、個人ごとに同じものではないからです。そしてこのことは、こうした言説の四番目の機能が、いかにして二番目の機能と対立しているかの説明になっています。したがって、リベルティナージュの一般的な体系のようなものはありません。それぞれのリベルタンに一つの体系があって、これらの体系が単独性、ないしは、サドが諸個人の不規則性と呼ぶものを定義しているのです。それぞれの個人は不規則であり、個人に固有の不規則性は、その人の体系のうちで顕在化し、象徴化されます。ところで、これらの体系は互いに異なっており、諸体系は、第二の機能から出現するように思えたリベルティナージュの連帯的な世界を打ち砕き、連続的で、共犯的で、パートナーから構成されるリベリティナージュの世界を粉砕します。その限りにおいてこれらの体系は、リベルタンたちを互いに交換不可能なもの、置き換え不可能なものにし、リベルタンたちを互いに孤立させるのです(197)。

したがって、リベルタンたちはより強い体系かより弱い体系を持っていて、体系がより強いか、より弱いかによって、リベルタンは打ち負かされることもあり得るし、逆に他のリベルタンたちに打ち勝つこともあり得ます。つまり体系は、リベルタンたちの間において道具として現れるのです。ところで先ほど見たように、リベルタンたちは互いに殺し合う権利を持っていないために、かの有名なリベルタンたちの自由は制限されていました。ところが、いま問題になっている言説のより繊細な機能のうちでは、そうした義務は消え去り、狼たちとは違い、リベルタンたちは互いに食い合うのだということが分かります。つまりリベルタンは、自分の言説が他のリベルタンの言説よりも強力な場合には、他のリベルタンを殺すことができるのです。その絶好の例が、クレアウィルとジュリエットが、ボルゲーゼ公爵夫人を殺すことを決める場面です。(198)クレアウィルとジュリエットの二人には、ボルゲーゼ公爵夫人という、偉大なる共犯者、リベルティナージュの偉大なるパートナーがいました。しかしボルゲーゼ公爵夫人の抱く哲学的テーゼは、クレアウィルとジュリエットのものよりも弱いことが明らかになります。ボルゲーゼ公爵夫人は、より弱い哲学的テーゼを抱いているために、三人のリベルタンたちの間で結ばれた関係は神聖な関係だと信じ、それゆえ警戒を怠るようになります。したがって彼女は、犯罪は存在しないというテーゼ、すべては可能であるというテーゼを最後まで守り通さないことになります。というのも彼女は、犯罪は存在可能であり、それはリベルティナージュの仲間を殺すことだと認めてしまうからです。したがって彼女は、そうした犯罪を踏み越えることに怯むのです。それゆえ彼女の体系は、この点において、クレアウィルとジュリエットの体系よりも弱いのであり、クレアウィルとジュリエットは、まさに体系のこの最も弱い鎖を攻撃することで、ボルゲーゼ公爵夫人を攻め、彼女に罠を仕掛けます。ボルゲーゼ公爵夫人の方は、リベルティナージュの絆が解消し得るものだとは考えないために、罠に気づかず、罠に落ちてしまいます。彼女の体系の弱さこそが、他のリベルタンたちに彼女を殺すことを許してしまうのです。したがって法によれば、リベルタンたちは互いに攻撃し合うことができない、リベルタンたちは互いに殺し合うことができないことになっていたのですが、突き詰めてみると、そうした法は最終的には機能していません。というのも四つのテーゼが、リベルタンたちが互いに承認し合うことを可能にし、欲望に関して彼らを、犠牲者とはまったく異なる立場に置いていたことは真実だとしても、それら四つのテーゼから出発して作り上げられた諸体系の間にある差異のために、リベルタンたちの間には、絶え間ない戦い、果てしない戦いが存在し得るからです。こうした戦いの結果、最終的に生き残るのは、リベルタンたちのうちでただ一人、つまりジュリエットだけです。ジュリエットは、自分のリベルティナージュの仲間たちを最終的には皆、犠牲に捧げます。クレアウィルもサン゠フォンも、もちろんボルゲーゼ公爵夫人も皆消え去ります。残されたのはジュリエットだけで、ノアルスイユと、ジュリエットの侍女を務めるラ・デュラン(199)が、純然たるリベルティナージュによる理由のために彼女に付き従います。以上がサドの言説の四番目の機能です。そして五番目の機能はきわめて容易に演繹されます。

言説の五番目の機能は、以下のようなものです。言説は当初、リベルタンたちを犠牲者たちから区別するものだと思われていましたが、そうした言説がリベルタン同士を区別するものだということもまた真実だとしましょう。言説は、あらゆる犠牲者たちに対して、あらゆるリベルタンたちが持つ紋章であるばかりでなく、リベルタン同士が戦うための武器でもあるということが真実だとしましょう。すると言説は、リベルタンを死へと晒すことになります。つまりリベルタンは、自らの言説を他のリベルタンたちの言説に対峙させつつ、死ぬという危険をおかすことができるのです。さらにリベルタンは、死ぬという危険をおかさなければならないというばかりではありません。もしリベルタンが、自らの言説をとことん突き詰めるなら、リベルタンは、死は自分の身に起こり得ることを認めるばかりでなく、死は自分に起こり得る最も素晴らしいことだと認めなければならないでしょう。実際、自然は存在しないということ、魂は不死ではないということ、神は存在しないということ、本当の犯罪はまるで存在しないということが真実だとしたら、ある人にとって、さらにリベルタンにとってはなおのこと、死ぬことが何だというのでしょうか。自らに死をもたらし、そして死を受け入れることは、まさしく自然に対してなされるこの上ない侮辱ではないでしょうか。実際、自然はわれわれを創造しましたが、創造するや否や自然は、われわれのうちに生きる欲求だけを残して、われわれを見捨ててしまいました。生きる欲求こそが、言うなれば、自然がわれわれを創造するために行った身振りの唯一の痕跡なのです。そして、われわれがこの生きる欲求を断念する瞬間から、われわれがこの生きる欲求を死ぬ欲求へと反転させる瞬間から、われわれは自然に反逆し、自然を愚弄し、われわれ自身に対して、この上ない犯罪を犯します。それは、この上ない犯罪であるからには、もちろんこの上ない快楽です。したがってわれわれは、死ぬことを受け入れる瞬間に、最大の性的興奮に達することになります。サドの偉大なリベルタンたちは皆、死を免れるためならばできることは何でもする人々ですが、それでも彼らが必要な場合には死を受け入れるのはそうしたわけです。ブレサックは、殉教してでも、［…］のために証言する準備があると語ります。ブレサックは、もし自分よりも強い誰かに出会ったら、自分よりも強いその人が彼のことを好きにして、殺してしまってもいいと認めます。ボルゲーゼ公爵夫人は、自分は処刑台の上でも幸福だろうと語ります。それゆえ彼女が、クレアウィルとジュリエットによって火山の中に投げ込まれた時、岩にぶつかり、体が引きちぎれるまさにその瞬間に、彼女は悦楽の絶頂に達していると考えなければならないでしょう。ジュリエットは次のように語ります。「私が世の中で一番恐ろしくないことは、絞首刑なることだわ。首をくくられて死ぬ時、人は精を放出するってことをあなたはご存知ないの」と彼女は激しい口調で言います。「もし処刑されることになったら、私は待ちきれずに絞首台の方へ飛んで行くわ」。そしてラ・デュランは次にように語ります。「死は、それが自然の必要である以上、悦楽になるはずだということを疑うことはできないわ。というのも私たちには、あらゆる生の欲求は快楽にほかならないという説得力ある証拠があるのだから」。また、スウェーデン女という驚くべき登場人物もいます。彼女は恋人に、自分を殺してくれるよう頼みますが、恋人の方は、彼女がそう頼んでいるのですから、もちろん躊躇しません。より正確に言うと、彼は躊躇しますが、それは、自分は彼女を苦しませたいと思っているのに、彼女が死ぬ時にあまりに多くの快楽を感じてしまうのではないかとおそれるためなのです。しかし彼はそうした疑念を鎮めて、彼女を死なせます。お分かりのように、この時、この五番目の機能のうちで、最初の機能のうちで見いだされたものが、反転された形でふたたび見いだされます。最初の機能は、個人に対して、彼の欲望にはいかなる限界も決して存在しないこと、彼は言わば完全に脱-去勢されていること、宇宙全体が彼のナルシシズムの回路のうちにあること、彼自身のうちの何ものも決して犠牲にはされないことを保証していました。言説の最初の機能は、個人に対して、人が彼に、「お前は、もしあれやこれを断念するならば、お前自身になれる」とはもはや言わないことを保証していたのです。しかしご覧のように、五番目の機能は、「お前が人生において出会い得る最大の快楽とは、お前の個体性自体が消え去るその日のことだ」と言います。こうして五番目のテーゼは最初のテーゼと対立するのです。(204)

したがって皆さんの目の前には、サドの言説の諸機能の完全な構成体があります。これら言説の諸機能の中心にあるのは、私が破壊的な機能と呼ぶ三番目の機能です。この機能が、脱-去勢の機能と、それに対立する、個人の自己消去の機能、それから承認ないしは差異化の機能と、それに対立する戦い、競合、闘争の機能とともに、サドの言説の諸機能の完全な構成体を作り上げているのです。また、これら四つの機能の分析が、私がサドにおいて根本的だと思う諸概念を明確に捉えることをどのようにして可能にしているかもお分かりでしょう。脱-去勢の機能は、リベルタンと呼ばれるものが何かをきわめて正確に定義することを可能にします。差異化の機能は、犠牲者と呼ばれるものが何かを定義することを可能にします。破壊的な機能は、サドが奇怪な空想と呼ぶものが何かを定義することを可能にします。競合と戦いの機能は、サドが諸体系と呼ぶものを定義することを可能にします。そして最後に、五番目の機能は、個人を定義すること、あるいはより正確に言うなら、どれほど個人自体が何ものでもないかを明確に示すことを可能にします。それゆえ五番目の機能の帰結として、われわれの出発点となった四つの根本的なテーゼに、個人自体は存在しないという第五のテーゼを付け加えなければならないのです。

最後に、サドに対して以下の二つの読解モデルを押し付けることは、細心の注意を払って避けねばならないということだけは言っておきたいと思います。まずは、フロイト的なモデルです。というのも、サドの言説は、欲望に関する真理を語るという役割を決して担っていないということを理解することが重要だと思うからです。サドは、性的欲望とは何か、セクシュアリティとは何かに関する分析や説明に着手しようとしていたわけではありません。[205]サドにおいて欲望は、理性的な言説の対象ではありません。実のところ、真なる言説と欲望は同一の次元にあって、互いに深く結びついているのです。真なる言説は、欲望を増幅し、深め、無限にするのであり、そして欲望は、言説をますます真なるものにします。それゆえ、欲望という水準があり、それに言説という水準が重ねられるわけではありませんし、自然という水準があり、それから真理が自然を明らかにするためにやって来るわけではありません。実際には、言説と欲望は互いに連鎖し合い、噛み合わさっているのです。欲望と言説は、一方が他方に対して従属しているわけではありません。両者は、実を言えば無秩序そのものであるような秩序のうちで、秩序立てられているのです。それゆえ私は、サドの言説とフロイトの言説を比較することができるとは思いません。もしフロイトの言説が、欲望に関する真理を語るという機能や役割を担っているということが少なくとも真実だとしたら、もしフロイトが、欲望に関して真理を語ろうとしたということ、自然的真理であれ、心理学的真理であれ、哲学的真理であれなんでも構いませんが、いずれにせよ欲望に関して真理を語ろうとしたということが真実だとしたら、フロイトの言説とサドの言説とは、まったく相容れません。それに対して唯一可能な反論があるとすれば、それは以下のようなものです。すなわち、精神分析は欲望に関して真理を語るという役割を担ってはいなかったし、フロイトは欲望に関して真理を語ろうとしていたわけではない、ということです。つまり、フロイトはおそらく欲望を真理に従わせようとしていたわけではない、ということです。精神分析的な治療の役割、精神分析の領域における言説の役割とはおそらく、欲望を真理の世界に従わせることではなくて、欲望と真理を、それらの根本的な関係においてふたたび結びつけることなのかもしれません。精神分析的な治療において問題になっているのはおそらく、真理が持つ欲望的な機能を復元すること、欲望に真理の機能を返還することなのかもしれません。しかしその場合には、フロイトが、われわれに対してサドを読むことを可能にしてくれるわけではなくて、サドが、われわれに対してフロイトを読むことを可能にしてくれるはずです[206]。というのも、サドが自らのテクストで行っていたのは、まさにそうしたことだからです。サドは、西洋が嘘、幻想、無知のうちに放置してきた欲望を、真理の明るみにまで高めようとしたわけではありません。彼がしようとしたのは、そうしたことではまるでありません。サドは、真理が持つ欲望的な機能を復元しようとしたのであり、欲望が持つ真理の機能を示そうとしたのです。彼は、真理と欲望は、果てしなくくるくる回る同じリボンの二つの面のようなものだということを示そうとしたのです。ですから私は、フロイトに関するある種の伝統的な見方を手掛かりにして、サドを読解してはならないと思います。つまり次のように言ってはならないのです。すなわち、西洋では、欲望とは何かを誰もまったく分かっていなかったが、やがてサドが登場して、欲望に関していくつかの真理を語り、そしてサドの後にフロイトが登場して、また別の真理を語ったのだと言ってはなりません。もう一度繰り返しますが、サドは欲望に関して真理を語ったわけではないのです。彼は、真理と欲望をふたたび結びつけたのです。

サドを理解するために避けるべき第二のモデル[207]は、マルクーゼ的なモデルです。実際、ごく図式的に言うなら、マルクーゼにとって真なる言説において重要なのは、欲望を、それがとらわれているあらゆる障害から解放することだと言うことができます。マルクーゼ的な人間とは、以下のように語る人間です。いまや私は、自分がこれまで罪悪感を抱きながら行ってきたことは皆、無垢なことだったと知っている。そうした幻想をすべて打ち払ったからには、私は、これまで罪悪感を抱きながら行ってきたことを無垢に、つまり幸福に行うことができるだろう。あるいは（実は、マルクーゼにとってはそちらの方がより良いのですが）、そうしたことをまったく行わないこともできる。というのも、罪悪感によって自らを罰するという快楽はもはや存在しないからだ。したがって私は、完全に無垢なままですべてを行うか、あるいはもはや何も行わない。私はいくつかの事をもはや行わないが、それは私には罪悪感を抱くという快楽がもはやないからであり、その他のことについては、私はそれらを無邪気に、罪悪感を抱かずに行う、つまり完全なる幸福のうちに行うのだ、と[208]。サド的な人間は、逆にそうしたことはまるで語りません。サド的な人間は、欲望を制限し、阻害するあらゆる障害から解放されようなどとは語らないのです。サド的な人間は次のように語ります。私は、自分が悔悟の念を抱く必要などないと分かっているが、そこには私にとって大きな危険がある。というのも、もし私がもはや悔悟の念を抱かないとしたら、私はそれでもなお犯罪を犯すことに快楽を感じるだろうか。もし私がもはや悔悟の念を抱かないとしたら、犯罪は、それを犯せば私が極限の享楽を感じるようなものとして相変わらず存在し続けるだろうか。したがって、私は、最悪の犯罪のうちにおいて、絶頂的な快楽を感じ続けなければならない、というわけです。したがって、マルクーゼとは違いサドにとって、真理と欲望との絆は、ふたたび見いだされた無垢のうちで、消し去られた罪悪感のうちで取り結ばれるものではまるでありませんし、最終的に得られた秩序のうちで取り結ばれるものでもまるでありません。サドにおいて、真理と欲望の真理との間の絆が現実のものとなるのは、続行される犯罪のうちにおいてだけ、たえざる無秩序のうちにおいてだけなのです。

私の考えでは、まさにこうした意味で、サドの思想から出発し、サドの思想との関係において、フロイトとマルクーゼを理解し、両者を互いに復元しなければならないのであって、サドのテクストに、フロイトのモデルやマルクーゼのモデルを押し付けるべきではないのです。サドとは、われわれの文明において欲望がずっととらわれていた真理に対する従属から、欲望を実際に解放した人物です[209]。サドとは、欲望を真理の主権に従わせるプラトン的な大構築物のかわりに[210]、欲望と真理とが互いに対峙し、ぶつかり合い、両者が同じ螺旋の内にとらえられるようなゲームを提示した人物です。サドとは、真理に対して欲望を実際に解放した人物なのです。そのことが意味するのは、サドが、「結局、欲望に比べて、真理などどうでもよいではないか?」と語っているということではまるでありません。サドとは、「欲望と真理は、一方が他方に対して従属しているわけでもなければ、互いに分離可能なわけでもない」と語った人物なのです。サドとは、「欲望は、真理のうちにおいてのみ無制限なものになり、真理は、欲望のうちにおいてのみ作動する」と語った人物なのです。そしてそのことが意味するのは、欲望と真理は最終的に、幸福あるいは取り戻された平安という形で、決定的な形象をなすということではまるでありません。そのことが意味するのは、欲望と真理は、白い波立ちのうちで、きらめきのうちで、欲望が際限なく打ち続くうちで、果てしなく増幅するだろうということなのです。

文学に関するミシェル・フーコーの研究業績と発言

文学的テクスト、過去ないしは現在の文学者、エクリチュール、あるいは言語に関してミシェル・フーコーが行った論評は、数多く存在する。その一部は、『レーモン・ルーセル』（一九六三年）の場合のようにそれ自体で一巻の書物全体とならない場合には、様々な著作のうちに現れている。例えば、『狂気の歴史』（一九六一年）には、ラシーヌの諸悲劇、ディドロの『ラモーの甥』に関する分析が登場する。あるいは『言葉と物』（一九六六年）には、セルバンテスの『ドン・キホーテ』に関する分析が登場する。そして最後に『性の歴史』第一巻（『知への意志』、一九七六年）には『我が秘密の生涯』に関する分析、『性の歴史』第三巻（『自己への配慮』、一九八四年）には『アルテミドロスの夢判断』に関する分析が登場する。

しかしそうしたテクストの大部分は〈著作外〉に現れるものであり、D・ドゥフェール、F・エヴァルト、J・ラグランジュ監修の下、ガリマール社から出版された『ミシェル・フーコー思考集成』（以下DEとして引用）四巻に収録されている。

（網羅的なリストではないが）例えば以下を参照

「カエルたちの叙事詩」（DEI, 1962［鈴木雅雄訳、『ミシェル・フーコー思考集成I』二六二一二六四頁〕、J＝P・ブリッセをめぐって）、「かくも残酷な知」（DE1, 1962〔横張誠訳、『ミシェル・フーコー思考集成Ⅰ』二八一―二九八頁〕、C・クレビヨンをめぐって）、「父の〈否《ノン》〉」（DE 1, 1962〔湯浅博雄・山田広昭訳、『ミシェル・フーコー思考集成Ⅰ』二四〇―二六一頁〕、J・ラプランシュ『ヘルダーリンと父の問題』をめぐって）、「ルソーの『対話』への序文」（DE 1, 1962〔増田真訳、『ミシェル・フーコー思考集成Ⅰ』二一三―二三九頁〕、J＝J・ルソーをめぐって）、「侵犯への序言」（DE1, 1963〔西谷修訳、『ミシェル・フーコー思考集成Ⅰ』三〇四―三二五頁〕、G・バタイユをめぐって）、「夜明けの光を見張って」（DE1, 1963〔野崎歓訳、『ミシェル・フーコー思考集成Ⅰ』三四〇―三四八頁〕、R・ラポルトをめぐって）、「隔たり・アスペクト・起源」（DE1, 1963〔中野知律訳、『ミシェル・フーコー思考集成Ⅰ』三五五―三七四頁〕、J＝L・ボードリ、M・プレネ、Ph・ソレルスをめぐって）、「恐怖の〈ヌーヴォー・ロマン〉」（DE1, 1963〔野崎歓訳、『ミシェル・フーコー思考集成Ⅰ』三七五―三七八頁〕、ジャン＝エデルン・アリエをめぐって）、「幻想の図書館」（DE1, 1964〔工藤庸子訳、『ミシェル・フーコー思考集成Ⅱ』一七―五九頁〕、G・フローベールをめぐって）(211)、「アクタイオーンの散文」（DE1, 1964〔豊崎光一訳、『ミシェル・フーコー思考集成Ⅱ』六〇―七六頁〕、P・クロソフスキーをめぐって）、「空間の言語」（DE1, 1964〔清水徹訳、『ミシェル・フーコー思考集成Ⅱ』一七三―一八二頁〕、R・ラポルト、J＝M＝G・ルクレジオ、C・オリエ、M・ビュトールをめぐって）、「なぜレーモン・ルーセルの作品が再刊されるのか

――我らが現代文学の先駆者」（DE1, 1964［鈴木雅雄訳、『ミシェル・フーコー思考集成Ⅱ』一九五―一九九頁］）、「血を流す言葉」（DE1, 1964［兼子正勝訳、『ミシェル・フーコー思考集成Ⅱ』二〇〇―二〇四頁］）、P・クロソフスキーをめぐって）、「J＝P・リシャールのマラルメ」（DE1, 1964［兼子正勝訳、『ミシェル・フーコー思考集成Ⅱ』二〇五―二一九頁］）、「書くことの義務」（DE1, 1964［兼子正勝訳、『ミシェル・フーコー思考集成Ⅱ』二二〇―二二一頁］、G・ド・ネルヴァルをめぐって）、「失われた現在を求めて」（DE1, 1966［兼子正勝訳、『ミシェル・フーコー思考集成Ⅱ』三一三―三一五頁］、J・チボードーをめぐって）、「物語の背後にあるもの」（DE1, 1966［竹内信夫訳、『ミシェル・フーコー思考集成Ⅱ』三一六―三二七頁］、J・ヴェルヌをめぐって）、「騒ぎはあるでしょう、が……」（DE2, 1970［西谷修訳、『ミシェル・フーコー思考集成Ⅲ』三〇九―三二六頁］、R・ルーセル、J＝P・ブリッセ、L・ウルフソンをめぐって）、「第七天使をめぐる七言」（DE2, 1970［豊崎光一、清水正訳、『ミシェル・フーコー思考集成Ⅲ』三九三―三九五頁］、P・ギヨタをめぐって）、「真理と裁判形態」（DE2, 1974［西谷修訳、『ミシェル・フーコー思考集成Ⅴ』九四―二二六頁］、ギリシア悲劇、とりわけソフォクレス『オイディプス王』に関する長い論述を含む）、「サド、性の法務官」（DE2, 1975［中澤信一訳、『ミシェル・フーコー思考集成Ⅴ』四六五―四七〇頁］）、「『マルグリット・デュラスについて』」（DE2, 1975［中澤信一訳、『ミシェル・フーコー思考集成Ⅴ』三八五―三九七頁］）、「ある情念のアルケオロジー」（DE4,

1984〔鈴木雅雄訳、『ミシェル・フーコー思考集成X』五四―六八頁〕、R・ルーセルをめぐって）。

より一般的なものとしては以下を参照

「言語の無限反復」（DE1, 1963〔野崎歓訳、『ミシェル・フーコー思考集成I』三二六―三三九頁〕、「一八世末における「羊のように群がる」言語の出現をめぐって）、「小説をめぐる討論」（DE1, 1964〔堀江敏幸訳、『ミシェル・フーコー思考集成II』七七―一四九頁〕、『テル・ケル』のメンバーたちとともに）、「詩をめぐる討論」（DE1, 1964〔堀江敏幸訳、『ミシェル・フーコー思考集成II』一五〇―一七二頁〕、テル・ケルのメンバーたちとともに）、「人間は死んだのか」（DE1, 1966〔根本美佐子訳、『ミシェル・フーコー思考集成II』三六六―三七二頁〕、文学に関するC・ボヌフォワによるインタヴュー）、「彼は二つの単語の間を泳ぐ人だった」（DE1, 1966〔松浦寿輝訳、『ミシェル・フーコー思考集成II』三八六―三九一頁〕、A・ブルトンに関するC・ボヌフォワによるインタヴュー）、「『ポール・ロワイヤルの文法』序文」（DE1, 1969〔井村順一訳、『ミシェル・フーコー思考集成III』一四五―一七一頁〕、ポール・ロワイヤルの言語学をめぐって）、「作者とは何か」（DE1, 1969〔清水徹・根本美作子訳、『ミシェル・フーコー思考集成III』二二三―二六六頁〕）、「言語学と社会科学」（DE1, 1969〔坂本佳子訳『ミシェル・フーコー思考集成III』二六七―二九二頁〕）、「文学・狂気・社会」（DE2,

1970〔清水徹・渡辺守章との対談、『ミシェル・フーコー思考集成Ⅲ』四三六―四六六頁〕）「エクリチュールの祭典」（DE2, 1975〔中澤信一訳、『ミシェル・フーコー思考集成Ⅴ』三四三―三四七頁〕）、「自己の書法」（DE4, 1983〔神崎繁訳、『ミシェル・フーコー思考集成Ⅸ』二七七―二九七頁〕）。(207)

ミシェル・フーコー略年譜

一九四六年：高等師範学校に入学。哲学と心理学の課程を受講
一九五七年：外務省職員としてスウェーデンに向かい、その後ポーランド、ドイツに赴任
一九六一年：『古典主義時代における狂気の歴史』
一九六三年：『臨床医学の誕生』
一九六六年：『言葉と物』
一九六九年：『知の考古学』
一九六九年：コレージュ・ド・フランス教授に選出
一九七一年—七二年：ピエール・ヴィダル＝ナケ、ジャン＝マリー・ドムナックとともに設立した監獄情報グループで活動
一九七六年—八四年：『性の歴史』（三巻）
一九九四年：『ミシェル・フーコー思考集成』（四巻）
一九九七年：コレージュ・ド・フランス講義出版開始

注

(1)［訳注］イギリスの作家マルカム・ラウリー（一九〇九―五七）が、一九四七年に発表した小説。火山を望むメキシコの街クアウナワクで、アルコールに溺れる英国領事ジェフリー・ファーミンが過ごした人生最後の一日を描く。

(2)［訳注］フランスの作家ジュリアン・グラック（一九一〇―二〇〇七）が、一九五一年に発表した小説。シルト海を隔てた敵国ファルゲスタンと三〇〇年にわたり膠着状態のまま対峙する都市国家オルセンナ共和国の前線要塞を舞台として、オルセンナが破局に向かう様子を描く。

(3)［訳注］フランスの作家ジャン・ドゥメリエ（一九四〇―）が、一九七一年に発表した小説。

(4)［訳注］トニー・デュヴェール（一九四五―二〇〇八）はフランスの作家。同性愛、小児性愛を扱った作品で知られ、代表作に『幻想の風景』がある。

(5) « La Fête de l'écriture, Entretien avec J. Almira et J. Le Marchand », *Le Quotidien de Paris*, n° 328, 25 avril 1975, p.13. Publié dans *Dits et écrits*, Daniel Defert , François Ewald et Jcques Lagrange（eds.）, Paris, Gallimard, 1994, vol 2, texte n°154.［「エクリチュールの祭典」中澤信一訳、『ミシェル・フーコー思考集成V』筑摩書房、二〇〇〇年、三四六頁。］［以下、邦訳のあるものについては、既訳を参照し、必要に応じて修正を加えた。］

(6) ジャック・アルミラは、哲学と古典文学の学士号を持つ作家であり、多くの長編小説、中編小説の作者である。彼は一九七五年、『ナウクラティスへの旅』（ガリマール社）でメディシス賞を受賞した。

（7）ジャン・ドゥメリエは、一九四〇年、ポワティエ生まれの作家、画家であり、サミュエル・ベケットとピエール・クロソウスキーの友人であった。彼は、『ヨブの夢』（パリ、ガリマール社、一九七一年）と『ヨナの微笑み』（パリ、ガリマール社、一九七五年）という最初に発表した二編の長編小説によって、批評界の認知を得た。

（8）« Vérité, pouvoir, et soi », *Dits et écrits, op. cit.*, vol. 4, texte n°362, p. 780［「真理、権力、自己」原和之訳、『ミシェル・フーコー思考集成X』筑摩書房、二〇〇二年、三一一頁］を参照。

（9）Philippe Artières, Jean-François Bert, Frédéric Gros et Judith Revel (éds.), *Cahier Foucault*, Paris, L'Herne, 2011［フィリップ・アルティエール、ジャン＝フランソワ・ベール、フレデリック・グロ、ジュディット・ルヴェル編『カイエ・フーコー』パリ、エルヌ、二〇一一年］に引用されたドゥニ・フーコーの証言。

（10）ユルム街の高等師範学校の司書で、作曲家ピエール・ブーレーズの兄弟。

（11）アリアンス・フランセーズの資料室に保存されていた資料による。この資料はウプサラ大学図書館で閲覧することができる。

（12）［訳注］マチュー・ランドン（一九五五―）は、フランスのジャーナリスト、作家。著名な編集者ジェローム・ランドンの息子であり、一九八〇年代以降は、『リベラシオン』誌でジャーナリストとして活動した。二〇一一年には、フーコーに捧げた小説『愛することの意味』でメディシス賞を受賞した。

(13)［訳注］エルヴェ・ギベール（一九五五―九一）は、フランスの作家、写真家。晩年のフーコーと親しく交友し、自らのＨＩＶ闘病を描いた小説『ぼくの命を救ってくれなかった友へ』には、フーコーをモデルにした人物も登場する。

(14) Daniel Defert, « Chronologie », *Dits et écrits*, *op. cit.*, vol. 1, p. 43.［ダニエル・ドフェール「年譜」石田英敬訳、『ミシェル・フーコー思考集成Ⅰ』筑摩書房、一九九八年、三二頁。］

(15) Alrette Farge et Michel Foucault, *Le désordre des familles. Lettres de cachet des archives de la Bastille*, Paris, Gallimard (coll. « Archives »), 1982.［アルレット・ファルジュ、ミシェル・フーコー『家族の混乱――バスティーユ古文書における封印状』パリ、ガリマール社（アルシーヴ叢書）、一九八二年。］

(16) « La vie des hommes infâmes » (1977), *Dits et écrits*, *op. cit.*, vol. 3, texte n°198, p. 252.［「汚辱に塗れた人々の生」丹生谷貴志訳、『ミシェル・フーコー思考集成Ⅵ』筑摩書房、二〇〇〇年、三三四頁。］

(17) « Archéologie d'une passion » (1983), *Dits et écrits*, *op. cit.*, vol 4, texte n°343, p. 599.［「ある情念のアルケオロジー」鈴木雅雄訳、『ミシェル・フーコー思考集成Ⅹ』筑摩書房、二〇〇二年、五四―五五頁。］

(18) 二四八―二五二頁にある、文学関連のフーコーの文献表を参照せよ。

(19) *Raymond Roussel*, Paris, Gallimard (Coll. « Le Chemin »), 1963.［『レーモン・ルーセル』豊崎光一訳、法政大学出版局、一九七五年。］

(20) « Dire et voir chez Raymond Roussel », *Lettre ouverte*, n°4, été 1962, repris dans *Dits et écrits*,

op. cit., vol. 1, texte n°10, p. 211.〔「ルーセルにおける言うことと見ること」鈴木雅雄訳、『ミシェル・フーコー思考集成Ⅰ』筑摩書房、一九九八年、二七四頁。〕強調は編者による。

(21) ルイス・ウルフソンは、一九三一年生まれのアメリカの作家であり、非常に若い頃から、統合失調症という診断を下されていた。フランス語で執筆されたウルフソンの著作『分裂症者と諸言語』は、ジル・ドゥルーズによる序文付きで、一九七〇年、ガリマール社から出版され、とりわけミシェル・フーコーのテクスト「第七天使をめぐる七言」(*Dits et écrits, op. cit.*, vol. 2, texte n°73, p. 13-25〔「第七天使をめぐる七言」豊崎光一、清水正訳、『ミシェル・フーコー思考集成Ⅲ』筑摩書房、一九九九年、三〇九—三二六頁〕)が示すように、批評界から大きな反響をもって迎えられた。

(22) ジャン゠ピエール・ブリッセ(一八三七—一九一九)は、菓子職人、文法家、作家、アンジェ駅保安員であり、〈思想界の第一人者〉に選出され、パタフィジック万年暦の聖人となった。アンドレ・ブルトン、ジュール・ロマン、レーモン・クノー、ミシェル・フーコーは、ブリッセの著作の注意深い読者となった。ミシェル・フーコーは、「第七天使をめぐる七言」という序論(*Dits et écrits*, art. cité〔前掲翻訳〕)を付けて、*La grammaire logique* (Paris, Tchou, 1970)〔『論理的文法』(パリ、チュウ社、一九七〇年)〕を再刊した。

(23) 〔訳注〕「戦闘のとどろき」は、フーコーがGIPで活動を背景として執筆した著作『監獄の誕生』を結ぶ言葉である。Cf. Michel Foucault, *Surveiller et punir*, *Œuvres II*, Paris, Gallimard, 2015, p. 612.〔『監獄の誕生』田村俶訳、新潮社、一九七七年、三〇八頁。〕

(24) 〔訳注〕フランス語原著では「言語と狂気」となっているが表記ミスと思われるため修正した。

(25) 〔訳注〕一七世紀フランスを代表する劇作家ピエール・コルネイユ(一六〇五—八四)が一六二

九年に発表した喜劇。友人であるティルシスに恋人のメリットを奪われたエラストは、偽手紙によって二人に報復を試みる。しかしその結果、恋人のメリットが自死してしまったと誤解したエルストは動揺し、狂乱に陥る。フーコーは、『狂気の歴史』第一部第一章「《阿呆船》」においても、この作品に言及していた。Cf. Michel Foucault, *Histoire de la folie à l'âge classique*, *Œuvres I*, Paris, Gallimard, 2015, p. 49-52.［『狂気の歴史』田村俶訳、新潮社、一九七五年、五三―五六頁。］

(26) ピエール・ジャネは『不安から恍惚へ』において、マルシャルという偽名を用いてルーセルの症例について言及している。マルシャルとは、レーモン・ルーセルの著名な小説であり、戯曲にもなった『ロクス・ソルス』の主要登場人物の名前である。Pierre Janet, *De l'angoisse à l'extase. Études sur les croyances et les sentiments*, Paris, Alcan, vol. 1: « Un délire religieux. La croyance », 1926, vol. 2 : « Les sentiments fondamentaux », 1928［ピエール・ジャネ『不安から恍惚へ――信仰と感情に関する研究』、パリ、アルカン、第一巻『宗教的妄想：信仰』一九二六年、第二巻『根本的諸感情』一九二八年］（編者注）。

(27)［訳注］アンリ・ミショー（一八九九―一九八四）は、フランスの詩人、画家。メスカリンをはじめとする幻覚剤を実験的に用いつつ、詩や絵画を創作した。ミショーによるメスカリン体験は、『みじめな奇蹟』、『荒れ騒ぐ無限』、『砕け散るものの中の平和』、『深淵による認識』といった作品に結実した。

(28)［訳注］アラン（一八六二―一九五一）は、フランスの哲学者。アランはペンネームであり、本名はエミール＝オーギュスト・シャルティエ。『幸福論』を代表とする哲学的随筆によって知られる。『芸術の体系』といった芸術論も執筆した。長年にわたってアンリ四世高等中学校で哲学を教え、シモーヌ・ヴェイユやジョルジュ・カンギレムといった教え子たちに大きな影響を与えた。

(29)［訳注］ニーチェは、一八七二年に刊行された著作『悲劇の誕生』において、ギリシア悲劇のうちに、個体化の原理であるアポロン的なものと、そうした個体化を打ち破るディオニュソス的なものの相克を見いだした。フーコーは、一九五〇年代からニーチェの影響を受けつつ自らの仕事を進めており、一九六一年に出版された『狂気の歴史』初版への序文では、この著作の企図について、「この研究は、ニーチェの偉大な探究の太陽のもとに、歴史のもろもろの弁証法を悲劇的なものの不動の諸構造と突き合わせてみることを目指すものなのだ」と述べている。Cf. Michel Foucault, « Préface » (1961), *Dits et écrits, op. cit.*, vol. 1, texte n°4, p. 162.［「『狂気の歴史』初版への序」石田英敬訳、『ミシェル・フーコー思考集成I』筑摩書房、一九九八年、一九七頁。］

(30)［訳注］フーコーは、『狂気の歴史』第一部第一章「《阿呆船》」においてシェイクスピア『リア王』について言及しているが、この箇所でより詳しく分析されているシェイクスピア作品は『マクベス』である。Cf. Michel Foucault, *Histoire de la folie à l'âge classique*, *Œuvres I*, *op. cit.*, p. 47.［『狂気の歴史』前掲邦訳、五二頁。］

(31) William Shakespeare, *Le Roi Lear*, acte III, scène 2, trad. de Pierre Leyris et Elizabeth Holland, dans *Œuvres complètes*, t. 2, Paris, Gallimard (coll. « Bibliothèque de la Pléiade »), 1959, © Éditions Gallimard［ウィリアム・シェイクスピア『リア王』第三幕第二場、ピエール・レリス、エリザベト・オラン訳、『全集』第二巻、ガリマール社（プレイヤード叢書）、一九五九年、©ガリマール出版」（放送においてフーコーが使用した版）。［翻訳に際しては、ウィリアム・シェイクスピア『リア王』斎藤勇訳、岩波文庫、一九四八年、一二三―一二八頁を参照した。］

（32）［訳注］フーコーは、『狂気の歴史』第一部第一章「《阿呆船》」において、セルバンテス『ドン・キホーテ』におけるドン・キホーテの死の場面について分析している。Cf. Michel Foucault, *Histoire de la folie à l'âge classique*, *Œuvres I*, *op. cit.*, p. 50.［『狂気の歴史』前掲邦訳、五五頁。］

（33）役者が朗読した版は、本書に掲載したものではない。Miguel de Cervantès, *L'Ingénieux Hidalgo don Quichotte de la Manche*, « Comment don Quichotte tomba malade, du testament qu'il fit, et de sa mort », II, LXXIV, trad. de César Oudin et François Rosset, revue, corrigée et annotée par Jean Cassou, Gallimard (coll. « Bibliothèque de la Pléiade »), 1956 [1949], © Éditions Gallimard.［ミゲル・デ・セルバンテス『機知に富んだ郷士ドン・キホーテ・デ・ラ・マンチャ』「ドン・キホーテが病に倒れた次第、ならびに彼が口述した遺言書と彼の死について」第二部第七四章、セザール・ウダン、フランソワ・ロセ訳、ジャン・カスー校注、ガリマール社（プレイヤード叢書）、一九五六年［一九四九年］、©ガリマール出版。］［翻訳に際しては、『ドン・キホーテ後篇（三）』牛島信明訳、ワイド版岩波文庫、二〇一一年、四〇〇―四一三頁を参照した。］

（34）［訳注］フーコーは、『狂気の歴史』第一部第二章「大いなる閉じ込め」において、一七世紀半ば、パリをはじめヨーロッパ諸都市で行われた狂人の監禁について詳しく分析している。Cf. Michel Foucault, *Histoire de la folie à l'âge classique*, *Œuvres I*, *op. cit.*, 2015, p. 59-95.［『狂気の歴史』前掲邦訳、六八―九五頁。］

（35）Denis Diderot, *Le neveu de Rameau*, éd. par Jean Fabre, Genève-Lille, Droz-Giard, 1950［ドゥニ・ディドロ『ラモーの甥』ジャン・ファブル編、ジュネーヴ－リール、ドロズ－ジアール社、一九五〇年。］［翻訳に際しては、『ラモーの甥』本田喜代治、平岡昇訳、岩波文庫、一九六四年、一一九

―一一二頁を参照した。]

(36) [訳注] フーコーは、『狂気の歴史』第三部の序論で、ディドロ『ラモーの甥』について詳しく分析している。フーコーによれば、ディドロが描くラモーの甥は、「狂気と非理性が結合している最後の人物」であり、近代のとば口において、ラモーの甥がかろうじて体現していたような非理性の経験は、一九世紀末から二〇世紀初頭にかけて、狂気に陥った晩年のニーチェや、アルトーらによって引き継がれることになった。Cf. Michel Foucault, *Histoire de la folie à l'âge classique*, *Œuvres I*, *op. cit.*, p. 388-398. [『狂気の歴史』前掲邦訳、三六七―三七六頁。]

(37) [訳注] フーコーは、『狂気の歴史』第三部第五章「人間論的円環」において、狂気を人間学的な円環構造のうちに閉じ込める近代精神医学的な狂気経験を問いに付すような、非理性の経験を体現する芸術家として、ゴヤとならびサドの作品について論じている。Cf. *Ibid.*, p. 593-596. [同上、五五四―五五七頁。]

(38) [訳注] アントワーヌ=アタナーズ・ロワイエ=コラール(一七六八―一八二五)はフランスの医師であり、シャラントン精神病院の医長を務めた。フランス革命期の政治家として知られるピエール=ポール・ロワイエ=コラールは、彼の兄にあたる。

(39) [訳注] ジョゼフ・フーシェ(一七五九―一八二〇)は、フランスの政治家。ナポレオン体制下では警務大臣を務め、近代的な警察制度の基礎を作った。

(40) [訳注] フーコーは、『狂気の歴史』第一部第三章「感化院の世界」において、サドの処遇をめぐり、ロワイエ=コラールがフーシェに宛てたこの手紙について言及している。Cf. Michel Foucault, *Histoire de la folie à l'âge classique*, *Œuvres I*, *op. cit.*, p. 129-130. [『狂気の歴史』前掲邦訳、一二八

―一二九頁。〕

(41) 〔訳注〕フーコーは、『狂気の歴史』第三部第五章「人間論上の円環」においてアルトーに言及しつつ、狂気と作品の両立不可能性について語っている。Cf. *Ibid.*, p. 597-598.〔同上、五五七―五五八頁。〕

(42) 〔訳注〕ジャック・リヴィエール(一八八六―一九二五)は、フランスの文芸批評家。『新フランス評論』の編集長を務め、第一次世界大戦後のフランスの文壇において大きな影響力を持った。

(43) 〔訳注〕Antonin Artaud, *Correspondance avec Jacques Rivière, Œuvres complètes I*, Paris, Gallimard, 1976, p. 23-40.〔アントナン・アルトー『ジャック・リヴィエールとの往復書簡』粟津則雄訳、『神経の秤・冥府の臍』粟津則雄・清水徹編訳、現代思潮社、一九七一年、三二―五七頁。〕フーコーは、『狂気、言語、文学』に収録された草稿「文学と狂気〔バロック演劇とアルトーの演劇における狂気〕」においても、アルトーとリヴィエールの往復書簡について言及している。Cf. Michel Foucault, « La littérature et la folie [la folie dans le théâtre baroque et le théâtre d'Artaud] », *Folie, langage, littérature*, Paris, Vrin, 2019, p. 99-100.

(44) マリオ・ルスポリ(一九二五―八六)は、イタリア出身の映画監督、ドキュメンタリー作家、写真家、作家。主としてフランスで活動し、とりわけ一九六二年には、サン゠タルバン精神病院を頻繁に訪れて制作した映画『狂気についての眼差し』を発表した。

(45) 〔訳注〕フロイトが、ヨーゼフ・ブロイアーとともに執筆し、一八九五年に出版された著作『ヒステリー研究』に収録された「病歴A　エミー・フォン・N夫人」の症例の注には、許嫁であった親戚の若い男性と死別して以来、重篤な歩行障害をはじめとするヒステリー症状に苦しむことになった少女の症例が紹介されている。Cf. Sigmund Freud, Josef Breuer, *Studien über Hysterie, Gesammelte Werke*, I, Frankfurt am Main, S. Fischer, 1991, p. 156-157.［ジークムント・フロイト、ヨーゼフ・ブロイアー『ヒステリー研究』芝伸太郎訳、『フロイト全集二』岩波書店、二〇〇八年、一二五―一二七頁。］

（46）［訳注］高緯度地方や高山などで、高木が森林となって分布し得る限界線のこと。

（47）［訳注］ミシェル・レリス（一九〇一―一九九〇）は、フランスの詩人、作家、民族学者。一九二〇年代からシュルレアリスム運動に参加。一九三〇年代初頭には、民族学者として、ダカール＝ジブチ・アフリカ調査団に参加し、その折の日誌を一九三四年『幻のアフリカ』として刊行した。作家としての代表作は四巻からなる『ゲームの規則』であり、『抹消』はその第一巻である。レリスの父はレーモン・ルーセルの親しい友人であり、レリス自身もルーセルから大きな影響を受けた。フーコーは、『レーモン・ルーセル』において、レリスの『ゲームの規則』とルーセル作品の類縁性について指摘している。Cf. Michel Foucault, *Raymond Roussel, Œuvres I*, Paris, Gallimard, 2015.［『レーモン・ルーセル』豊崎光一訳、法政大学出版局、一九七五年、二五頁。］またフーコーは、『言葉と物』第一部第四章「語ること」において、「語の謎がそのずっしりとした存在においてふたたびあらわれたときに文学的な形をとった、一連の言語経験」を体現する作家として、マラルメ、ルーセル、ポンジュと並び、レリスに言及している。Cf. Michel Foucault, *Les Mots et les Choses, Œuvres I*, Paris, Gallimard, 2015, p. 1155.［『言葉と物』渡辺一民、佐々木明訳、新潮社、一九七四年、一二九頁。］

（48）Michel Leiris, *La règle du jeu*, t. 1 : « Biffures », Paris, Gallimard（coll. « L'imaginaire »）, 1991 [1948], © Éditions Gallimard.［ミシェル・レリス『ゲームの規則』第一巻『抹消』、パリ、©ガリマ

ール社（イマジネール叢書）、一九九一年〔一九四九年〕〕。〔翻訳に際しては、『ゲームの規則Ｉ　抹消』岡谷公二訳、平凡社、二〇一七年、四一－四三頁を参照した。〕

(49)　〔訳注〕主人公は、「À Billancourt《ア・ビヤンクール》」（ビヤンクールで）という単語から、それと類似した音をもつ「habillé en cours《アビエ・アン・クール》」（宮廷風の服装で）という単語を思い浮かべ、そこからさまざまな連想をめぐらせたのだが、もし場所を示す前置詞であるàなしの「Billancourt《ビヤンクール》」だけが問題になるならば、「habillé en cours《アビエ・アン・クール》」（宮廷風の服装で）との同音異義性は生じず、主人公がめぐらせた連想が働く余地はなくなるということ。

(50)　Pierre Antoine Augustin de Piis. *L'harmonie imitative de la langue française*, Impr. Ph.-D. Pierres, 1785.〔ピエール・アントワーヌ・オーギュスタン・ド・ピイ『フランス語の模倣的調和』、Ph.D. ピエール出版、一七八五年。〕

(51)　〔訳注〕セディーユとは、ラテン文字を用いるいくつかの言語において、特定の文字の下に付される区分記号。フランス語において、セディーユはｃの下に付されてçとなる。この場合çは［ｓ］と発音される。

(52)　〔訳注〕フランス語においては、ｅの後に子音が一つしか続かない場合、あるいはｅが文末に来た場合には、ｅは発音されないか、あるいは［ə］という弱い音で発音され、無音の子音の発音を補助する役割を果たす。

(53)　〔訳注〕フランス語において、ｈは発音されない。ｈが語頭に置かれた場合、多くの単語においては、ｈは発音されず、直前の子音と直後の母音との間でリエゾン〔前の語の語末の子音と次の語の語頭母音を連続して発音すること〕やエリジヨン〔母音字省略〕が発生する「無音のｈ」となるが、いくつかの単語においては、h自体は発音されないものの、直前の子音と直後の母音との間のリエゾンやエリジヨンが阻害される「有音のh」となる。

(54) [訳注]「受け入れてもらう」(s'introduire) という語において、iのあとにnが続くことを示すものと思われる。

(55) [訳注] calendes は古代ローマの暦の朔日を意味し、この日は負債の返済日であった。古代ギリシア暦には calendes の語がないことから、calendes grecques (ギリシアの calendes) は「ありもしない日」を意味し、「…を無期延期する」を意味する熟語 renvoyer *qc* aux calendes grecques で用いられる。ピイはこの箇所でcのかわりにkを用いて、calendes ではなく、Kalendes と表記している。

(56) [訳注] フランス語において、lとrは流音 (liquide) として発音される。流音とは、舌先を上顎に近づけ、その中間または両側から気息を通して発する子音で、この名称は古代ギリシア・ローマの文法家たちに由来する。

(57) [訳注] ピイのテクストの仏語原文は以下の通り。なおピエール・アントワーヌ・オーギュスタン・ド・ピイ(一七五五—一八三二)は、フランスの詩人、劇作家であり、ヴォードヴィル劇場の創設者としても知られる。

À l'aspect du Très-Haut sitôt qu'Adam parla,
Ce fut apparemment l'A qu'il articula.
Balbutié bientôt par le Bambin débile,

Le B semble bondir de sa bouche inhabile ;
D'abord il l'habitue au bon-soir, au bon-jour ;
Les baisers, les bonbons sont brigués tour à tour. [...]

Le C rival de l'S, avec une cédille,
Sans elle, au lieu du Q, dans tous nos mots fourmille,
De tous les objets creux il commence le nom ;
Une cave, une cuve, une chambre, un canon,
Une corbeille, un cœur, un coffre, une carrière, [...]

À décider son ton pour peu que le D tarde,
Il faut, contre les dents, que la langue le darde ;
Et déjà, de son droit, usant dans le discours,
Le dos tendu sans cesse, il décrit cent détours.

L'E s'évertue ensuite, élancé par l'haleine,
Chaque fois qu'on respire, il échappe sans peine ;
Et par notre idiome, heureusement traité,
Souvent, dans un seul mot, il se voit répété.

Mais c'est peu qu'il se coule aux syllabes complètes ;
Interprète caché des consonnes muettes,
Si l'une d'elles, seule, ose se promener,
Derrière ou devant elle on l'entend résonner. [...]

L'F en fureur frémit, frappe, froisse, fracasse ; [...]
Le fer lui doit sa force, elle fouille, elle fend ;
Elle enfante le feu, la flamme & la fumée,
Et féconde en frimas, au froid elle est formée ;
D'une étoffe qu'on froisse, elle fournit l'effet,
Et le frémissement de la fronde et du fouet.

Le G, plus gai, voit l'R accourir sur ses traces ;
C'est toujours à son gré que se groupent les grâces ;
Un jet de voix suffit pour engendrer le G ;
Il gémit quelquefois, dans la gorge engagé,
Et quelquefois à l'I dérobant sa figure,
En joutant à sa place, il jase, il joue, il jure ;
Mais son ton général qui gouverne partout,

Paraît bien moins gêné pour désigner le goût.

L'H, au fond du palais hasardant sa naissance,
Halète au haut des mots qui sont en sa puissance ;
Elle heurte, elle happe, elle hume, elle hait,
Quelquefois par honneur, timide, elle se tait.

L'I droit comme un piquet établit son empire ;
Il s'initie à l'N afin de s'introduire ;
Par l'I précipité le rire se trahit,
Et par l'I prolongé l'infortune gémit.

Le K partant jadis pour les Kalendes grecques,
Laissa le Q, le C, pour servir d'hypothèques ;
Et revenant chez nous, de vieillesse cassé,
Seulement à Kimper il se vit caressé.

Mais combien la seule L embellit la parole!
Lente elle coule ici, là légère elle vole ;

Le liquide des flots par elle est exprimé,
Elle polit le style après qu'on l'a limé ;
La voyelle se teint de sa couleur liante,
Se mêle-t-elle aux mots ? c'est une huile luisante
Qui mouille chaque phrase, et par son lénitif
Des consonnes, détruit le frottement rétif.

Ici l'M, à son tour, sur ses trois pieds chemine,
Et l'N à ses cotés sur deux pieds se dandine ;
L'M à mugir s'amuse, et meurt en s'enfermant,
L'N au fond de mon nez s'enfuit en résonnant ;
L'M aime à murmurer, L'N à nier s'obstine ;
L'N est propre à narguer, L'M est souvent mutine ;
L'M au milieu des mots marche avec majesté,
L'N unit la noblesse à la nécessité.

La bouche s'arrondit lorsque l'O doit éclore,
Et par force, on déploie un orange sonore,
Lorsque l'étonnement, conçu dans le cerveau,

Se provoque à sortir par cet accent nouveau.
Le cercle lui donna sa forme originale,
Il convient à l'orbite aussi bien qu'à l'ovale ;
On ne saurait l'ôter lorsqu'il s'agit d'ouvrir,
Et sitôt qu'il ordonne il se fait obéir.［...］

（58）ジャン＝ピエール・ブリッセについては、ミシェル・フーコー「第七天使をめぐる七言」（*Dits et écrits, op. cit.*, vol. 2, texte n°73, p. 13-25［「第七天使をめぐる七言」『ミシェル・フーコー思考集成Ⅲ』前掲邦訳、二〇九―二二六頁］を参照。

（59）Jean-Pierre Brisset, *La science de Dieu, ou la création de l'homme*, dans *Œuvres complètes*, préf. et éd. par Marc Décimo, Dijon, Les Presses du Réel (coll. « L'Écart absolu »), 2001.［ジャン＝ピエール・ブリッセ『神の学、あるいは人間の創造』、『全集』所収、マルク・デシモ編集・序論、ディジョン、レエル出版（「エカール・アブソリュ」叢書）、二〇〇一年。］

（60）［訳注］言語の恣意性と言語の有縁性をめぐるこうした対立は、プラトン『クラテュロス』以来、西欧において長きにわたって論じられてきた。言語の恣意性を主張するヘルモゲネス主義と、言語の有縁性を強調するクラテュロス主義との間の論争の系譜については、以下を参照。Cf. Gérard Genette, *Mimologiques. Voyage en Cratylie*, Paris, Seuil, 1976.［ジェラール・ジュネット『ミモロジック――言語的模倣論またはクラテュロスのもとへの旅』花輪光監訳、書肆風の薔薇、一九九一年。］

（61）［訳注］ジャン・タルデュー（一九〇三―一九九五）は、フランスの詩人・劇作家。不条理演劇や言葉遊びや地口を駆使した実験的な試作によって知られる。

(62) Jean Tardieu, *La Comédie du langage*, « Un mot pour un autre » [1951], dans *Œuvres*, éd. par Jean-Yves Debreuille, Alix Thurolla-Tardieu et Delphine Hautois, préf. par Gérard Macé, Paris, Gallimard (coll. « Quarto »), 2003, © Éditions Gallimard. [ジャン・タルデュー『言語の喜劇』、「言葉に別の言葉を」[一九五一年]、『著作集』、ジャン＝イヴ・ドゥブルイユ、アリックス・テュロラ＝タルデュー、デルフィーヌ・オトワ編、ジェラール・マセ序文、パリ、ガリマール(クゥアルト叢書)、二〇〇三年、©ガリマール出版。]

(63) Michel Leiris, *Bagatelles végétales*, Paris, Jean Aubier, 1956, repris dans Michel Leiris, *Mots sans mémoire* [1969], Paris, Gallimard (coll. « L'Imaginaire »), 1998, © Éditions Gallimard. [ミシェル・レリス『植物的な些末事』、パリ、ジャン・オービエ、一九五六年、ミシェル・レリス『記憶なき言葉』[一九六九年] パリ、ガリマール(イマジネール叢書)、一九九八年、©ガリマール出版に再録。]

(64) [訳注] レリスのテクストの仏語原文は以下の通り。

Adages de Jade :
Apprends à parier pour la pure apparence.
Idées, édits. Édifier, déifier.
La manne des mânes tombe des tombes.
L'âtre est un être, les chaises sont des choses.
Le sang est la sente du temps. L'ivresse est le rêve et

l'ivraie des viscères.
Ne rien renier. Deviner le devenir.
Pense au temps, aux taupes, et à ton impotence, pantin !
[…]
Âme,
mal amical,
lac à l'écume immaculée.
Angoissants gants de soie…
[…]
Après le vent, l'apprêt d'envol vers le levant.
Armes amères. Artillerie artérielle, écartelée
d'écarlate.
[…]
Asile aisé des ailes. Alizés alliacés.
[]
Aux dais rares des rois, dorure d'aurore.
Avril livra sa vrille. Folioles en folie, ciels en liesse.
Libres, il brille…
Bagatelles végétales ? Bacilles des syllabes, radicelles

ridicules.

[...]

Cadavres : cadres et canevas en vrac, carcasses à crasse, cortège et sortilèges de cartilages.

Centaure torrentiel, un ange nage dans le fleuve veuf.

Cercles de crécelles et gaies épées des guêpes.

[...]

Cœur creux, givre frigide.

Copuler saouls sous la coupole.

[...]

Poème : problème rebelle, herbe et ailes (ailes de plume et de peau, enveloppées dans leur envol).

Présente et perçante, que l'amour te laboure !

[...]

Veines vineuses, avenues de venin : Venise ?

Venez, nids vénériens et vénérés, au niveau de nos

nœuds vénéneux !

[...]

Vertige, gîte rêvé ? Vampire ou strige, vestiges

vaporeux, apparences à pas rances...
Vie ivre de vide. Vécue et cuvée, de vacarme en
caverne.
[...]
Voûtes touffues, rameaux remuants, branches basses :
nervures nouvelles pour la vue.

(65) 一九二四年一月二九日付けで、アントナン・アルトーがジャック・リヴィエールに宛てた書簡の追伸。

(66) [訳注]『文学とは何か?』は、一九四七年に出版されたサルトルの著作のタイトル。この著作においてサルトルは、文学作品とは読者に対する作者の呼びかけであると規定した。さらにサルトルは、作家は具体的な歴史的状況に立脚しつつ、読者に対して現代社会の問題が抱える問題を突きつけ、そうした問題をより普遍的な方向で解決するよう動機付けなければならないと論じた。こうした議論を通じてサルトルは、アンガージュマンの文学という観点を提示した。Cf. Jean-Paul Sartre, *Situations, II: Qu'est-ce que la littérature?*, Paris, Gallimard, 1948. [ジャン゠ポール・サルトル『サルトル全集』第九巻、加藤周一、白井健三郎訳、人文書院、一九六五年。]

(67) フーコーによる講演のタイプ原稿が解読不能なため、ここでは手稿を参照する。

(68) [訳注] フランソワ゠ルネ・ド・シャトーブリアン(一七六八―一八四八)は、フランスの作家、政治家。フランス・ロマン主義の先駆者として知られる。貴族の家に生まれたシャトーブリアンは、ランス革命後イギリスに亡命し、『革命試論』や『キリスト教精髄』を執筆し、文名を得た。フランス帰国後は政治家としても活躍し、ルイ一八世の治世下では国務大臣も務めた。
(69) [訳注] アンヌ・ルイーズ・ジェルメーヌ・ド・スタール(一七六六―一八一七)は、フランスの作家、批評家。ルイ一六世治世下で財務総監を務めた銀行家ネッケルの娘として生まれ、スタール男爵と結婚。ナポレオンを批判したことで迫害を受け、ドイツに亡命し、ナポレオン退位後、フランスに帰国する。『ドイツ論』では、ゲーテやシラーといったドイツ文学をフランスに紹介し、フランス・ロマン主義の形成に大きな影響を与えた。
(70) ジャン=フランソワ・ラ・アルプ(一七三九―一八〇三)は、スイス出身のフランスの作家、劇作家、批評家。博識であり、強固な反教権主義者であった。
(71) [訳注]「寓話」、「話」を意味するファーブル(fable)の語源は、「話す」を意味するラテン語fariであり、そのためファーブルは、「いわく言い難いもの」(ineffable)に対する一種の対義語になっている。フーコーは、ジュール・ヴェルヌについて論じた一九六六年の論文「物語の背後にあるもの」において、物語を構成する二つの側面として、ファーブルとフィクションを取り上げ、両者を区別している。フーコーによれば、ファーブルとは、語られているもののことであり、これに対してフィクションとは、物語を語る、さまざまな語り方の様態のことである。Cf. Michel Foucault, « L'arrière-fable » (1966), *Dits et écrits*, *op. cit.*, vol. 1, texte n°36, p. 506-513.[「物語の背後にあるもの」竹内信夫訳、『ミシェル・フーコー思考集成Ⅱ』筑摩書房、一九九九年、三一六―三二七頁。]
(72) フーコーによる講演のタイプ原稿が解読不能なため、ここでは手稿を参照する。
(73) [訳注] ここでフーコーが言及しているのは、一七世紀末から一八世紀初頭にかけて、フランス文壇を二分する形で展開された新旧論争である。同時代のフランスの文芸作品が、古代ギリシア・ローマの古典的な文芸作品に比肩するものであるばかりか、場合によってはそれらに優越すると論じたシャルル・ペローら近代派に対して、古典古代を絶対的な範とするボワローら古代派が反発することで展開した新旧論争は、文芸のみならず、他の芸術や諸学問に関しても、古代と近代の優劣を問う一大論争へと発展した。

(74) [訳注] ピエール・ド・マリヴォー（一六八八―一七六三）は、フランスの劇作家、小説家。恋愛を主題とした喜劇作品によって知られる。代表作に『愛と偶然の戯れ』がある。

(75) [訳注] ボーマルシェ（一七三二―一九九）はフランスの劇作家。床屋のフィガロを主人公とするフィガロ三部作『セビリアの理髪師』、『フィガロの結婚』、『罪ある母』で知られ、マリヴォーと並んで一八世紀を代表する古典喜劇作家として評価されている。

(76) [訳注]『サン・マルコ大聖堂の描写』は、フランスの小説家ミシェル・ビュトール（一九二六―二〇〇六）が、一九六三年に発表した小説。サン・マルコ大聖堂の描写に、観光客の会話の断片が入り混じるという特異な構成を持っている。フーコーは、一九六四年の論文「空間の言語」においてこの小説を取り上げている。Cf. Michel Foucault, « Le langage de l'espace» (1964), *Dits et écrits*, *op. cit.*, vol. 1, texte n°24, p. 411-412. [「空間の言語」清水徹訳、『ミシェル・フーコー思考集成Ⅱ』筑摩書房、一九九九年、一七九―一八〇頁。] また『知の考古学』においても、書物の物質的統一性について問題化する際にこの小説に言及している。Cf. Michel Foucault, *L'Archéologie du savoir*, *Œuvres II*, Paris, Gallimard, 2015, p. 22. [『知の考古学』慎改康之訳、河出文庫、二〇一二年、四七頁。]

(77) [訳注] 新聞紙や包装紙、写真などの紙片を、キャンバスや台紙に貼り付けるコラージュの技法。

キュビズム期のパブロ・ピカソやジョルジュ・ブラックらによって好んで用いられた。
(78) [訳注] フーコーは、一九六三年のバタイユ論「侵犯への序言」において、サドに端を発し、バタイユによって引き継がれた、限界経験としての侵犯の経験について詳しく論じている。Cf. Michel Foucault, « Préface à la transgression » (1963), *Dits et écrits, op. cit.*, vol. 1, texte n°13, p. 233-250. [「侵犯への序言」西谷修訳、『ミシェル・フーコー思考集成I』筑摩書房、一九九八年、三〇四—三二五頁。]
(79) [訳注] フーコーは、文学と図書館の関わりについて、フローベールの小説『聖アントワーヌの誘惑』を扱った一九六四年の論文「幻想の図書館」で詳細に論じている。Cf. Michel Foucault, « (Sans titre) » (1964), *Dits et écrits, op. cit.*, vol. 1, texte n°20, p. 293-325. [「幻想の図書館」工藤庸子訳、『ミシェル・フーコー思考集成II』筑摩書房、一九九九年、一七—五九頁。]
(80) [訳注] サドが彼以前に書かれた書物を反復しつつ、それらの書物を不可能にすることで、厳密な意味における文学を創始したという点についてフーコーは、一九六三年に発表した論文「言語の無限反復」において論じている。Cf. Michel Foucault, « Le langage à l'infini » (1965), *Dits et écrits, op. cit.*, vol. 1, texte n°14, p. 255-257. [「言語の無限反復」野崎歓訳、『ミシェル・フーコー思考集成I』筑摩書房、一九九八年、三三二—三三五頁。]
(81) [訳注] サドの『新ジュスティーヌ』は一七九七年に、シャトーブリアンの『アタラ』は一八〇一年に出版されている。
(82) [訳注] オイディプスと母であるイオカステーの近親相姦については、ソフォクレス『オイディプス王』を参照。オルフェウスが亡き妻エウリュディケーを取り戻すために行った冥府下りについては、オウィディウス『変身物語』を参照。オルフェウスの冥府下りについては、モーリス・ブランショが、『文学空間』をはじめとする著作において、文学的経験の範型として繰り返し取り上げており、フーコーも一九六六年のブランショ論「外の思考」において、そのことに言及している。Cf. Michel Foucault, « La pensée du dehors » (1966), *Dits et écrits, op. cit.*, vol. 1 texte n°38, p. 532-534.［「外の思考」豊崎光一訳『ミシェル・フーコー思考集成Ⅱ』、筑摩書房、一九九九年、三五三―三五六頁。］

(83)［訳注］ロラン・バルトは、一九五三年に刊行された『エクリチュールの零度』において、同時代の著作家たちに共通の規則や慣習の集合であるラング、著作家の身体や過去の個人的神話から生じる文体の両者から区別される、文学のもう一つの形式的現実をエクリチュールと呼んでいる。バルトは、サルトルの『文学とは何か』を参照しつつ、エクリチュールとは、人間的な行動の選択であり、歴史に対する著作家のアンガージュマンの場であると論じた。Cf. Roland Barthes, *Le Degré zéro de l'écriture*, Paris, Seuil, 1953.［ロラン・バルト『エクリチュールの零度』森本和夫、林好雄訳註、ちくま学芸文庫、一九九九年。］

(84)［訳注］フーコーは、『言葉と物』第一部第四章「語ること」において、古典主義時代における言語の転移機能について論じる際に、修辞学について論じている。Cf. Michel Foucault, *Les Mots et les Choses*, *Œuvres I*, *op. cit.*, p. 1163-1169.［『言葉と物』前掲邦訳、一三六―一四二頁。］

(85)［訳注］フーコーは、一九六三年に発表した論文「言語の無限反復」においても、一八世末に誕生した文学と古典的な修辞学とを対比している。Cf. Michel Foucault, « Le langage à l'infini » (1963), *Dits et écrits, op. cit.*, vol. 1, texte n°14, p. 260-261.［「言語の無限反復」『ミシェル・フーコー思考集成Ⅰ』前掲邦訳、三三七―三三九頁。］

(86) ドストエフスキーは、小説『二重人格』において、フーコーにとって重要なこの分身というテーマをまさしく探求している。そのためフーコーは、ジャン・ドアの「言葉の用法」という番組の、一九六三年一月二八日に放送された「身体とその分身」と題されたラジオ放送において、このテクストの長い抜粋を使用している。

(87) [訳注] フーコーが念頭においているのは、ドストエフスキーの小説『二重人格』第五章である。小説の主人公である九等文官ゴリャートキン氏は、招かれざる客として闖入したパーティからの帰り道、自分自身に瓜二つの分身に出会い、驚愕する。Cf. Ф. М. Достоевский, *Двойник*, *Полное собрание сочинений и писем*, Том1, Наука, 2013, p. 160-167. [ドストエフスキー『二重人格』小沼文彦訳、岩波文庫、一九五四年、八〇—九四頁。]

(88) [訳注] フーコーは、クロソウスキーについて論じた一九六四年の論文「アクタイオーンの散文」において、模造品や幻影を意味するこのシミュラークルという概念について詳しく論じ、クロソウスキーの文学や思索の中心をなすものとして位置づけていた。Cf. Michel Foucault, « La prose d'Actéon » (1964), *Dits et écrits*, *op. cit.*, vol. 1, texte n°21, p. 326-337. [「アクタイオーンの散文」豊崎光一訳、『ミシェル・フーコー思考集成Ⅱ』筑摩書房、一九九九年、六〇—七六頁。]

(89) [訳注] フーコーは「アクタイオーンの散文」において、文学の存在は、分身の空間、模造の空洞に関わるものであると論じていた。Cf. *Ibid.*, p. 337. [同上、七六頁。]

(90) [訳注]『失われた時を求めて』第七篇「見出された時」の最終部において、社交生活を離れて、病の床についた話者は、死の脅威にさらされつつ、自分がこれまで生きてきた人生を一つの書物の中で現実化するため、書物の制作に着手する。『失われた時を求めて』のこうした結末は、第一篇「スワン家のほうへ」へと円環的に回帰するという構造を持っている。
(91) [訳注]『墓の彼方からの回想』は、シャトーブリアンの自伝。ナポレオン帝政期にあった一八一一年から自伝を執筆し始めたシャトーブリアンは、一八三〇年に自身が政界を引退した後はこの自伝の執筆に専念し、死の直前まで手を加えた。『墓の彼方からの回想』と題されたこの自伝は、シャトーブリアンの死後間もない一八四八年から一八五〇年にかけて『プレス』紙に掲載された。
(92) [訳注] セルバンテスの『ドン・キホーテ』後篇は、前篇がすでに出版されているという設定で執筆されており、作中で登場人物たちが前篇について言及したり、批評したりするというメタフィクション的な構造を持っている。なお、『ドン・キホーテ』が持つシュミラークル的な特質については、フランスの批評家マルト・ロベールが一九六三年に出版した著作『古きものと新しきもの——ドン・キホーテから新しきもの』において詳しく論じている。Cf. Marthe Robert, *L'ancien et le nouveau*, Paris, Grasset, 1963, p. 17-51. [マルト・ロベール『古きものと新しきもの』城山良彦、島利雄、円子千代訳、法政大学出版局、一九七三年、一一一四六頁。] フーコーは、一九六三年の論文「隔たり・アスペクト・起源」においてロベールの著作に言及し、高く評価している。Cf. Michel Foucault, «Distance, aspect, origine» (1963), *Dits et écrits*, *op. cit.*, vol. 1, texte n°17, p. 278. [「隔たり・アスペクト・起源」中野知律訳、『ミシェル・フーコー思考集成I』筑摩書房、一九九八年、三六四—三六五頁。]
(93) [訳注]『運命論者ジャックとその主人』は、ドニ・ディドロが執筆し、死後に出版された小説。ジャックとその主人が、旅の途上でさまざまな事件に遭遇し、二人の間で脱線的な物語や会話が語られていく。この小説を執筆するにあたってディドロは、イギリスの作家ローレンス・スターンの小説

『トリストラム・シャンディ』から影響を受けたとされる。Cf. Denis Diderot, *Jacques le fataliste et son maître*, *Œuvres*, Paris, Gallimard, 1951, p. 475-711. ［ドニ・ディドロ『運命論者ジャックとその主人』王寺賢太、田口卓臣、白水社、二〇〇六年。］

(94) フーコーは準備段階の手稿で〈入れ子状の物語〉と書いている。

(95) ［訳注］フーコーは、『知の考古学』において言説的統一性について論じる際に、ジョイスの『ユリシーズ』が、それが依拠したホメロスの『オデュッセイア』から区別される仕方について言及している。Cf. Michel Foucault, *L'Archéologie du savoir*, *Œuvres II*, *op. cit.*, p. 23. ［『知の考古学』前掲邦訳、四七頁。］

(96) ［訳注］ジョージ・バークリー（一六八五―一七五三）は、アイルランドの哲学者・聖職者。代表作に『人知原理論』がある。知覚一元論を唱え、「存在するとは知覚することである」という言葉で知られる。バークリーは、イギリスの哲学者ジョン・ロックが『人間知性論』の最終章において、自然学や倫理学とは区別される第三の学問領域として提示した記号説を継承し、自然的記号としての観念と、人為的記号としての言語について考察した。フーコーは、『言葉と物』第一部第三章「表象すること」において、ロックやバークリー、そして彼らの議論を引き継いだコンディヤックら一八世紀フランスの哲学者たちによる記号説について分析している。Cf. Michel Foucault, *Les Mots et les Choses*, *Œuvres I*, *op. cit.*, p. 1092-1125. ［『言葉と物』前掲邦訳、七一―一〇一頁。］

(97) ［訳注］マラルメは、一八九五年に出版された「書物、精神の楽器」の冒頭において、「この世界において、すべては、一巻の書物に帰着するために存在する」(Stéphane Mallarmé, « Quant au livre », *Œuvres complètes*, Paris, Gallimard, 1945, p. 378 ［ステファヌ・マラルメ「書物はといえば」

松室三郎訳、『マラルメ全集Ⅱ』筑摩書房、一九八九年、二六三頁〕）と語っている。マラルメは生涯にわたって絶対的な〈書物〉を執筆するという構想を抱いていた。フーコーは『言葉と物』第二部第九章「人間とその分身」において、語る主体の消失と関連づけてマラルメの〈書物〉に言及している。Cf. Michel Foucault, *Les Mots et les choses*, *Œuvres I*, *op. cit.*, p. 1368.〔『言葉と物』前掲邦訳、三二五頁。〕

(98)〔訳注〕フーコーは、『言葉と物』第一部第三章「表象すること」において、古典主義時代のエピステーメとしての表象について論じている。Cf. *Ibid.*, p. 1092–1125.〔『言葉と物』前掲邦訳、七一―一〇一頁。〕

(99)〔訳注〕フーコーは一九六三年の論文「言語の無限反復」において、一八世紀末に文学を成立させたものとは、言語の無限反復という事態であったと論じている。Cf. Michel Foucault, « Le langage à l'infini » (1963), *Dits et écrits*, *op. cit.*, vol. 1, texte n° 14, p. 250–261.〔「言語の無限反復」『ミシェル・フーコー思考集成Ｉ』前掲邦訳、三二六―三三九頁。〕

(100) シャルル＝オーギュスト・サント＝ブーヴ（一八〇四―六九）は、文芸批評家であり、様式化された方法を用い、作者の伝記という観点から文学作品を論じる手法によって高名だった。『サント＝ブーヴに反論する』においてプルーストは、こうした観点に対して反旗を翻した。プルーストは、たとえ作品から得られた見方が、時として作者の生に関して情報を与えることがあったとしても、その逆はないと論じた。

(101)〔訳注〕フーコーは『狂気、言語、文学』に収録された草稿「文学分析の新たな方法」において、批評的人間の典型としてサント＝ブーヴ、サシ、ブリュンティエール、ティボーデの名を挙げつつ、そうした批評的人間が一九六〇年代当時消滅しつつあると論じていた。Cf. Michel Foucault, « Les nouvelles méthodes d'analyse littéraire », *Folie, langage, littérature, op. cit.*, p. 133.

(102) [訳注] ルネ・シャール(一九〇七—八八)は、フランスの詩人。若い頃からシュルレアリスム運動に参加。第二次世界大戦中はレジスタンス運動の闘士として活躍した。断章形式や格言調を用いた難解な詩で知られ、ハイデガーをはじめとする哲学者たちとも交友した。フーコーは若くからシャールの作品を好み、『狂気の歴史』をはじめとする自らの著作においてシャールの詩を引用している。

(103) [訳注] フランシス・ポンジュ(一八九九—一九八八)は、フランスの詩人。一九四二年に出版した詩集『物の味方』が、サルトルやカミュの称賛を受け、以後詩壇で活躍した。人間的主観性を排し、事物の世界を客観的に描写するポンジュの詩は、ヌーヴォー・ロマンの先駆とも呼ばれ、ソレルスらテル・ケル派にも影響を与えた。フーコーは『言葉と物』第一部第三章「語ること」において、マラルメ、ルーセル、レリスと並び、ポンジュに言及している。Cf. Michel Foucault, *Les Mots et les Choses*, *Œuvres I, op. cit.*, p. 1155.[『言葉と物』前掲邦訳、一二九頁。]『狂気、言語、文学』に収録された草稿「文学分析の新たな方法」においては、二〇世紀に登場した、言語それ自体から出発して自らを構成する文学の代表例として、ジョイスとならびポンジュに言及している。Cf. Michel Foucault, « Les nouvelles méthodes d'analyse littéraire », *Folie, langage, littérature, op. cit.*, p. 147.

(104) [訳注] これら文芸批評の諸方法に関しては、以下を参照。Cf. Jean-Yves Tadié, *La Critique littéraire au XXe siècle*, Paris, Belfond, 1987.[ジャン゠イヴ・タディエ『二十世紀の文学批評』西永良成、山本伸一、朝倉史博訳、大修館書店、一九九三年。]

(105) ロマーン・ヤコブソン(一八九六—一九八二)はロシアの言語学者であり、フェルディナン・

ド・ソシュールの読者でもあった。ヤコブソンは、言語学に豊かな広がりを与え、なかんずく言語学を構造主義の母胎とした。

(106)〔訳注〕ヤコブソンは、一九五六年に発表された論考「言語の問題としてのメタ言語」において、ポーランドの論理学者アルフレッド・タルスキにならい、対象言語とメタ言語という区別を導入している。対象言語とは、言語そのものの外にある事項について語る言語であるのに対して、メタ言語とは、言語コード自体について語るための言語である。ヤコブソンはメタ言語という概念を、「言語の二つの面と失語症の二つのタイプ」（一九五六年）や「言語学と詩学」（一九六〇年）といった著名な論文においても用いている。Cf. Roman Jakobson, “Metalanguage as Linguistic Problem”, *Selected Writings*, vol. 7, Berlin, Mouton Publishers, 1985, p. 113-121.〔ローマン・ヤコブソン「言語学の問題としてのメタ言語」、『言語とメタ言語』池上嘉彦、山中桂一訳、勁草書房、一〇一―一一六頁。〕Roman Jakobson, *Essais de linguistique générale*, trad. de Nicolas Ruwet, Paris, Les Éditions de Minuit, 1963.〔ロマーン・ヤーコブソン『一般言語学』川本茂雄監修、みすず書房、一九七三年。〕

(107)〔訳注〕フーコーは、一九六四年に発表した論文「狂気、作品の不在」において、所与のコードに従わない秘教的な言語という観点から、狂気の言語と文学の言語の類縁性について指摘している。Cf. Michel Foucault, « La folie, l'absence d'œuvre » (1964), *Dits et écrits*, *op. cit.*, vol. 1, texte n°25, p. 412-420.〔「狂気、作品の不在」石田英敬訳、『ミシェル・フーコー思考集成Ⅱ』筑摩書房、一九九九年、一八三―一九四頁。〕

(108)〔訳注〕フーコーは、一九六七年にチュニジアで行った講演「構造主義と文学分析」において、『失われた時を求めて』のこの有名な冒頭の一節が、プルーストの著作に見いだされる場合と、ブールヴァール劇の台詞として語られた場合の差異について論じている。この際フーコーは、プルーストのこの一節を「長い時にわたって、私は遅くに寝たものだ」(Longtemps, je me suis couché tard)と誤った形で引用している。Cf. Michel Foucault, «Structuralisme et analyse littéraire», *Folie, langage, littérature, op. cit.*, p. 193.

(109) フーコーの講演の手稿には以下のように書かれている。「任意のパロール(「昨日、私は早くから寝たものだ」)と「長い時にわたって、私は早くから寝たものだ」という文章の違いは、二番目の文章の方がより美的であり、より装飾的である点にあるわけではありません。両者の違いは、後者の文章が発せられた瞬間に、ある種のリスクがひっそりと(あらゆる可視的な現れ以下のところで)引き受けられて、このような形で始められたパロール全体は、おそらく言語学的なコードには従わないということです。」

(110) [訳注] フーコーは『言葉と物』第二部第十章「人文諸科学」において、ソシュール以後の言語学とマラルメ以後の文学において、言語の存在という問題が前景化していると指摘している。Cf. Michel Foucault, *Les Mots et les Choses*, *Œuvres I*, *op. cit.*, p. 1452-1454.〔『言葉と物』前掲邦訳、四〇四—四〇六頁。〕一九六六年に発表されたブランショ論「外の思考」においてもフーコーは、言語の存在という問題について論じている。Cf. Michel Foucault, « La pensée du dehors » (1966), *Dits et écrits*, *op. cit.*, vol. 1, texte n°. 38, p. 519-520.〔「外の思考」前掲邦訳、三三七—三三八頁。〕言語の存在という問題は、フーコーが一九六三年に出版した著作『レーモン・ルーセル』全篇を貫く問いでもあった。Cf. Michel Foucault, *Raymond Roussel*, *Œuvres I*, *op. cit.*, p. 903-1031.〔『レーモン・ルーセル』前掲邦訳。〕

（111）〔訳注〕ヤコブソンは、音素を、弁別特性と呼ばれる二項対立の束として捉え、一九五六年に発表された論文「音韻論と音声学」では、既存の言語の音素を一二対からなる弁別特性に還元した。Cf. Roman Jakobson, « Phonologie et phonétique », *Essais de linguistique générale*, *op. cit.*, p. 103–149.〔ロマーン・ヤーコブソン「音韻論と音声学」、『一般言語学』前掲邦訳、七九－一二四頁。〕

（112）〔訳注〕フーコーは一九六三年に発表した論文「言語の無限反復」において、『オデュッセウス』のこの挿話について言及している。Cf. Michel Foucault, « Le langage à l'infini » (1963), *Dits et écrits*, *op. cit.*, vol. 1, texte n° 14, p. 250–251.〔「言語の無限反復」『ミシェル・フーコー思考集成Ⅰ』前掲邦訳、三二六－三二七頁。〕

（113）〔訳注〕フーコーは、『狂気、言語、文学』に収録された草稿「文学分析」や一九六七年にチュニジアで行われた講演「構造主義と文学分析」において、文学分析に関して詳しく論じている。Cf. Michel Foucault, « L'analyse littéraire », *Folie, langage, littérature*, *op. cit.*, p. 153–169. Michel Foucault, « Structuralisme et analyse littéraire », *Folie, langage, littérature*, *op. cit.*, p. 171–p. 222.

（114）ジャン・スタロバンスキー（一九二〇－二〇一九）は、哲学者、文学史家であり、多数の著作の著者である。フーコーがこの講演を行った当時、スタロバンスキーの著作『ジャン＝ジャック・ルソー——透明と障害』（パリ、プロン社、一九五七年）〔ジャン・スタロバンスキー『ルソー——透明と障害』山路昭訳、みすず書房、一九七三年〕が出版され、一時代を画した。またスタロバンスキーがフェルディナン・ド・ソシュールのアナグラム研究を論じた著作は、文学分析と構造主義言語学の関係を強化することに寄与した。

（115）〔訳注〕フーコーは、「文学分析の新たな方法」をはじめ、『狂気、言語、文学』に収録された諸テクストにおいて、「文学は言語からできている」という事実の発見について繰り返し指摘している。Cf. Michel Foucault, « Les nouvelles méthodes d'analyse littéraire », *Folie, langage, littérature, op. cit.*, p. 143.

(116) ジョルジュ・デュメジル(一八九八―一九八六)は、フランスの言語学者であり、多くの言語に精通していた。デュメジルは、とりわけ彼の代表作である『神話と叙事詩』において、インド・ヨーロッパの諸宗教と神話の比較研究を行い、そうした宗教と神話のうちに存在する共通の説話的構造を同定した。

(117) [訳注] フーコーは『狂気、言語、文学』に収録された草稿「文学分析の新たな方法」においても、デュメジルを参照しつつ、ある時代と社会における「(言語的あるいは非言語的な)記号の諸システムに関する一般的研究」という枠組みのうちで、文学について研究することの必要性について指摘していた。Cf. Michel Foucault, « Les nouvelles méthodes d'analyse littéraire », *Folie, langage, littérature, op. cit.*, p. 144.

(118) [訳注] ティトゥス・リウィウス(紀元前五九―一七)は、古代ローマの歴史家。アウグストゥス治世下に執筆された歴史書『ローマ建国史』は、古典ラテン文学を代表する散文としても高く評価されている。

(119) フェルディナン・ド・ソシュール(一八五七―一九一三)は、近代言語学を創始したスイスの言語学者。彼の死後出版された『一般言語学講義』は、それ以降の言語学の業績全体に影響を及ぼすとともに、多くの人文諸科学(民族学、哲学、文学分析)にも影響を与え、構造主義の基礎を築いた。

(120) Jean Starobinski, « Les anagrammes de Ferdinand de Saussure », *Mercure de France*, février

1964.［ジャン・スタロバンスキー、「ソシュールのアナグラム」、『メルキュール・ド・フランス』一九六四年二月号］［邦訳は以下の通り。『ソシュールのアナグラム――語の下に潜む語』金澤忠信訳、水声社、二〇〇六年。］

(121)［訳注］シャルル・ペギー（一八七三―一九一四）は、フランスの作家、思想家。若い頃には社会主義の影響を受け、ドレフュス事件ではドレフュス擁護の論陣を張ったが、のちにカトリック左派に接近した。歴史の女神クリオが、老女の姿で、老いや歴史について語る著作『クリオ』で知られる。

(122)［訳注］フローベールの文体における時制表現、とりわけ半過去の役割については、文芸評論家アルベール・ティボーデのフローベール論に対する応答としてプルーストが一九二〇年に発表した論文「フローベールの〈文体〉について」においてその重要性を指摘して以来、研究者たちによって盛んに論じられてきた。Cf. Marcel Proust, « À propos du style de Flaubert », Contre Sainte-Beuve, Paris, Gallimard, 1971, p. 586-600.［マルセル・プルースト「フローベールの〈文体〉について」鈴木道彦訳、『プルースト全集15』筑摩書房、一九八六年、五―二三頁。］

(123) 講演のタイプ原稿においても、準備手稿においても、判読不可能な箇所。

(124) ヨハン・ゴットフリート・フォン・ヘルダー（一七四四―一八〇三）は、ドイツの詩人、神学者、哲学者。彼は、啓蒙主義のヒューマニズムを抽象的であると断じ、それに理論的に反対した。ヘルダーの〈歴史〉観は連続主義的であり、それぞれの〈時代―国民〉は、それだけで十全なものであるとした。この点においてヘルダーは、〈歴史〉のうちにおいて〈理性〉が発展すると想定したヘーゲルの哲学とはかなり異なる哲学を展開した。

(125)［訳注］ベルクソンは、一八八九年に刊行された処女作『意識に直接与えられたものについての試論』の冒頭において「われわれは、自分の考えを表現するのに必ず言葉を用いるし、また、大抵は空間のなかで思考する」と述べ、言語と空間との結びつきを主張した。Cf. Henri Bergson, *Essai sur les données immédiates de la conscience*, Paris, PUF, 2013, p. VII.［アンリ・ベルクソン『意識に直接与えられたものについての試論』合田正人、平井靖史訳、ちくま学芸文庫、二〇〇二年、九頁。］フーコーは、『狂気、言語、文学』に収録された草稿「文学分析の新たな方法」においても、ヘーゲル、マルクス、フッサール、ハイデガーが、言語を歴史の担い手として時間に結びつけたのに対して、ベルクソンだけが言語を空間に結びつけたと指摘している。Cf. Michel Foucault, « Les nouvelles méthodes d'analyse littéraire », *Folie, langage, littérature*, *op. cit.*, p. 147.

(126)［訳注］フーコーは、一九六四年に発表した論文「空間の言語」において、ロジェ・ラポルト、ル・クレジオ、クロード・オリエらの小説について分析しつつ、文学的言語と空間との関わりについて論じている。Cf. Michel Foucault, « Le langage de l'espace » (1964), *Dits et écrits*, *op. cit.*, vol. 1, texte n° 24, p. 407-412.［「空間の言語」、『ミシェル・フーコー思考集成Ⅱ』前掲邦訳、一七三―一八二頁。］

(127)［訳注］クワトロチェントとは、イタリア語で四〇〇の意味で、初期ルネサンスに相当する一四〇〇年代（一五世紀）の芸術様式を総括的に把握する場合に用いられる。

(128)［訳注］以下の箇所でフーコーが言及しているのは、ラブレー『ガルガンチュアとパンタグリュエル第五之書』の最終章にあたる第49章の結末部分である。Cf. François Rabelais, *Œuvres complètes*, Paris, Gallimard, 1955, p. 890-891.［フランソワ・ラブレー『第五之書　パンタグリュエル物語』渡辺一夫訳、岩波文庫、一九七五年、二一七頁。］ラブレーの死後刊行された『第五之書』については、それがラブレーによるものかどうかをめぐり古くから議論があるが、とりわけこの結末部は、一九世紀前半にパリ国立図書館で発見された『第五之書』の写本にのみ見られる補加文であり、その信憑性については多くの研究者が疑義を呈している。

(129)〔訳注〕トゥレーヌは、ラブレーの故郷であり、ガルガンチュアやパンタグリュエルの居城の所在地とされる。

(130) ジョルジュ・プーレ（一九〇二―九一）は、ベルギーの文芸批評家であり、ジャン＝ピエール・リシャールやジャン・スタロバンスキー、ジャン・ルーセといった人々を擁するジュネーヴ学派の一員であった。当時の批評のフォルマリズム的アプローチを退けたプーレは、『人間的時間の研究』や、フーコーがここで参照している『円環の変貌』といった著作を執筆した。

(131) Jean Starobinski, *Jean-Jacques Rousseau*, *op. cit.*〔ジャン・スタロバンスキー『ジャン＝ジャック・ルソー』前出。〕

(132) ジャン・ルーセ（一九一〇―二〇〇二）は、バロック期の詩と文学を専門とするスイスの文芸批評家。言及されている著作の正確な出典は以下の通り。*Forme et signification. Essai sur les structures littéraires, de Corneille à Claudel*, Paris, José Corti, 1962.〔『形式と意味作用――コルネイユからクローデルにいたる文学的構造に関する試論』パリ、ジョゼ・コルティ社、一九六二年。〕

(133)〔訳注〕フーコーは、一九六七年にチュニジアで行った講演「構造主義と文学分析」において、「想像的なものの幾何学」の試みとして、プーレの『円環の変貌』と並んでスタロバンスキーのルソー論に言及し、透明と障害というテーマについて分析している。Cf. Michel Foucault, « Structuralisme et analyse littéraire », *Folie, langage, littérature*, *op. cit.*, p. 184. またフーコーは、『狂気、言語、文学』に収録された草稿「文学分析の新たな方法」で、作品の空間を分析する試みとして、ルーセが『形式と意味作用』において行ったコルネイユ分析を取り上げている。Cf. Michel Foucault, « Les nouvelles méthodes d'analyse littéraire », *Folie, langage, littérature, op. cit.*, p. 139.

(134) [訳注]『ル・シッド』において、若い騎士であるロドリーグは、ドン・ゴメスの娘シメーヌと恋仲であった。しかしある日、国王から受けた職位をめぐってドン・ゴメスと、ロドリーグの父ドン・ディエーグの間に諍いが起こり、ドン・ゴメスはドン・ディエーグを侮辱して名誉を汚す。ロドリーグはシメーヌへの愛情のために躊躇しつつも、父の仇を討つべくドン・ゴメスと決闘し、彼を殺す。

(135) [訳注]『ポリュークト』は、一六四一年に上演されたコルネイユの戯曲。キリスト教徒の迫害が行われていた三世紀、ローマの属領であったアルメニアで殉教したマラティアの聖ポリュクトゥスの物語を題材とする。アルメニア総督フェリックスの娘ポリーヌと結婚してその娘婿となっていたポリュークトは、友人の勧めによりキリスト教に改宗する。ローマの神々を冒瀆した罪で殉教したポリュークトは、妻ポリーヌを、かねてから彼女に思いを寄せていたローマ貴族で、皇帝の寵臣であるセヴェールに委ねる。しかしポリュークトの殉教後、フェリックスとポリーヌもキリスト教に改宗、セヴェールは殉教者たちに心打たれて、皇帝の意に反して彼らを許す。

(136) 手稿では以下のように続いている。「それは翼と扇という、すぐれてマラルメ的な対象の空間です。翼と扇は、開かれてはいるものの、眼差しからそらし、隠し、遠く届かないところに置きます。しかし別の意味では、翼と扇は、それらが持つ宝物の豊かさを陳列して見せるのです。」

(137) [訳注] フランス語原著では「licitude」となっているが、「latitude」の誤記だと思われるため訂正した。

(138) ジャン＝ピエール・リシャール（一九二二—二〇一九）は、作家、批評家。一九世紀および二〇世紀の専門家であるリシャールは、言語と感性的な世界に対する内的関係との関連を示すことに力を注いだ。この箇所でフーコーが参照しているのは、ジャン＝ピエール・リシャールがステファヌ・マラルメを論じた著作 *L'univers imaginaire de Mallarmé* (Paris, Seuil, 1961)［『マラルメの想像的宇宙』（パリ、スイユ社、一九六一年）］である。フーコーはこの著作の書評を執筆しており、*Dits et écrits, op. cit.*, vol 1, texte n°28［「J＝P・リシャールのマラルメ」兼子正勝訳、『ミシェル・フーコー思考集成Ⅱ』筑摩書房、一九九九年、二〇五—二一九頁］に収録されている。

(139)［訳注］リシャールは、『マラルメの想像的宇宙』第六章「地上にて——運動と均衡」において、マラルメにおける扇と翼という形象について分析している。Cf. Jean-Pierre Richard, *L'univers imaginaire de Mallarmé*, Paris, Seuil, 1961, p. 285–340.［ジャン＝ピエール・リシャール『マラルメの想像的宇宙』田中成和訳、水声社、二〇〇四年、三一九—三八二頁。］フーコーは一九六四年に発表した論文「J＝P・リシャールのマラルメ」においても、リシャールのこの分析を取り上げている。Cf. Michel Foucault, « *Le Mallarmé de J.-P. Richard* » (1964), *Dits et écrits, op. cit.*, vol. 1, texte n°28, p. 434.［「J＝P・リシャールのマラルメ」、『ミシェル・フーコー思考集成Ⅱ』前掲邦訳、二一四—二一五頁。］

(140)［訳注］この箇所でフーコーが念頭においているのは、後期ハイデガーの思想である。ハイデガーは、存在忘却へといたった西欧形而上学の伝統を乗り越えて、存在の原初に取り組むために、思索と詩作が分かち難く結びついた、アナクシマンドロス、パルメニデス、ヘラクレイトスといった「早初の思索者」たちへと回帰しようとした。Cf. Martin Heidegger, « Der Spruch des Anaximander »

Holzwege, Frankfurt am Main, Vittorio Klostermann, 2003, p. 321-373.［マルティン・ハイデッガー「アナクシマンドロスの箴言」茅野良男、ハンス・ブロッカルト訳、『杣径』、一九八八年、創文社、三五七―四二〇頁。］フーコーは、『狂気、言語、文学』に収録された草稿「現象学的経験――バタイユ」において、思考と存在の関係をめぐるパルメニデスの省察について論じるハイデガーに言及している。Cf. Michel Foucault, « L'expérience phénoménologique—Bataille », *Folie, langage, littérature, op. cit.*, p. 130.

(141)［訳注］フローベール『ブヴァールとペキュシェ』に関するフーコーの発表原稿は、Michel Foucault, *Folie, langage, littérature, op. cit.*, p. 265-286に収録されている。なお同書には、一九七〇年にニューヨーク州立大学バッファロー校で行われたバルザック『「絶対」の探求』に関する講演も収録されている。Michel Foucault, *Folie, langage, littérature, op. cit.*, p. 287-304.

(142)［訳注］二十世紀フランス思想におけるサド受容をめぐっては、以下を参照。Cf. Éric Marty, *Pourquoi le XXe siècle a-t-il pris Sade au sérieux?*, Paris, Seuil, 2011.［エリック・マルティ『サドと二十世紀』森井良訳、水声社、二〇一八年。］

(143) Michel Foucault, « Sade, sergent du sexe », *Dits et écrits, op. cit.*, vol. 2, texte n° 164, p. 818.［ミシェル・フーコー「サド、性の法務官」中澤信一訳、『ミシェル・フーコー思考集成V』筑摩書房、二〇〇〇年、四六五頁。］

(144)［訳注］「一方において、美徳を最も重んじるような、柔和で繊細な女性に対して天が浴びせかける恐ろしい不幸の数々を描くこと、他方において、この女性を弄び、苦しめる人々の身の上にもたらされる惜しみない繁栄を描かねばならないということはおそらくぞっとするようなことである。しかしながら、真なることを語るのに十分なほど哲学的であるような文人は、こうした不愉快を乗り越える。」(Sade, *La Nouvelle Justine, Œuvres II*, Paris, Gallimard, 1995, p. 396.)

(145) [訳注] フーコーが参照しているのは、『ジュリエットあるいは悪徳の栄え』の結末部の一節である。ジュスティーヌを陵辱したジュリエットとその一党は、嵐が吹き荒れる中、ジュスティーヌを城館から無一文で追い出す。すると突如、雷が一閃して、ジュスティーヌの体を貫き、彼女は無残な最期を遂げる。ジュスティーヌの美徳がいかにして神によって報いられたかを目にして、ジュリエットらリベルタンたちが大喜びしていると、そこにリベルタンの一人であるノアルスイユを大臣に任命することを告げる国王からの書状が届く。ノアルスイユは仲間のリベルタンたちに官職と富を与えることを約束し、ジュリエットとの間で次のような会話を交わす。「〈さあ、諸君、せいぜい楽しもうではないか。こういうことになったのも、元はと言えばあのジュスティーヌの美徳のおかげだよ。これがもし小説だったら、作者たるもの、よもやそんなことを筆にのぼしはしないだろうがね〉〈そんなこと遠慮する必要があるものですか〉とジュリエットが言った、〈紛うかたない真実が自然の秘密をあばいたのですもの。いかに人間を慄然たらしめようと、すべてを言わねばならないのが哲学というものですわ〉」(Sade, *Histoire de Juliette, Œuvres III*, Paris, Gallimard, 1998, p. 1261. [マルキ・ド・サド『悪徳の栄え』下、澁澤龍彥訳、河出文庫、一九九〇年、三一八頁])。なおフーコーは、『狂気の歴史』において、雷鳴に打たれたジュスティーヌの死について言及している。Cf. Michel Foucault, *Histoire de la folie à l'âge classique, Œuvres I, op. cit.*, p. 595–596. [『狂気の歴史』前掲邦訳、五五六頁。]

(146) [訳注] 「この古今独歩というべき女性は、しかし、その生涯の最後の事件を記述することなく死んだので、いかなる作家も彼女のすがたを世に示すことが絶対に不可能とはなった。だから、これをあえてくわだてようとする者は、ただ真実の代りに作者自身の空想をもってするより道がない。とはいえ、いかに真実らしく粉飾をこらしたにせよ、目の肥えた人、殊にもこの作品を読んで興味を覚えたほどの人にしてみれば、その相違には歴然たるものがあるにちがいないのである」(Sade, *Histoire de Juliette, Œuvres III, op. cit.* p. 1261-1262.［マルキ・ド・サド『悪徳の栄え』下、前掲邦訳、三一八―三一九頁］)。

(147)［訳注］ローレンス・スターン(一七一三―六八)は、イギリスの作家、牧師。未完の長編小説『トリストラム・シャンディ』によって知られる。『トリストラム・シャンディ』はヨークシャーの地主であるトリストラム・シャンディが自らの半生を語るという体裁をとるものの、話は遅々として進まず、古今の様々な書物からの膨大の引用を交えながら脱線を繰り返す。語り手であるトリストラムが読者たちと対話するなどといったメタフィクション的な仕掛けも施されており、ロシア・フォルマリスムを代表する文芸批評家ヴィクトル・シクロフスキーは、小説の手法それ自体を小説の題材として取り上げたこの作品を「最も典型的な世界文学」と呼び、高く評価した。

(148)『アリーヌとヴァルクールあるいは哲学小説』は、一七九三年に出版された書簡体小説。

(149)［訳注］『ジュリエットあるいは悪徳の栄え』に登場するローマの警察長官ギージのこと。ギージは、貧者を収容する病院や施療院を爆破してローマに大火災をもたらし、二万人以上の人を死にいたらしめた。

(150)［訳注］『新ジュスティーヌ』に登場する化学者アルマニのこと。彼は水と鉄とやすり屑、硫黄をねりあわせた塊を地中で発酵させることで、シチリア島において火山に似た爆発を引き起こし、一万戸もの家を倒壊させ、多くの死者を出した。

(151) [訳注] サドは、自らの領地の管理人であったゴーフリディ宛ての書簡において、バスティーユの襲撃の際に『ソドムの百二十日』の原稿が失われてしまったことで、「血の涙」を流したと語っている。バタイユは、一九五七年に出版された著作『文学と悪』に収録されたサド論において、サドのゴーフリディ宛て書簡を参照しつつ、この逸話について言及している。Cf. Georges Bataille, *La littérature et le mal*, *Œuvres complètes IX*, Paris, Gallimard, 1979, p. 244. [ジョルジュ・バタイユ『文学と悪』山本功訳、ちくま学芸文庫、一九九八年、一六九頁。]

(152) [訳注]『ジュリエットあるいは悪徳の栄え』にはブラ・ド・フェールという名の盗賊は登場しないが、一七九五年に発表されたサドの書簡体小説『アリーヌとヴァルクール』にはこの名を持つ盗賊が登場している。ここでフーコーが言及しているのはおそらく、『ジュリエットあるいは悪徳の栄え』に登場する盗賊ブリザ・テスタのことだと思われる。ジュリエット一行は、ブリザ・テスタ率いる盗賊団に捕らえられ、処刑されかけるが、そこで旧友クレアウィルに再会、ブリザ・テスタがクレアウィルの夫にして兄であることが判明し、難を逃れる。なお『新ジュスティーヌ』にはクール・ド・フェールという名の盗賊も登場している。

(153) [訳注] クレアウィルは、『ジュリエットあるいは悪徳の栄え』に登場する人物。彼女は、美しく富裕な寡婦であり、英語とイタリア語を完璧に使いこなすなど極めて教養の高い人物であるが、恐るべきリベルタンである。ジュリエットはクレアウィルとの親交を深め、親友というべき関係を結ぶが、やがて魔女ラ・デュランの勧めにしたがって、クレアウィルを殺害する。

(154) [訳注]『ジュリエットあるいは悪徳の栄え』に登場するドニ伯爵夫人のこと。ドニ伯爵夫人は、ジュリエットがフィレンツェで出会った三五歳の寡婦で、彼女はジュリエットと愛人関係を結ぶ。リベルタンであるドニ伯爵夫人は、自分の母と娘アグラエを殺すようジュリエットに依頼するが、彼女自身がジュリエットに殺されてしまうことになる。ドニ伯爵夫人が愛人との間にもうけた娘が、のちに登場するフォンタンジュである。

(155) Sade, *Œuvres complètes*, Paris, Jean-Jacques Pauvert, 1947-1972, vol. 4, p. 56-57. [マルキ・ド・サド『全集』パリ、ジャン゠ジャック・ポヴェール社、一九四七―七二年、第四巻、五六―五七頁。] [Sade, *Histoire de Juliette, Œuvres III, op. cit.*, p. 752-753.]

(156) [訳注] メッサリナ(二〇―四八)は、ローマ皇帝クラウディウスの皇妃。淫奔で強欲な悪女として名高く、スッキッラと名乗って娼館で売春をしたとも言われている。

(157) [訳注] 一八〇〇年に刊行された中編小説集『恋の罪』に収録された小論。この中でサドは、小説の歴史的起源を論じると同時に、一七世紀に流行したバロック小説を批判し、セルバンテスや、リチャードソンやフィールディングといった一八世紀イギリス小説、『マノン・レスコー』の著者として知られるプレヴォーの作品を高く評価している。

(158) [訳注] Sade, *Les Crimes de l'amours précédées d'une Idée sur les romans*, Paris, Gallimard, 1991, p. 45. [マルキ・ド・サド「小説論」私市保彦訳、『サド全集第六巻』水声社、二〇一一年、二七頁。]

(159) [訳注] 「リベルタン」という語は、一七世紀には既存の信仰、とりわけキリスト教信仰を拒絶する人々を意味していたが、一八世紀初頭には「自由思想家」あるいは「哲学者」という語に取って代わられた。こうして「リベルタン」は、次第に哲学的な意味を失い、放蕩者や不品行者といった素行面で問題のある人々を指す言葉となった。Cf. J. S. Spink, *French Free-Thought From Gassendi to Voltaire*, University of London, The Athlone Press, 1960, p. 4. フーコーは、一九七二年にイタリアの哲学者G・プレティとの対談において、リベルタンを「自分の欲望のあらゆる潜在力を一つの結合〔…〕の中に組み込むのに十分に強い欲望と十分に冷酷な精神とを付与されている人間」と定義している。Cf. Michel Foucault, « Les problèmes de la culture. Un débat Foucault-Preti » (1972), *Dits et écrits*, *op. cit.*, vol. 2, texte n°109, p. 373.［「文化に関する問題――フーコーとプレティの討議」安原伸一朗訳、『ミシェル・フーコー思考集成Ⅳ』筑摩書房、一九九九年、三五〇頁。］

(160)［訳注］Sade, *Les Crimes de l'amours précédées d'une Idée sur les romans*, *op. cit.*, p. 46.［マルキ・ド・サド「小説論」前掲邦訳、二八頁。］

(161)［訳注］快原理と現実原理は、フロイトの精神分析理論において、心的機能を支配する二つの原理である。フロイトによれば、心的活動は、快原理にしたがって、不快を避け、快を得ることを目的とするが、この場合、不快は興奮量の増大を、快は興奮量の減少を意味する。それゆえ人は、幻覚的な仕方で欲動に由来する興奮を解消することによって、最短距離で快を得ようとするが、こうした快原理に歯止めをかけるのが現実原理である。現実原理を通じて人は、最短距離で快を得ることを断念し、外界から課せられる条件に従って目的達成を先延ばしするようになる。Cf. Sigmund Freud, « Formulierungen über die zwei Prinzipien des psychischen Geschehens », *Gesammelte Werke*, VIII, Frankfurt am Main, S. Fischer, 1996, p. 230–238.［ジークムント・フロイト「心的生起の二原理に関する定式」高田珠樹訳、『フロイト全集一一』岩波書店、二〇〇九年、二五九―二六七頁。］

(162)［訳注］クロソウスキーは、一九六七年に出版された『わが隣人サド』第二版に追加収録された論文「悪虐の哲学者」において、サドのエクリチュールの特徴は、倒錯的な侵犯行為を無感動的に反復することにあると論じていた。Cf. Pierre Klossowski, *Sade mon prochain*, précédé de *Le philosophe scélérat*, Paris, Seuil, 2002, p. 37-42.［ピエール・クロソウスキー『わが隣人サド』豊崎光一訳、晶文社、一九七四年、三八—四三頁。］

(163)［訳注］ジュリエットの死に関して、サドは『ジュリエットあるいは悪徳の栄え』で次のように語っている。「十年間、赫赫たる栄誉がこの六人の主人公の頭上に輝いた。そして十年後に、ロルサンジュ夫人［ジュリエット］が死んで、この世から消えたのは、もとより生者必滅の慣いであって、何のふしぎもない」(Sade, *Histoire de Juliette*, *Œuvres III*, *op. cit.*, p. 1261.［サド『悪徳の栄え』下、前掲邦訳、三一八頁。］)

(164)［訳注］エリック・マルティは『サドと二十世紀』において、フーコーはサドを論じるにあたり、「不規則性」(irrégularité) という概念をバタイユから借用したと指摘している。Cf. Éric Marty, *Pourquoi le XXe siècle a-t-il pris Sade au sérieux?*, *op. cit.*, p. 161.［エリック・マルティ『サドと二十世紀』前掲邦訳、一四四頁。］バタイユにおける不規則性の概念については以下を参照。Cf. Georges Bataille, *L'érotsime*, *Œuvres completes* X, Paris, Gallimard, 1987, p. 112.［ジョルジュ・バタイユ『エロティシズム』酒井健訳、ちくま学芸文庫、二〇〇四年、一八四頁。］

(165)［訳注］「検証する」を意味するフランス語 vérifier は、「真の」を意味する verus と「する」を意味する facere を組み合わせて作られたラテン語 verificare に由来する。

(166)［訳注］バタイユは、一九五七年の著作『エロティシズム』に収録された論文「サドの至高者」と「サドと正常な人間」において、可能性の限界を超えて欲望するサドの至高者に、理性と道徳の限界にとどまる正常な人間を対置していた。Cf. Georges Bataille, *L'érotisme*, *Œuvres complètes* X, *op. cit.*, p. 164-195.［ジョルジュ・バタイユ『エロティシズム』前掲邦訳、二七八—三三五頁。］フーコーは、一九六九年にヴァンセンヌ大学で行った「セクシュアリティの言説」講義において、サドが体現する侵犯的ユートピアは、「至高の主体の周囲に配置され、そうした主体の欲望こそが、その特異性、その無制限性において、侵犯的ユートピアの法をなしている」と指摘している。Michel Foucault, *La sexualité*, suivi de *Le discours de la sexualité*, Paris, EHESS/Gallimard/Seuil, 2018, p. 193.

(167)［訳注］フーコーは、一九六三年に発表したバタイユ論『侵犯への序言』において、サドの作品における哲学的言説と描写のタブローの交替について言及している。Cf. Michel Foucault, « Préface à la transgression » (1963), *Dits et écrits*, *op. cit.*, vol 1, texte n°4, p. 240-241.［「侵犯への序言」、『ミシェル・フーコー思考集成I』前掲邦訳、三一三—三一四頁。］フーコーは、『言葉と物』の第一部第六章「交換すること」においても、サドの作品における欲望と表象的言説の継起について語っている。Cf. Michel Foucault, *Les Mots et les Choses*, *Œuvres I*, *op. cit.*, p. 1266-1268.［『言葉と物』前掲邦訳、二三〇—二三二頁。］

(168) つまり『新ジュリエット』のことである。

(169)［訳注］『ソドムの百二十日』において、人里離れたシリング城に閉じこもった四人のリベルタンたちは、一カ月交代で語り部を務める四人の老女が語る淫蕩な物語に耳を傾けた後、その興奮の中で、各地から集められた四二人の美しい少年少女を陵辱し、拷問を加える。

(170) フランス語原書ではフォンダンジュ（Fondange）と表記されているが、『ジュリエットの物語』

に登場するフォンタンジュ（Fontange）のことだと思われる。フィレンツェで出会ったリベルタン仲間であるドニ夫人から、娘であるフォンタンジュの将来を託されたジュリエットは、一七歳のフォンタンジュを修道院から連れ出し、彼女の財産を奪った後、ノアルスイユら仲間のリベルタンとともに彼女を凌辱し、残虐な暴行を加えた上で、放り出す。

（171）［訳注］ブレサック伯爵のちに侯爵は、『ジュスティーヌあるいは美徳の不幸』と『新ジュスティーヌ』に登場する人物。『ジュスティーヌあるいは美徳の不幸』におけるブレサックは、男色家のリベルタンで、資産家である伯母のブレサック侯爵夫人を毒殺し、その罪をジュスティーヌに着せる。『新ジュスティーヌ』においては、殺害されるブレサック侯爵夫人は、ブレサックの母という設定になっている。

（172）［訳注］フロイトは、一九一五年に発表された論文「無意識」において、「この系〔無意識〕には、否定もなく、懐疑もなく、どんな確実性の程度といったものもない」（Sigmund Freud, « Das Unbewusste », *Gesammelte Werke*, X, Frankfurt am Main, S. Fischer, 1991, p. 285〔ジークムント・フロイト「無意識」新宮一成訳、『フロイト全集一四』岩波書店、二〇一〇年、二三五頁〕）と述べている。

（173）［訳注］「自分には体がない」、「自分は生きていない」といった、すべてを否定する精神病的な否定妄想は、コタール症候群と呼ばれる精神疾患の特徴として知られている。

（174）［訳注］クロソウスキーは、一九六七年に出版された『わが隣人サド』第二版に追加収録された論文「悪虐の哲学者」において、倒錯を「多型的感受性」として定義し、これをサドの無神論の中核に据えている。Cf. Pierre Klossowski, *Sade mon prochain*, précédé de *Le philosophe scélérat*, *op. cit.*,

p. 21.［ピエール・クロソウスキー『わが隣人サド』前掲邦訳、二一頁。］

(175)［訳注］ミンスキーは、『ジュリエットあるいは悪徳の栄え』に登場する人物。イタリアのアペニン山脈に城を建てて暮らす富裕な巨漢のロシア人であるミンスキーは、食人を好むリベルタンであり、城に多くの女性たちを監禁し、虐待、殺害している。旅の途上でジュリエットら一行は、ミンスキーの城に迷い込み、監禁されるが、やがてそこから脱出する。

(176)［訳注］ミシェル・ドゥロンは、一六八〇年のリシュレ辞典において、リベルティナージュ（libertinage）は、放縦と無秩序を意味していたと指摘している。Cf. Michel Delon, *Le savoir-vivre libertin*, Paris, Hachette Littératures, 2000, p. 20.［ミシェル・ドゥロン『享楽と放蕩の時代』稲松三千野訳、原書房、二〇〇二年、一五頁。］『ジュリエットあるいは悪徳の栄え』において、リベルタンであるラ・デュランは、リベルティナージュを以下のように定義している。「リベルティナージュとは、あらゆる拘束の完全な破壊、あらゆる偏見に対する極度の軽べつ、すべての信仰の打倒、あらゆるたぐいの道徳に対する極めて激しい嫌悪を前提とする感覚の錯乱なのです。哲学のこの段階にまで到達することのないリベルタンはすべて、たえず激しい欲望と後悔の間を揺れ動き、けして完全な幸福に至ることはできないでしょう」（Sade, *Histoire de Juliette*, *Œuvres III*, *op. cit.*, p. 1191）。邦訳については秋吉良人『サド――切断と衝突の哲学』白水社、二〇〇七年、三四頁に依拠した。

(177)［訳注］ノアルスイユは、『ジュリエットあるいは悪徳の栄え』に登場する人物。富裕なリベルタンで、両親の死後、娼婦となったジュリエットのパトロンとなる。実はジュリエットの父を破産させ、両親を毒殺したのはノアルスイユであったが、ノアルスイユからその話を聞いたジュリエットは、彼の悪行に感服し、ノアルスイユもまたそうしたジュリエットを寵愛するようになる。

(178)［訳注］フランス語原書ではコルドゥリ（Cordely）と表記されているが、おそらくは『ジュリエットあるいは悪徳の栄え』に登場するイタリア人商人コルデリィ（Cordelli）のこと。富裕な商人であるコルデリィは娘殺しも辞さないリベルタンで、その残虐さはジュリエットをも恐れさせる。

(179)［訳注］サン＝フォンは、『ジュリエットあるいは悪徳の栄え』に登場する人物。フランスの大臣を務める権力者であり、友人の妻を殺害したり、国民を餓死させる計画を立てたりする残酷なリベルタンである。ジュリエットは、ノアルスイユを介して、サン＝フォンと知り合い、やがて彼の愛人となる。サン＝フォンは後に、娘婿にあたるノアルスイユによって殺害される。

(180)［訳注］Cf. Sade, *Histoire de Juliette, Œuvres III, op. cit.*, p. 537-538.

(181)［訳注］『ジュリエットの物語』において、ジュリエットはクレアウィルに招かれ、クレアウィルが所属している犯罪友の会に参加する。莫大な富を持つ者たちや芸術家を会員とするこの会は、人間が人為的に作ったものにすぎない法律に抗して、自然が命じるあらゆる犯罪を推奨し、乱行の宴を主催するとともに、会員に対して、いっさいの宗教の否定や、婚姻関係の否定などの規約を課した。

(182)［訳注］フーコーは、本書二三二頁では、サドの言説の第三の機能を「用途（destination）の機能」ではなく、「破壊（destruction）の機能」と呼んでいる。

(183)　前の箇所でフーコーが、法の非存在と呼んでいたもののことである。

(184)［訳注］Cf. Sade, *La nouvelle Justine ou les malheurs de la vertu, Œuvres II, op. cit.*, p. 506-508.

(185)［訳注］フランス語原著では「ジュスティーヌ」となっているが、「ジュリエット」の誤記だと思われるため訂正した。

(186)［訳注］『ジュリエットあるいは悪徳の栄え』に登場するローマ法王ピウス六世のこと。ローマ法王の地位にありながら神を否定する無神論者のリベルタンであるピウス六世は、サン・ピエトロ大聖堂でジュリエットと性交に耽った。またピウス六世は、ジュリエットを相手に一種の唯物論的な自然哲学を開陳している。なおピウス六世（一七一七―九九）は、実在のローマ法王であり、本名はジョヴァンニ・アンジェロ・ブラスキ。フランス革命後、ローマに侵攻したナポレオン率いるフランス軍に捕らわれローマから追放、失意のうちに没した。

(187)　［訳注］邪悪なる神については、サン＝フォンが提起する「邪悪さにおける至高存在」をめぐる議論を参照。Cf. Sade, *Histoire de Juliette, Œuvres III, op. cit.*, p. 536. なお、サン＝フォンが論じる邪悪さにおける至高存在については、クロソウスキーやブランショも重視し、それぞれの著作の中で検討を加えている。Cf. Pierre Klossowski, *Sade mon prochain*, précédé de *Le philosophe scélérat, op. cit.*, p. 101-109.［ピエール・クロソウスキー『わが隣人サド』前掲邦訳、一〇四―一一三頁。］ Maurice Blanchot, *Lautréamont et Sade*, Paris, Les Éditions de Minuit, 1963, p. 37-39.［モーリス・ブランショ『ロートレアモンとサド』小浜俊郎訳、国文社、一九七〇年、二〇八―二一一頁。］

(188)　バートランド・ラッセル（一八七二―一九七〇）は、イギリスの論理学者、認識論学者、政治活動家。数学者としての教育を受けたラッセルは、『プリンキピア・マテマティカ』を執筆し、公理論と論理学の基礎に関する研究を行った。こうした研究に由来する哲学は「科学的」哲学と称されるが、それはそうした哲学が、認識や精神の本性といった古典的な哲学的諸問題に対して、論理学的分析を施すことを目的として掲げたためである。ラッセルは分析哲学の創始者と目されている。

(189)　［訳注］オーストリアの哲学者アレクシス・マイノング（一八五三―一九二〇）は、対象論という立場に立脚しつつ、「黄金の山」のような非実在的対象に関しても、実在の対象と等しく同一の意味論的な枠組みで取り扱うことができると論じた。これに対してラッセルは、自らが考案した記述理論にしたがって、「黄金の山」のような指示対象をふくまない表示句を含む文について分析し、そうした文は有意味ではあるが偽であると論じた。ラッセルの記述理論に関しては以下を参照。Cf. Bertrand Russell, "On Denoting", *The collected Papers*, vol. 4, London, New York, Routledge, p. 414-427.［バートランド・ラッセル「指示について」清水義夫訳、坂本百大編『現代哲学基本論文集Ⅰ』勁草書房、一九八六年、四五―七八頁。］フーコーは『知の考古学』第三章第三節「言表機能」においても、「黄金の山がカリフォルニアにある」という文に言及している。Cf. Michel Foucault, *L'Archéologie du savoir*, *Œuvres II*, *op. cit.*, p. 95-96.［『知の考古学』前掲邦訳、一六八頁。］

(190)［訳注］デカルトによる神の存在論的論証については、デカルト『省察』第五省察を参照。Cf. René Descartes, *Meditationes de Prima Philosophia*, *Œuvres philosophiques II*, *1638-1642*, Paris, Classiques Garnier, 1999, p. 214-221.［ルネ・デカルト『省察』山田弘明訳、ちくま学芸文庫、二〇〇六年、九八―一〇八頁。］

(191)［訳注］数学基礎論の分野で活躍したオランダの数学者ブラウワー（一八八一―一九六六）は、ラッセルの論理主義、ヒルベルトの形式主義に対抗して、数学とは本質的に言語とは無関係な心的構成活動であり、そうした活動は時間の直観を前提とするという数学的直観主義を提唱した。ブラウワーの弟子であるオランダの数学者・論理学者アレン・ハイティング（一八九八―一九八〇）は、ブラウワーの直観主義を継承し、排中律を認めない直観主義論理学を構築した。フランスの哲学者であり、エピステモローグとして知られるジュール・ヴュイユマンは、一九六〇年の著作『デカルトにおける数学と形而上学』において、デカルトの幾何学は、直観主義数学の伝統のうちに位置付けられ得る形而上学的決断に立脚していたと指摘し、デカルトを直観主義の先駆として捉えていた。Cf. Jules Vuillemin, *Mathématiques et métaphysique chez Descartes*, Paris, PUF, 1960. フーコーは、クレルモン＝フェラン大学で教鞭をとっていた一九六〇年前半にヴュイユマンと親しく交流していた。ヴュイユマンはフーコーのコレージュ・ド・フランス教授選出にも大きく尽力した。

(192) 〔訳注〕「奇怪な空想」と訳したフランス語 chimère は、もともとはライオンの頭にヤギの胴、蛇の尾を持つといわれるギリシア神話に登場する怪物キマイラを指す。ここでフーコーは、サド的な空想が持つ怪物性を強調するためにこの語を用いたものと思われる。

(193) 〔訳注〕ラ・デュボワは『ジュスティーヌあるいは美徳の不幸』に登場する人物で、ボンディの森を根城にする盗賊団の一員。ラ・デュボワはジュスティーヌに対して、自然は人間を皆平等に生まれたにもかかわらず、貧富の差が存在すると論じ、そうした平等を取り戻す行為として自分たちの犯罪を正当化する。しかし数年後、ジュスティーヌに再会したラ・デュボワは、裕福な身なりをして、男爵夫人を名乗る。

(194) 〔訳注〕Cf. Sade, *Justine ou les malheurs de la vertu*, *Œuvres II*, Paris, Gallimard, 1995, p. 153-154.

(195) 〔訳注〕『ジュリエットあるいは悪徳の栄え』第四章において、法王ピウス六世はジュリエットに対して、自然をめぐる自らの理論体系を開陳する。Cf. Sade, *Histoire de Juliette*, *Œuvres III*, *op. cit.*, p. 870-886. ピウス六世の体系が提示する自然観については、ブランショが『ロートレアモンとサド』において分析を加えている。Cf. Maurice Blanchot, *Lautréamont et Sade*, *op. cit.*, p. 39-42.［モーリス・ブランショ『ロートレアモンとサド』前掲邦訳、二一一―二一五頁。〕フーコーは『狂気の歴史』において、ブランショの分析を参照しつつ、サドにおける自然について論じている。Cf. Michel Foucault, *Histoire de la folie à l'âge classique*, *Œuvres I*, *op. cit.*, p. 594-595.［『狂気の歴史』前掲邦訳、五五四―五五五頁。］ラカンも、一九五九年から一九六〇年にかけて行われたセミネール『精神分析の倫理』において、フロイトが『快原理の彼岸』で導入した死の欲動という概念と関連づけながら、法王ピウス六世の体系について分析している。Cf. Jacques Lacan, *L'éthique de la psychanalyse*, Paris, Seuil, 2019, p. 346-358.［ジャック・ラカン『精神分析の倫理』（下）、小出浩之、鈴木國文、保科正章、菅原誠一訳、岩波書店、二〇〇二年、六七―七八頁。］

(196)［訳注］「邪悪さにおける至高存在」を中心としたサン＝フォンの体系については、訳注(187)を参照。

(197)［訳注］ブランショは、一九四九年に出版された『ロートレアモンとサド』に収録された論文「サドの理性」において、〈唯一者〉(l'Unique) たるサドのリベルタンを特徴づけるのは「絶対的孤独」であると論じていた。Cf. Maurice Blanchot, *Lautréamont et Sade*, *op. cit.*, p. 19.［モーリス・ブランショ『ロートレアモンとサド』前掲邦訳、一八二頁。］

(198)［訳注］ボルゲーゼ公爵夫人は『ジュリエットあるいは悪徳の栄え』に登場する人物。三〇歳前後の美しいリベルタンであり、ローマでボルゲーゼ公爵夫人と知り合ったジュリエットは、彼女を結婚前の名前であるオランプと呼ぶほど親しい関係となる。しかし、ジュリエットとクレアウィルから、リベルタンとしての思想的一貫性にかけていると見なされたボルゲーゼ公爵夫人は、二人によってヴェスヴィオ火山の火口に投げ込まれて殺害される。

(199)［訳注］ラ・デュランは、『ジュリエットあるいは悪徳の栄え』に登場する人物。毒薬を作って商売を行う女性で、人の将来を占うこともでき、サドは作中で彼女を魔女と呼んでいる。ジュリエットは、彼女をリベルタンと認め、親しくなる。ヴェネチアで処刑されたものと思われていたが、物語の結末部で再登場し、ジュリエット一行に加わる。

（200）講演のタイプ原稿においても、準備手稿においても読解不可能な箇所。

（201）［訳注］Sade, *Histoire de Juliette*, *Œuvres III*, *op. cit.*, p. 1099.

（202）［訳注］*Ibid.*, p. 1121

（203）［訳注］『ジュリエットの物語あるいは悪徳の栄え』に登場するアメリーのこと。彼女は、スウェーデンの元老院議員で、王制転覆を目論む北欧秘密結社の一員であるヴォルフの妻であったが、スウェーデンにやって来た盗賊ブリザ・テスタとともにロシアのサンクトペテルブルクに逃れ、結婚する。しかし彼女は、ブリザ・テスタと彼を見初めたロシアの女帝エカテリーナによって拷問され、殺される。ブランショは『ロートレアモンとサド』において、「サドにおける最も興味深い女主人公のひとり」としてアメリーに言及しており、バタイユも一九五七年の著作『エロティシズム』に収録された論文「サドの至高者」において、「小説中の最も完成された人物の一人」としてアメリーを紹介している。Cf. Maurice Blanchot, *Lautréamont et Sade*, *op. cit.*, p. 29［モーリス・ブランショ『ロートレアモンとサド』前掲邦訳、一九七頁。］Georges Bataille, *L'érotisme*, *Œuvres complètes X*, *op. cit.*, 1987, p. 174-175.［ジョルジュ・バタイユ『エロティシズム』前掲邦訳、二九六―二九七頁。］

（204）［訳注］ブランショは、『ロートレアモンとサド』において、サドにおける残酷さとは「破壊的爆発にまで形が変わるほど極端にまで押し進められた自己否定にほかならない」と論じていた。Cf. Maurice Blanchot, *Lautréamont et Sade*, *op. cit.*, p. 45.［モーリス・ブランショ『ロートレアモンとサド』前掲邦訳、二二〇頁。〕フーコーは『狂気の歴史』において、ジュスティーヌとジュリエットの死に言及しつつ、「自然がもつ言語活動がそこでは永久に黙り込んでしまった非理性の虚無は、自然の暴力、自然に反する暴力と化したのであり、それは自己自身の至高の廃絶にまでいたる」と論じている。Cf. Michel Foucault, *Histoire de la folie à l'âge classique*, *Œuvres I*, *op. cit.*, p. 596.〔『狂気の歴史』前掲邦訳、五五六頁。〕

(205)〔訳注〕フーコーは、一九六三年に発表した論文「侵犯への序言」において、サドがセクシュアリティの言語を神の死と結びつけたことを、西洋文化の画期をなす出来事と位置付けている。Cf. Michel Foucault, « Préface à la transgression» (1963), *Dits et écrits*, *op. cit.*, vol. 1, texte n°13, p. 234-235.〔「侵犯への序言」、『ミシェル・フーコー思考集成I』前掲邦訳、三〇五―三〇七頁。〕フーコーは、一九六四年にクレルモン＝フェラン大学で行った「セクシュアリティ」講義や、一九六九年にヴァンセンヌ大学で行った「セクシュアリティの言説」講義においても、サドの著作を、セクシュアリティの歴史における重要な出来事として評価している。Cf. Michel Foucault, *La sexualité*, suivi de *Le discours de la sexualité*, *op. cit.*, p. 109-111. これに対して、一九七五年に行われたインタヴュー「サド、性の法務官」においてフーコーは、サドを規律社会にとらわれた「性の法務官」と否定的に評価し、サドのエロティシズムからは脱するべきだと論じている。Michel Foucault, « Sade, sergent du sexe » (1975), *Dits et écrits*, *op. cit.*, vol 2, texte n° 164, p. 821-822.〔ミシェル・フーコー「サド、性の法務官」、『ミシェル・フーコー思考集成V』前掲邦訳、四七〇頁。〕一九七六年に出版された『性の歴史』第一巻『知への意志』では、サドは、キリスト教司教要綱から続く欲望の言説化という伝統のうちに位置づけられることになる。Cf. Michel Foucault, *La Volonté de savoir*, *Œuvres II*,

Paris, Gallimard, 2015, p. 653-670.［『知への意志』渡辺守章訳、三〇―三二頁。］

(206)［訳注］フーコーが念頭においているのは、ラカンが一九六三年の論文「カントとサド」および、そのもととなった一九五九年から一九六〇年のセミネール『精神分析の倫理』において展開したサド読解であろう。ラカンはサドのテクストの読解を通じて、フロイトが『快原理の彼岸』において提示した死の欲動という概念の理解を深化させようとした。Cf. Jacques Lacan, « Kant avec Sade », *Écrits*, Paris, Seuil, 1966, p. 765-790.［ジャック・ラカン「カントとサド」佐々木孝次訳、『エクリⅢ』、弘文堂、一九八一年、二五五―二九三頁。］Jacques Lacan, *L'éthique de la psychanalyse*, *op. cit.*, p. 315-394.［ジャック・ラカン『精神分析の倫理』下、前掲邦訳、三九―一二二頁。］

(207) ヘルベルト・マルクーゼ（一八九八―一九七九）は、ドイツ出身のアメリカの哲学者であり、フランクフルト学派の一員。ヘーゲル、マルクス、フロイト、フッサールから強い影響を受けたマルクーゼは、現実原理の防衛という形をとった抑圧的な言説に批判の照準を定め、人間に関する解放されたヴィジョンを擁護した。

(208)［訳注］エーリッヒ・フロムに代表される新フロイト派の社会順応主義的な傾向を批判し、フロイトのエロス論と社会の根本的改革を結びつけたマルクーゼの議論については、以下を参照。Cf. Herbert Marcuse, *Eros and Civilization*, Beacon Press, 1955.［H・マルクーゼ『エロス的文明』南博訳、紀伊國屋書店、一九五八年。］フーコーは、一九六九年にヴァンセンヌ大学で行った講義「セクシュアリティの言説」において、マルクーゼのエロス論を、脱疎外化された社会的関係と抑圧から解放された自然なセクシュアリティの調和を夢見る「統合的ユートピア」の側に位置づけ、サドによって代表される「侵犯的ユートピア」をそれに対置している。Cf. Michel Foucault, *La sexualité*, suivi de *Le discours de la sexualité, op. cit.*, p. 187-210. フーコーは、一九七二年にイタリアの哲学者G・プレティと行った対談においても、マルクーゼとサドを対置し、マルクーゼが試みたことは「十九世紀から受け継がれた古いテーマを用いて、伝統的な意味で理解された主体を救うこと」であると批判している。Cf. Michel Foucault, « Les problèmes de la culture. Un débat Foucault-Preti » (1972), *Dits et écrits, op. cit.*, vol. 2, texte n°109, p. 377.［「文化に関する問題――フーコーとプレティの討議」、『ミシェル・フーコー思考集成Ⅳ』前掲邦訳、三五三頁。］

(209)［訳注］フーコーは、一九七〇年にコレージュ・ド・フランスで行った『〈知への意志〉講義』において、アリストテレス『形而上学』第一巻を分析し、この箇所においてアリストテレスが真理を通じて、欲望に対する認識の先行性を基礎づけるという哲学的操作を行ったと指摘している。Cf. Michel Foucault, *Leçons sur la volonté de savoir, Cours au Collège de France. 1970-1971*, suivi de *Le savoir d'Œdipe*, Paris, Gallimard/Seuil, 2011, p. 3-25.［『〈知への意志〉講義』慎改康之、藤山真訳、筑摩書房、二〇一四年、三―三四頁。］

(210)［訳注］プラトンは、『国家』第四巻で提示した魂の三部分説において、魂を理知的部分、気概的部分、欲望的部分に分けて、気概的部分と欲望的部分は理性的部分に従うべきであると論じた。

(211)［訳注］フランス語原著では「P・クロソウスキーをめぐって」となっているが、誤記であると思われるため訂正した。

訳者解題　フーコー文学論の射程

本書『フーコー文学講義――大いなる異邦のもの』は、Michel Foucault, *La grande étrangère : À propos de littérature*, Paris, Éditions EHESS, 2015 の全訳である。本書フランス語原著を編集したフィリップ・アルティエール、ジャン＝フランソワ・ベール、マチュー・ポット＝ボヌヴィル、ジュディット・ルヴェルは、ミシェル・フーコーセンターの中核を担う、中堅のフーコー研究者たちである。二〇一三年に刊行されたフランス語原著の初刷には、引用や出典表記に関して誤記が散見されたが、二〇一五年に刊行された二刷においては、いくつか誤記が修正されるとともに、末尾に付された文学関連のフーコーの文献一覧は全面的に変更された。今回の翻訳では、二〇一五年版を底本とし、この版にも見られる誤記や出典表記の不統一に関しては訳者が修正を加えた。また、翻訳にあたり訳者が追加した文章は、〔 〕で括って表記した。

ミシェル・フーコーが一九八三年に世を去って四〇年ほどの年月が経った現在、彼の哲学的営為の全容が明らかになりつつある。フーコーの生前に刊行された論文や対談を収録した『ミシェル・フーコー思考集成』の出版に続き、彼がコレージュ・ド・フランスにおいて行った講義録の刊行も二〇一五年に完結し、その大部分がすでに邦訳されている。また、長らく未刊であった『性の歴史』第四巻『肉の告白』も二〇一八年に出版され、二〇二〇年には慎改康之氏による邦訳が刊行された。その一方で、フーコーの生前には刊行されなかった講演や、フーコーがコレージュ・ド・フランスに着任する以前に大学で行った講義録などの出版も進められている。本書『フーコー文学講義』は、そうしたフーコーの生前に未刊行だった講演のうち、文学に関わるものを収録した著作である。[*1]

主体と真理をめぐる経験＝実験の場としての文学

フーコーの文学論については、一九六三年に『レーモン・ルーセル』が単著として出版されたほか、生前に刊行された文学をめぐる論文や対談は、『ミシェル・フーコー思考集成』に収録されている。こうした論文の執筆や対談の多くは、一九六〇年代に行われたものである。この時期フーコーは、バタイユ論「侵犯への序言」（一九六三年）やブランショ論「外の思考」（一九六六年）をはじめとする重要な文学論を精力的に執筆するとともに、フィリップ・ソレルスを中心とした前衛的な文学誌『テル・ケル』に接近し、作家たちと対話を交わしていた。しかし、本書フランス語原著の編者たちが解題で記しているように、一九七〇年代、ニーチェに由来する系譜学という手法に依りつつ、知と権力の絡み合いについて論じるようになったフーコーは、次第に文学から距離をとりはじめ、さらには文学に対するある種の幻滅を口にするようになる。[*2] フーコー自身のこうした発言を受けてか、一九六〇年代の文学論は、フーコーの哲学的営為において比較的マイナーな位置をしめるものとして扱われているように思われる。[*3]

ではフーコーと文学との関わりは、ヌーヴォー・ロマンをはじめとする前衛的な文学の興隆を目の当たりにしたフーコーの一時的な気の迷いのようなものであって、彼の哲学的企図自体には関わらない二次的なものにすぎないのだろうか。たしかに生前に刊行された著作や論文に加えて、コレージュ・ド・フランス講義録が刊行されている現在、フーコーのコーパス全体において文学をめぐる論考がしめる量は必ずしも多いとは言えない。しかし、分量的にはマイナーだとも言えるこれらの文学論は、フーコーの研究全体の中心的な主題である主体と真理という問題にきわめて密接な形で関わっているのである。

一九八四年に行われたインタヴューにおいてフーコーは、自らの研究活動はつねに「主体と真理と経験の構成とのあいだの諸関係という問題」[*4] を軸として展開されてきたと述べている。つまり主体と真理こそが多岐にわたるフーコーの思索を貫く一貫した問題系だというのだ。ところでフーコーは、西欧哲学の歴史において最も重要な概念として論じられてきた主体と真理という問題について、伝統的な仕方で論じたわけではない。主体に関して言うならば、フーコーはそれを、デカルトにその定式化が帰せられるような絶対的な創設的主体[5]としてではなく、主体化という過程を通じて生み出される効果ないしは産物として扱った。真理に関して言えば、フーコーは、アリストテレスに帰せられる真理の対応説を一貫して批判し[6]、歴史を通じた、真理の多様な現出について論じた。つまり、フーコーが自らの研究の対象としたのは、不変不動の実体としての主体や真理ではなく、主体や真理が、歴史を通じて生み出され、変容していく動態的なプロセスなのである。経験（expérience）という語が、実験[7]（expérimentation）という意味を含意することを強調したフーコーにならって言うなら、彼が生涯を通じて明らかにしようとしたのは、主体と真理をめぐる経験＝実験のありようだったのだ。フーコーが自らの研究の中核が「主体と真理と経験の構成とのあいだの諸関係という問題」であると述べたのはそのような意味においてなのである。

フーコーは、既存の主体や真理のあり方が問いに付され、変容させられるような経験をしばしば「限界経験」と呼んでいる[8]。ところで、狂気、死、性といった経験とならび、フーコーがそうした限界経験の範例として挙げるのが、バタイユ、ブランショ、クロソウスキーといった二〇世紀フランスの文学者たちの名によって徴づけられる文学的経験である[9]。言語をめぐる特異な経験として捉えられた文学的経験において、近代哲学の創設的主体は、その主権的な地位を失い、脱主体化という脅威に晒されることになる。またそうした文学的経験においては、言葉と物との間に設けられた慣習的な対応関係は、自明性を喪失し、真理とフィクションとを分かつ境界線は絶えず引き直されることになる。つまりフーコーにとって文学的経験は、主体と真理をめぐる伝統的概念を揺さぶり、その限界地点にまで導くことで、それらの概念のありようを変容させるという役割を果たしているのである。こうした意味において文学は、主体と真理をめぐる経験＝実験としてのフーコーの哲学的営為において、欠くことのできない重要な契機をなしているのだ。

本書に収録された、一九六〇年代から一九七〇年代初頭にかけて発表された文学をめぐるフーコーの諸講演からも、そうした問題系を読み取ることができる。また、これらの論考は、同時代に執筆されたフーコーの諸テクストと密接な関係を持っており、フーコーによる文学をめぐる省察が、彼の思想全体においてどのような位置をしめるのかについて考えるための重要な手掛かりを与えてくれている。こうした点を踏まえつつ、以下それぞれの講演のポイントについて簡単に確認していくことにしよう。

『狂気の歴史』における文学

本書第一章「狂気の言語」には、一九六三年にフーコーが制作した同名のラジオ番組企画のうち、第二回放送と第五回放送が収録されている。第二回放送「狂人たちの沈黙」は、フーコーと、番組の監督をつとめたジャン・ドアとの対話という形式をとっているが、その内容は、フーコーが一九六一年に刊行した『狂気の歴史』、とりわけこの著作の狂気と文学に関連する箇所の一種の要約紹介となっている。実際この放送回で取り上げられるシェイクスピア、セルバンテス、ディドロ、サド、アルトーといった文学者たちについては、『狂気の歴史』においても言及され、分析がなされている。

この放送回でまず注目すべきは、演劇をアポロン的なものとディオニュソス的なものの間の均衡として捉えるジャン・ドアの発言を受けてフーコーが、ニーチェ『悲劇の誕生』に由来する「ディオニュソス的な合一」という観点から、狂気をめぐるこれらの文学的経験を捉え返していることだろう。シェイクスピア『リア王』が、狂気が持つディオニュソス的な合一の経験、つまり狂気の悲劇的経験を体現するものであるのに対して、セルバンテス『ドン・キホーテ』の結末部におけるドン・キホーテの死の描写は、狂気の悲劇的経験から距離を取り、理性が狂気を批判的に対象化するという古典主義時代の狂気経験の先触れとして捉えられる。[*10] これに対して、『狂気の歴史』においても詳細な分析が加えられたディドロの『ラモーの甥』は、古典主義時代において失われたかに思われた、狂気経験のディオニュソス的な合一という側面がふたたび見いだされる地点として位置づけられる。その一方で、ディドロよりも一世代遅れて登場したサドの狂気経験のうちに見いだされるのは、もはやディオニュソス的な合一の言語ではなく、根本的な空虚から出発し、そうした空虚について語る言語であり、そうした言語は、アルトーによって引き継がれることになる。このようにフーコーは、『狂気の歴史』の道筋を照らし出していた「ニーチェの偉大な探求の太陽」[*11]の光を、狂気をめぐる文学的経験の歴史的変遷に向けて照射してみせるのだ。

次に注目すべきは、フーコーが狂気をめぐる文学的経験を明らかにするものとして取り上げた文学作品が、狂気と理性の対話という構造を持つ点である。シェイクスピア『リア王』の嵐の場面は、狂気に陥ったリア王が、道化、ケント伯と交わす対話によって構成されているし、ディドロの『ラモーの甥』は、哲学者である「私」と一種の狂人であるラモーの甥との対話によって物語が展開する。アルトーに関しても、フーコーが取り上げるのは、狂者アルトーが、『新フランス評論』誌の編集長であった批評家ジャック・リヴィエールと交わした往復書簡である。狂気と理性の間で取り交わされるこうした対話は、『狂気の歴史』の最終章「人間学的円環」においてフーコーが、狂気の近代的経験を特徴づけるものとして分析した、狂気と理性の弁証法的な関係、すなわち、理性が狂気を対象化しつつ、狂気のうちに疎外された人間の真理を見いだすという弁証法的な関係[*12]に鋭く対立するものである。というのも、これらの対話を通じて、狂気に対する理性の優位は厳しく問いに付されるとともに、人間学的な真理の構造には回収されないような、狂気経験をめぐる根源的で悲劇的な真理が浮かび上がるからである。自身が生きた狂気に対して、文学的装飾を施そうとするリヴィエールの「嘘」を批判するアルトーが、身をもって示そうとしたのは、狂気の文学的経験がはらむそうした根源的で悲劇的な真理のありようなのだ[*13]。

言語の神秘主義者と言語における狂気

第五回放送「狂える言語」においてフーコーが扱っているのは、言語と狂気の関係、より正確に言うなら、一九世紀末から二〇世紀半ばにかけての前衛的な文学の言語と、ある種の狂気経験との間に見いだされる密接な関係である。では、文学的な言語と狂気の間には一体どのような関係があるのだろうか。

こうしたフーコーの問題構成を理解するための手掛かりとなるのは、一九六四年に発表された論文「狂気あるいは作品の不在」である。この論文においてフーコーは、一九世紀末以降、狂気と文学の間には「奇妙な隣接」[*14]が存在すると指摘していた。ところでフーコーによれば、このように狂気と文学を結びつけるものとは、文学的な天才のうちに隠された狂気を見いだすような心理学的な神話ではなく、狂気と文学の両者を特徴づける特異な言語のありようである。フロイトによる精神分析の創始以来、狂気が「言表において、言語活動が言表する言語自体を言表しているような言語活動という地帯」のうちに位置づけられたのに対して、マラルメ以降の文学もまた「その言葉が、それが述べることがらと同時にまた同じ運動において、その言葉を言葉として解読可能にする言語を言表するような、ひとつの言語活動」[*15]になったからである。フーコーが「秘教的な言語活動」[*16]と呼ぶ、こうした自己言及的な言語のありようこそが、一九世紀末以降、文学と狂気の間に不可分な関係を打ち立てるとともに、近代的な思考を特徴づけてきた人間学的な主体の特権的地位を解消することになるのだ。

　ラジオ放送「狂える言語」においてフーコーが取り上げるのも、ブリッセやレリス、タルデューといった文学者たちによって行われた、秘教的な言語活動をめぐる文学的実験であり、そこから浮かび上がるものこそ、言語それ自体がはらむ一種の狂気と呼ぶべきもの、すなわち狂える言語である。ところで、このラジオ放送においてフーコーが注目するのは、こうした秘教的な文学的言語において浮き彫りになる言語の物質性、つまり意味作用の次元には回収できない、言語の音声的ないしは音韻的な側面である。フーコーが「言語の神秘主義者」と呼ぶこれらの文学者たちは、同音異義を利用したり、語を音韻的な要素にまで分解したりすることによって、特異な文学的創造を行ったのだ。

　ところでこのラジオ放送は、同年に発表されたフーコーの著作『レーモン・ルーセル』と密接に関連している。ほぼ同一の二つの文章に見られる、わずかな音韻上の差異を利用して物語を作り上げるという特異な手法《プロセデ》を駆使して、奇想天外な文学世界を構築したルーセルこそまさしく、言語それ自体がはらむ狂気にとらわれた、筋金入りの言語の神秘主義者だったからである。フーコーは、『レーモン・ルーセル』を通じて、ルーセルの言語的実験を詳細に分析するとともに、一見子供じみたものにも思えるルーセルの文学がはらむ存在論的な意義を明らかにしたのだ。*17 フーコーが「狂える言語」で取り上げた文学者たちの言語的実験は、ルーセルのそれを思わせるものであり、実際フーコー自身も別の箇所で、ブリッセとレリスを、それぞれルーセルに関連づけて論じている。[*18]その意味においてこのラジオ放送は、フーコーが「私の秘密の家」[*19]と呼んだ『レーモン・ルーセル』という謎に満ちた著作へと通じる密かな小道をなしているのだ。

またこの放送で論じられた言語の物質性という問題が、一九七〇年代以降のフーコーにとっても重要な意味を持つものであったことも指摘しておきたい。コレージュ・ド・フランスに着任した一九七〇年から一九七一年にかけて行われた『〈知への意志〉講義』においてフーコーは、言語の意味論的側面に焦点を立てたアリストテレスに対して、そうした意味論的分析からこぼれ落ちる、同音異義や同字異義といった言語の物質的側面に立脚して議論を展開したソフィストに着目し、後者の議論を、知と権力をめぐる自らの系譜学的探究の出発点に据えた。[*20]その際フーコーは、狂気と文学とが交錯する地点において、言語の物質性に執拗に執着しつつ創作活動を行ったルーセルやブリッセのような言語の神秘主義者たちを、「今日における真のソフィスト」として高く評価したのである。[*21]

フーコーが『〈知への意志〉講義』において行ったソフィスト分析が、真理と権力の関係をめぐるフーコーの系譜学的研究の端緒となっていることを考えるなら、言語の神秘主義者とソフィストとの間にフーコーが見いだしたこうしたつながりは、フーコーによる文学論が、一九七〇年代の権力論にもつながるような広い射程を持っていることを示しているように思われる。[22]

文学の考古学

本書第二章「文学と言語」には、フーコーが一九六四年にブリュッセルのサン＝ルイ大学で行った、文学をめぐる二回にわたる講演が収録されている。サルトルによって提示された「文学とは何か？」という問いを引き受ける形で開始される第一回講演においてフーコーが提示するのは、近代文学の考古学である。

この講演においてフーコーは、文学は古代以来連綿と続くものではなく、一八世紀末に生まれた近代の産物であると述べる。こうしたフーコーの議論は、人間とは近代の発明であると論じた『言葉と物』の一節と同様、耳目を集めるような挑発的なものだが、実はそれほど奇矯なものではない。実際、古典主義時代において言語による芸術作品は、文芸（belles-lettres）と呼ばれていた。これに対して、文学（littérature）が意味していたのは、文法や修辞学に関する知識だったのであり、この語が現在のように「ある国やある時代の文学生産の総体」を示すようになったのは、一八世紀末のことだからである。[23]

それでは、文芸と文学、つまり古典主義時代の文学的経験と近代の文学的経験の間にはどのような違いがあるのだろうか。フーコーによれば、古典主義時代の文学的経験は、古代ギリシア・ローマの古典や聖書のような、真理を告げる聖なる書物の存在を前提として成立していた。古典主義時代における文学的経験、すなわち文芸の役割とは、修辞学の比喩形象を通じて、そうした真理の言葉を翻訳し、復元することだったのである。これに対して、文学という近代的経験の成立を可能にしたのは、真理を語るそうした原初的な言葉の喪失と、それに伴う修辞学の空間の崩壊なのだ。

聖なる原典と、それを復元する修辞学の後退とともに誕生した文学を特徴づけるものとしてフーコーは、侵犯、図書館、シミュラークルという三つの形象を取り上げ、それらをそれぞれサド、シャトーブリアン、プルーストという三人の作家に帰している。フーコーによれば、侵犯、図書館、シミュラークルというこれらの形象は、いかなる肯定性も持たない否定的な形象であり、近代文学はこれらの形象の間で引き裂かれているのである。

講演を締め括るにあたりフーコーが言及するのは、マラルメによる〈書物〉の構想である。周知のようにマラルメは、ワーグナーの楽劇や、キリスト教の典礼、さらには新聞といった他の様々な表現形式と関連づけつつ、この世界のすべてがそこに帰着するような絶対的な〈書物〉を構想していたが、この構想が実現することはなかった。[*24] フーコーによれば、マラルメによるこうした〈書物〉の構想とその不可能性は、古典主義時代までの文芸がモデルとしたような、真理を語る聖なる書物が失われたことを示すものである。マラルメの不可能なる〈書物〉は、永久に逃れ去る文学の存在を露わにするのだ。

フーコーによるこうした近代文学の考古学は、『言葉と物』において提示されることになる、言語のありようの歴史的変遷に関する省察を、文学論という観点から先取りするものだと言うことができる。実際、『言葉と物』では、古典主義時代の言語をめぐる知の布置において、修辞学が果たす役割がより詳しく分析されている。[*25] また近代のエピステーメーとその限界について分析するにあたり、マラルメの書物には、語る主体を崩壊させ、散逸した言語のありようを前景化するものとして特権的な重要性が与えられている。[*26] こうした意味で、近代文学の考古学をめぐるこの講演は、一九六六年の主著で展開されることになる問題系を萌芽的な形ではらんでいるのである。

文芸批評と構造的な秘教主義

サン＝ルイ大学での第二回講演においてフーコーが論じるのは、文学に関する批評的言説である。はじめにフーコーは、文学についてと同様に、文芸批評に関しても考古学的な考察を行う。文学と同じく文芸批評も、古典主義時代に隆盛を誇った修辞学の覇権が失われたことによって成立した営みであり、その意味で文学と文芸批評とは、双子のような関係にある。[*27] ところでフーコーによれば、一九世紀にサント＝ブーヴに代表される批評家によって担われた文芸批評の役割は、文学という一次テクストについて論じる二次テクストとして、文学に関する価値判断を下すとともに、難解な文学作品に明晰な解説を加えることで、作家と読者とを仲介することであった。これに対してフーコーは、二〇世紀半ば、文芸批評はこうした伝統的役割を失いつつあると指摘する。文芸批評は、文学をめぐる価値判断を行うのではなく、文学に関する客観的で科学的な分析を志向する一方で、作家と読者の仲立ちをするという機能を喪失し、それ自体が晦冥なエクリチュールとなりつつあるというのである。

では、こうした新たな文芸批評のありようをどのように位置づけたらよいのだろうか。このことについて考えるために、まずフーコーが参照するのが、構造主義言語学の立役者の一人であるロマン・ヤコブソンによるメタ言語の概念である。ヤコブソン的な発想によるならば、文芸批評を、文学作品という一次言語が従う法則やコードを定義するメタ言語として扱うことができるというわけだ。しかしフーコーは、文芸批評をメタ言語として位置づけるというこのアイデアをただちに退ける。その理由は、本書所収のラジオ放送「狂える言語」について論じる際にも言及した、文学的言語が持つ秘教的性質にある。フーコーによるならば、文学的言語は、自身のコードを自らのうちに含みもつパロールであり、この特異なパロールはその現動化を通じて、自らが従うべきコードを中断するという可能性を持っている。フーコーが「構造的な秘教主義」と名指す、こうした特異な性質のために、文学的言語においては、一次的言語とメタ言語を明確に区別することができないのだ。

それでは、秘教的な文学的言語にアプローチする文芸批評をどのように規定すればよいのだろうか。フーコーが注目するのは、こうした文学的言語の秘教的性質の中核をなす、自己言及的な反復構造である。フーコーは、ホメロス『オデュッセイア』第八書、パイアーケス人のもとに漂着したオデュッセウスの挿話に見られる自己言及的な構造に言及しつつ、近代文学を特徴づけるのは、パロールとコードの戯れによって言語の厚みのうちに生み出される、より密やかな反復であると述べる。フーコーによれば、文芸批評が扱うものとは、こうした文学的言語に特有の自己言及的な反復構造にほかならない。それゆえフーコーは、文芸批評を、「言語のうちにおける反復可能なものの反復」として定義することを提案するのだ。

それでは、文学言語に特有の反復構造について論じる文芸批評とは、具体的にはいかなるものなのだろうか。これに対してフーコーは、伝統的になされてきた修辞学的な分析や、意味論的な解釈学とは異なる文芸批評の新たな形態として、構造主義的と称しうるような文芸批評の二つの潮流に注目する。[*28]

まず、フーコーが取り上げるのは、ロラン・バルトらによって進められていた文学をめぐる記号学的分析である。[*29] こうした文学の記号学において重要なことは、文学を、文化的な記号学の地層、言語学的な記号学の地層、エクリチュールの記号学の地層、そして自己包含的な記号をめぐる記号学の地層といった、複数の記号学的な地層のうちに位置づけつつ、分析を行うことである。このうちフーコーがとりわけ重視するのは、文学的言語に固有の特徴として彼が繰り返しその重要性を強調してきた、自己包含的な記号をめぐる記号学の地層である。文学は、こうした複数の記号の層からなる厚みのうちではじめて成立するものなのだ。

次にフーコーが着目するは、ジョルジュ・プーレや、ジャン・ルーセ、ジャン゠ピエール・リシャールらジュネーヴ学派の文芸批評家たちによって進められていた文学作品の空間性の分析である。ジュネーヴ学派の文芸批評家は、繊細な作品分析を通じて、言語が持つ空間性に焦点をあて、文学的想像力がもつ幾何学的構造を浮き彫りにした。とりわけフーコーは、ルーセが『形式と意味作用』の第一章で行ったコルネイユ作品の分析と、ジャン゠ピエール・リシャールが『マラルメの創造的宇宙』で展開したマラルメ作品の分析を取り上げ、詳しく紹介している。

文芸批評の現状をめぐるフーコーのこうした分析は、フーコーと構造主義の関連を考える上できわめて示唆的である。一九六〇年代、とりわけ『言葉と物』の出版以降フーコーは、彼自身によるたび重なる否定にも関わらず、構造主義者とみなされてきた。ところでこの講演においてフーコーは、文芸批評における構造主義的潮流、とりわけデリダが一九六三年に発表した論文「力と意味作用」において、その静態的な「幾何学主義」[30]を批判したルーセやリシャールらの文学分析を極めて高く評価するのである。

しかしこのことは、当時フーコーが「構造主義的形式主義」[31]に魅了されていたことを意味するものではない。ヤコブソンによる一次的言語とメタ言語の区別を文芸批評に適用することに対するフーコーの拒絶が明確に示しているように、フーコーが構造主義的な思潮に関心を示したのは、形式的な全体性を志向したためではない。フーコーにとって問題だったのはむしろ、そうした形式的な全体性が内的に破綻するような言語のありよう、すなわち、彼が構造的な秘教主義と呼ぶものを析出することにあったのだ。文学の記号学について論じるにあたり、フーコーが構造的な秘教主義の核となる自己包含的な記号に注目するのはそのためである。また、サン゠ルイ大学での講演と同年に発表された論文「J゠P・リシャールのマラルメ」が示すように、フーコーがリシャールのマラルメ分析において高く評価するのは、リシャールが、「形あるものと形なきものの戯れ」の分析を通じて、「諸形式の溶解、それらのたえざる敗走」[*32]を語るという点である。フーコーによるなら、リシャールにとって「形式とは、形ならざるものがあらわれる様態のひとつにすぎない」[*33]のだ。つまり、フーコーが講演で取り上げた文芸批評の新たな潮流において問題となっているのは、言語の謎めいた存在に接近するという「言語の裸形の体験」[*34]なのであり、その限りにおいてこうした潮流は、本書を通じてフーコーが依拠するブランショやバタイユ、クロソウスキーらの文学的経験に通じるものなのである。

二〇世紀フランス思想におけるフーコーとサド

本書第三章に収録されているのは、フーコーが一九七〇年に、ニューヨーク州立大学バッファロー校で行ったサドをめぐる二回の講演原稿である。サドに関するフーコーの論考のうちで、質と量の両面から最も充実したものであると言えるこの講演は、二つの観点からきわめて興味深い。

第一に、サドをめぐるフーコーの思索の変遷との関わりという観点である。一九六一年に刊行された『狂気の歴史』以降、一九六〇年代を通じてフーコーは、近代の人間学的思考の限界を明らかにする侵犯の思想家としてサドを高く評価していた。しかし、一九七五年に行われたインタヴュー「サド、性の法務官」においてフーコーは、サドを規律社会の枠組みにとらわれた「性の法務官」と否定的に評価し、翌年に刊行された『知への意志』においても、サドに対するこうした否定的な評価が引き継がれることになる。一九七〇年代初頭に行われたサド講演は、対極的とも言えるフーコーによるこうした二つのサド評価の中間時点においてなされたものであり、その意味において、フーコーによるサド評価の変遷について考える上できわめて重要なテクストである。

サド講演においてフーコーは、サドの著作を精密に読解することで、論理的観点から見れば矛盾をはらむように思われるサドの思索から、その哲学的な可能性を最大限に引き出そうとしている。その意味でこの講演は、一九六〇年代を通じてフーコーが行った肯定的なサド評価の極北を示すものであると言える。しかし、その一方において、この講演においてフーコーが真理と欲望の関係という問題系を軸として行ったサド読解は、同じく真理と欲望の関係について論じた一九七六年の『知への意志』において行われることになる否定的なサド評価を、いわば陰画のような形で示してもいるのだ。

第二に、フーコーによるサド読解と、二〇世紀半ばのフランスにおいて様々な思想家によって行われていたサド解釈との関係という観点である。エリック・マルティが『サドと二〇世紀』において詳細に分析したように、二〇世紀半ば、フランスにおける哲学的潮流を担ったラディカルな思想家たちは、それまでポルノグラフィックな小説を書いたスキャンダラスな作家として敬遠される一方で、サディズムという病理の一症例として扱われてきたサドの思考を「真剣に受け止め*35」、主体や言語、欲望について新たな仕方で考えるための特権的な対話相手とした。マルティは、サドを真剣に受け止め、その哲学的可能性を探ったフランスの思想家として、フーコーのほかに、クロソウスキー、バタイユ、ブランショ、ラカンらの名を挙げ、それぞれの思想家によるサド論について詳しく検討している。一九六〇年代から一九七〇年代にかけてフーコーが展開したサド解釈は、サドを軸として形成された、二〇世紀フランスのこうした思想的布置のうちで理解されるべきものである。バッファロー校でのサド講演においてもフーコーは、クロソウスキーやバタイユ、ブランショらのサド論を暗黙裡に参照しつつサドを読解している。その意味でこの講演は、サドと二〇世紀フランス思想の関係を考える上での貴重な資料ともなっている。

それでは二回にわたって行われたサド講演の内容について、順に確認していくことにしよう。第一回講演においてフーコーが主として論じるのは、サドのエクリチュールにおける真理と欲望の関係である。フーコーは、『ジュスティーヌあるいは美徳の不幸』に『ジュリエットあるいは悪徳の栄え』を加えた『新ジュスティーヌ』を分析対象として定めた上で、サドが執筆したこの小説全篇が、真理という徴のもとに置かれていることを強調する。

しかしフーコーによるなら、サドにおいて問題になっている真理とは、修辞学的な伝統に依拠する一八世紀の小説家たちが重視してきたような、小説において描かれる内容の真実らしさではない。問題なのは、小説の主人公たちを通じてサドが行う推論の真理であり、そうした真理こそが、欲望の実践と結びついているというのだ。このように指摘した上で、フーコーはただちに、サドが行う推論は通常の論理学的な観点からすれば必ずしも合理的なものとはいえないと付言する。というのもサドが、小説の主人公たちを通じて行う「悪徳はつねに報酬をうけ、美徳はつねに罰せられる」という真理の論証は、妥当な論理的推論によるものではなく、一種の機械仕掛けの神《デウス・エクス・マキナ》によって可能になる、ご都合主義的な詭弁に見えるからである。

それでは、欲望の実践と結びついたサドによる真理の論証をどのように捉えればよいのだろうか。このことについて説明するためにフーコーは、『ジュリエットあるいは悪徳の栄え』において、ジュリエットが、友人のリベルタンに対して倒錯の手解きをする一節を取り上げ、そこに現れるエクリチュールをめぐるサドの特異な思想について分析を加える。ジュリエットは友人に対して、二週間の禁欲を経た上で、あらゆる禁忌を取り払って想像力を最大限に働かせて、考えうるかぎりの性的放縦を思い描くこと、次にそうした想像を一つ残らず書き写すこと、さらに一晩眠り、翌日になってから自分の書いたものを読み返し、エクリチュールの作業を再開すること、その上でそうした想像を実行に移すことを勧める。

フーコーは、ジュリエットを通じてサドが語るこうしたエクリチュールが、四つの機能を果たしていると指摘する。第一に、想像的なものと現実的なものを媒介するという機能、第二に、性的幻影のうちで享楽を反復するという機能、第三に、想像力に自らの限界を越えさせ、想像力を無制限化するという機能、そして第四に、無制限化された想像力に導かれた個人を、あらゆる禁忌を侵犯する犯罪者として創設するという機能である。ところでフーコーによるならば、このようにエクリチュールが、個人を犯罪的な逸脱の極点に位置づけた瞬間、犯罪という観念そのものが消失してしまう。なぜならその瞬間に、犯罪者と非犯罪者とを分かつ法的規範そのものが無効化され、個人は犯罪者という一般的なカテゴリーでは捉えることができない存在、すなわちフーコーが依拠するブランショのサド論にならって言うなら、絶対的な〈単独者〉となるからである。

フーコーは、三つの理由から、こうしたサドのエクリチュールこそが、欲望と真理とを結びつけるものであると論じる。フーコーが挙げる第一の理由は、エクリチュールが、欲望を単なる幻想として退けるような、フロイト的な現実原理を無効化するということである。これにより、想像力自身が、自らを「検証する＝真なるものとする」(vérifier) 審級となることで、幻想は虚偽ではなく、ただちに真理となる。第二の理由は、繰り返し再開されるエクリチュールを通じて、欲望が反復の永遠的な世界のうちに組み込まれるということである。このことで欲望は、はかなく消える束の間のものではなく、消失することのないつねに真なるものとなる。第三の理由は、欲望を、合法的なものと非合法なもの、許されたものと禁じられたものとに分かつような規範が定める限界を、エクリチュールが消去するということである。これによって欲望は、限界をもたない、全面的で絶対的な真理の世界のうちに位置づけられることになる。

最後にフーコーは、このような仕方で真理と欲望とを結びつけるサドのエクリチュールと、他者を説得することを目的とする通常の言語活動との違いを強調する。多くの論者たちがその耐え難いほどの単調さを強調した、執拗なまでに反復的なサドのエクリチュールとは、ある意味において、他者からの理解を拒絶するような絶対的に孤独なエクリチュールなのである。

サドのエクリチュールをめぐるフーコーによるこうした分析は、訳注において示したように、ブランショやバタイユらによるサド論に多くを負っている。とりわけ重要なのは、「悪虐の哲学者」と題されたピエール・クロソウスキーによるサド論[*36]との関係である。一九四七年に出版された『わが隣人サド』が、一九六七年に再版された際に追加収録されたこの論文においてクロソウスキーは、サドのエクリチュールについて詳細な分析を行っている。クロソウスキーによれば、サドにおける侵犯の経験の核心をなすのは、生殖を拒絶することで、生の諸機能への従属という規範を転覆するソドミーという倒錯的行為なのだが、そうした行為は、それ自体としては一瞬のはかない身振りにすぎない。サドのエクリチュールは、常軌を逸した倒錯的行為を無感動的に反復することで、そうした倒錯行為に永続性を付与する。加えてクロソウスキーは、こうしたサドのエクリチュールは、一般的な意味には回収できない特異な倒錯を言語それ自体のうちに出現させることで、説得の手段としての言語が持つ論理的構造を転覆させるものだと指摘している。

サドのエクリチュールにおける反復の重要性の強調や、サドのエクリチュールと、説得を目指す論理的言語の違いの指摘など、フーコーによるサド分析と、クロソウスキーのそれとの間に多くの共通点があることは明らかだろう。とはいえ両者の間には、問題意識の相違も存在する。クロソウスキーが、サドにおけるエクリチュールを、倒錯的行為のシミュラークルとして捉えるのに対して、フーコーは、サドのエクリチュールを、欲望と真理とを接合することを可能にするものと捉える。こうしてフーコーは、ブランショやクロソウスキーらのサド論を踏まえつつも、サドの文学的経験を、バッファロー校での講演と同年に行われた『〈知への意志〉講義』においてその構想が提示された、真理の歴史という新たな系譜学的研究の文脈のうちに位置づけるのだ。

サドの言説のシステム

次にバッファロー校での第二回講演について見てみよう。フーコーは、サドにおいて欲望と言説がいかなる関係を持つかという問いから議論を始める。サドの言説はしばしば、人間の欲望に関する隠された真理を語るものとして理解されるが、フーコーはこうした見方を一蹴する。フーコーによれば、サドにおいて欲望とは、言説によって語られる対象ではなく、言説と同一のレベルに属するものであり、両者は互いに駆動し合うという内的な力学のレベルで結びついているのだ。

では、サドの言説は一体何を語るのだろうか。サドの言説はいかなる形で機能することで、欲望の力学と結びつくのだろうか。フーコーによれば、サドの長大な言説において繰り返し語られているのは、「神は存在しない」、「魂は存在しない」、「犯罪は存在しない」、「自然は存在しない」という、非存在に関する四つのテーゼである。フーコーは、バタイユを暗黙裡に参照しつつ、こうした四つの非存在のテーゼを提唱する者、すなわちサドの描くリベルタンを、「不規則な実存」と呼ぶ。不規則な実存は、自らの言説を通じてこうした四つの非存在をたえず確認することによって、宗教的規範であれ、個人的規範であれ、社会的規範であれ、自然の規範であれ、あらゆる規範を拒絶し、その外部へと向かう存在なのだ。

次にフーコーは、サドの言説が果たす機能について分析を行う。フーコーによれば、サドの言説は、互いに緊密な関係を持つ五つの機能を持っている。

第一の機能は、脱去勢の機能である。フーコーによれば、西洋形而上学の言説が、神、魂、法、自然を肯定する一方で、これら四つの存在に抗うような欲望を禁止するという去勢の機能を果たすのに対して、フーコーが倒錯者の言説と呼ぶサドの言説は、先ほど見たように、神、魂、法、自然を否定する一方、欲望に課せられたあらゆる禁止を解除するという脱去勢機能を果たすのである。

第二の機能は、差異化の機能である。サドが描く世界において、神、魂、法、自然の四つすべてを否定する言説は、そうした言説を保持することができる者をリベルタンに、そうでない者を犠牲者に割り当てるという選別機能を果たす。犯罪者友の会の規定が示すように、リベルタンと認められた者同士は互いに殺し合うことができないが、しかしこうした承認は永続的なものではない。リベルタンたちは、四つの非存在確認の言説をつねに保持できるかたえず試練にかけられ、もしその試練にパスしない場合には、魂の不死を信じていたサン＝フォンのように、容赦なく殺されることになるのだ。

第三の機能は、破壊の機能である。この機能において問題になっているのは、サドの言説の主題となる四つの非存在、とりわけ神の非存在を論証するためにサドが展開する言説の特異性である。サドと同時代の啓蒙主義的な合理的無神論は、神の存在を否定する議論を提示していた。[*37]これに対して、神に由来する法を侵犯することを目指すサドは、そのために逆に神の存在を必要としているようにも見える。一九四七年に出版された『わが隣人サド』においてクロソウスキーが、サドの無神論に疑いの目を向けたのはそのためであり、彼はサドのうちに、無神論の仮面の下に隠された神学を看取したのである。[*38]サドをキリスト教神学の伝統のうちに位置づけるクロソウスキーのこうした議論は、ブランショやバタイユから激しい批判を招いた。[*39]

これに対してフーコーは、サドの無神論を真摯に受け止めるというブランショやバタイユの立場に暗黙裡に与しつつ、サドによる神の非存在の論証が持つ異様性を強調する。フーコーによればサドは、神はそもそも存在しないがゆえに、神に善悪といった属性を帰することは誤りであると論じる合理主義的無神論を転倒させて、神は邪悪であり、そして神が邪悪であればあるほど、神は存在しないと論じるのである。

フーコーは、属性判断（「神は邪悪である」）から非存在判断（「神は存在しない」）を帰結するこのサドの異様な論理が、ラッセルに由来する形式主義的論理学にも、またデカルトが『省察』で行った神の存在証明にみられる直観主義的論理とも相容れないものである点を強調する。フーコーによれば、サドにおける神の非存在という真理は、単なる理論的論証の対象ではなく、神の邪悪さを自らの実践を通じて示すようなリベルタンたちの邪悪な欲望によって支えられることで、はじめて成立するものなのだ。

サドの言説が持つ第四の機能は、競合の機能である。犯罪を正当化するラ・デュボワの論証や、自然の邪悪さを示すローマ法王ピウス六世の論証が示すように、サドの小説に登場するリベルタンたちは皆、独自の理論体系を持っている。そうした体系の独自性は、それぞれのリベルタンを互いに交換不可能で不規則な個人にし、リベルタンたちは皆、自らの体系を武器に、死をかけて競合するのだ。

サドの言説の第五の機能は、自己消去の機能である。競合の機能が示すように、リベルタンたちは自らの体系に依りながら、死の危険をおかして互いに競い合う。彼らにとって死は、消極的に甘受されるものではなく、積極的に欲望されるものなのだ。つまりフーコーによれば、サドの言説における究極的な欲望の対象とは、主体自身の消滅にほかならないのである。

ところでフーコーは、サドの言説のこうした五つの機能のうち、去勢を否定することで個人のエゴイズムを全面的に肯定する第一の機能と、個人の自己消去を志向する第五の機能とが、また、リベルタンと犠牲者を差異化し、リベルタン同士を相互に承認させる第二の機能と、リベルタン同士に死をかけた競合を行わせる第四の機能とが、互いに対立するものであると指摘する。論理的一貫性という観点からすれば矛盾をはらむように見えるサドの言説の諸機能のこうした構成全体の中心をなすものこそ、既存の論理に抗いつつ、真理の論証と欲望の実践とを結びつけた、破壊の機能というサドの言説の第三の機能なのであり、それゆえフーコーは、この機能を重視するのだ。こうしてフーコーは、論理的な構造化に抗うようなサドの思考のシステムを、独自の仕方で提示してみせるのである。

さて、講演の最後でフーコーは、真理と欲望をめぐるサドの思考の独自性を捉え損なう二つの解釈を厳しく退ける。すなわち、サドを、欲望に関する真理を語ったフロイトの先駆者として理解する精神分析的な解釈と、サドを抑圧された欲望の解放者として理解するマルクーゼ的な解釈である。フーコーによるなら、サドによる侵犯の経験の特異性とは、欲望を真理に従属させるプラトン以来の伝統的な枠組みを打ち壊すことで、真理と欲望とを対峙させ、両者が互いに増幅し合うことを可能にした点にあるのだ。

ところで、サドにおける真理と欲望の関係の独自性に関するこうしたフーコーの分析は、一九七六年に刊行された『知への意志』においてフーコーが提示したサド評価と対照的である点において、きわめて興味深い。バッファロー校でのサド講演と同様に、真理と欲望の関係を主題としたこの著作においてフーコーは、マルクーゼらによって唱えられた性的欲望をめぐる抑圧の仮説を批判し、一七世紀以来、西欧社会を支配してきたのは、性的欲望をめぐる真理を語ることを強要する、キリスト教に由来する告白のシステムであると論じた。その上でフーコーは、フロイトの精神分析ばかりでなく、サドの文学的経験をも、こうしたキリスト教的な告白の伝統のうちに位置づける。つまりフーコーは、サド的な侵犯の経験を、真理と欲望をめぐるキリスト教的経験の系譜の枠内に定位することになったのだ。

フーコーによるこうしたサドの位置づけは、先に言及した、クロソウスキー『わが隣人サド』を契機として、クロソウスキーとブランショ、バタイユらの間で交わされたサドの無神論をめぐる論争との関連においても興味深い。というのも、『知への意志』においてフーコーは、バッファロー校講演において彼自身が距離をおいた、サドとキリスト教神学の繋がりを強調するクロソウスキーによるサド読解に接近しているようにも見えるからである。その後フーコーは、『肉の告白』において初期キリスト教における性と真理の関係について本格的に研究することになるのだが、そこにおいて彼は、クロソウスキーやブランショのサド論において重要な分析対象となった禁欲＝修練とアパテイアの問題や、処女性の問題について詳細に検討している。[*40] こうしたキリスト教的な肉の経験との関わりを念頭に置きつつ、フーコーのサド論を読み直してみることは、フーコーの死によって未完のままに残された『性の歴史』プロジェクトの可能なる展開について考える上でも有益なことであるように思われる。

本書の翻訳にあたっては、『ミシェル・フーコー思考集成』をはじめとするフーコーの著作の邦訳および、フーコーが分析の対象とした文学作品の邦訳を参照させていただいた。また明治学院大学の愼改康之氏、同じく明治学院大学のジャック・レヴィ氏には、訳文全体を検討していただき、貴重な助言を頂戴した。この場を借りて心からお礼申し上げたい。

最後に、本書の編集を担当してくださった筑摩書房の北村善洋氏に心から謝意を表したい。北村氏は、諸々の事情により、当初の予定よりも大幅に遅れてしまった本書の翻訳作業を辛抱強く見守ってくださり、また訳文や訳注に関しても貴重な助言をしてくださった。訳者の怠惰をお詫びするとともに、あらためてお礼申し上げる次第である。

二〇二一年五月

柵瀬　宏平

訳者解題注

＊1　Michel Foucault, *Folie, langage, littérature*, Paris, Vrin, 2019には、本書に収録されなかったフーコーの文学関係の講演原稿や草稿が収録されており、扱われるテクストや問題系という点において、本書と密接な関連を持っている。

＊2　Cf. Michel Foucault, « Folie, littérature, société » (1970), *Dits et écrits*, vol. 2, texte n°82, Paris, Gallimard, 1994, p. 115-116.［「文学・狂気・社会」清水徹、渡辺守章訳、『ミシェル・フーコー思考集成Ⅲ』筑摩書房、一九九七年、四四九―四五〇頁。］

＊3　フーコーの文学論については、ピエール・マシュレーが『レーモン・ルーセル』に関するきわめて重要な論考を発表している。Cf. Pierre Macherey, « Foucault lecteur de Roussel : la littérature comme philosophie », *À quoi pense la littérature*, Paris, PUF, 1990, p. 177-191.［ピエール・マシュレ「ルーセルの読者フーコー：哲学としての文学」『文学生産の哲学：サドからフーコーまで』小倉孝誠訳、藤原書店、一九九四年、二四七―二六七頁。］Pierre Macherey, « Foucault/Roussel/Foucault », Michel Foucault, *Raymond Roussel*, Paris, Gallimard, 1992, p. I-XXXX. フィリップ・サボも、フーコーの文学論が持つ哲学的射程を明らかにする論文を執筆している。Cf. Philippe Sabot, « La littérature aux confins du savoir : sur quelques "dits et écrits" de Michel Foucault », *Lectures de Michel Foucault*, vol. 3, Paris, ENS Éditions, 2003. p. 17-33. 文学論をはじめとするフーコーの芸術論をめぐる論集としては、以下のようなものがある。Cf. Michel Foucault, *La littérature et les arts*, sous la direction de Philippe Artières, Paris, Éditions Kimé, 2004. 日本で刊行された著作としては、一九九三年に刊行された論集『ミシェル・フーコーの世紀』に、フーコーの文学論をめぐるジュディット・ルヴェルらの論考が収録されている。Cf.『ミシェル・フーコーの世紀』蓮實重彥、渡辺守章編、筑摩書房、一九九三年。また、二〇二一年に刊行された論集『フーコー研究』においても、フーコーの文学論に一部が割かれ、『狂気、言語、文学』所収の論文について論じた森本淳生論文をはじめとする諸論考が収録されている。Cf.小泉義之、立木康介編『フーコー研究』、岩波書店、二〇二一年。

＊4　Michel Foucault, « Une esthétique de l'existence » (1984), *Dits et écrits op. cit.*, vol. 4, texte n° 357, p. 731. [「生存の美学」増田一夫訳、『ミシェル・フーコー思考集成X』筑摩書房、二〇〇二年、二四八頁。]

＊5　デカルトのコギトが、カントによって超越論的主体へと書き換えられることによって、近代哲学の創設的主体の原型とされた経緯については以下を参照。Cf. Étienne Balibar, *Citoyen sujet et autres essais d'anthropologie philosophique*, Paris, PUF, 2011, p. 72-78.

＊6　Cf. Michel Foucault, *Leçons sur la volonté de savoir, Cours au Collège de France. 1970-1971*, suivi de *Le savoir d'Œdipe*, Paris, Gallimard/Seuil, 2011, p. 3-68. [『〈知への意志〉講義』慎改康之、藤山真訳、筑摩書房、二〇一四年、三―九四頁。]

＊7　Cf. Michel Foucault, « Entretien avec Michel Foucault » (1980), *Dits et écrits op. cit.*, vol. 4, texte n°281, p. 42-43. [「ミシェル・フーコーとの対話」増田一夫訳、『ミシェル・フーコー思考集成Ⅷ』筑摩書房、二〇〇一年、一九四頁。]

＊8　Cf. *Ibid.*, p. 43. [同上、一九六頁。]

＊9　Cf. *Ibid.*, p.43.［同上、一九五頁。］

＊10　「狂人たちの沈黙」においてフーコーが、シェイクスピア『リア王』とセルバンテス『セルバンテス』を対比的に扱っているのに対して、『狂気の歴史』において彼は、ドン・キホーテの死の場面を、シェイクスピアの諸悲劇とならんで一五世紀に生まれた狂気の悲劇的経験を引き継ぐものとして論じていた。Cf. Michel Foucault, *Histoire de la folie à l'âge classique*, *Œuvres I*, Paris, Gallimard, 2015, p. 50.［『狂気の歴史』田村俶訳、新潮社、一九七五年、五五頁。］

＊11　Cf. Michel Foucault, « Préface » (1961), *Dits et écrits*, *op. cit.*, vol. 1, texte n°4, p. 162.［「『狂気の歴史』初版への序」石田英敬訳、『ミシェル・フーコー思考集成Ⅰ』筑摩書房、一九九八年、一九七頁。］

＊12　Cf. Michel Foucault, *Histoire de la folie à l'âge classique*, *Œuvres I*, *op. cit.*, p. 571-599.［『狂気の歴史』前掲邦訳、五三四―五六一頁。］

＊13　フーコーは、『狂気、言語、文学』に収録された草稿「バロック演劇とアルトーの演劇における狂気」において、バロック悲劇に見られる狂気と錯覚の関係と対比させつつ、アルトーの演劇における狂気と真理の関係について論じている。Cf. Michel Foucault, « La littérature et la folie [la folie dans le théâtre baroque et le théâtre d'Artaud] » *Folie, langage, littérature*, *op. cit.*, p. 89-109.

＊14　Michel Foucault, « La folie, l'absence d'œuvre » (1964), *Dits et écrits,op. cit.*, vol. 1, texte n°25, p. 419.［「狂気、作品の不在」石田英敬訳、『ミシェル・フーコー思考集成Ⅱ』筑摩書房、一九九九年、一九三頁。］

＊15　*Ibid.*, p. 418.［同上、191頁。］

＊16　*Ibid.*, p. 417.［同上、190頁。］

＊17　フーコーが『レーモン・ルーセル』において論じた「言語の存在」という問題が持つ存在論的射程については、以下を参照。Cf. Philippe Sabot, *Philosophie et littérature*, Paris, PUF, 2002, p. 109–117.

＊18　ルーセルとブリッセの関係については以下を参照。Cf. Michel Foucault, « Sept propos sur le septième ange » (1970), *Dits et écrits*, *op. cit.*, vol. 2, texte n°73, p. 22-24［「第七天使をめぐる七言」豊崎光一、清水正訳、『ミシェル・フーコー思考集成Ⅲ』筑摩書房、一九九七年、三二一―三二四頁。］ルーセルとレリスの関係については、以下を参照。Cf. Michel Foucault, *Raymond Roussel*, *Œuvres I*, Paris, Gallimard, 2015.［『レーモン・ルーセル』豊崎光一訳、法政大学出版局、一九七五年、二二五頁。］

＊19　Michel Foucault, « Archéologie d'une passion » (1984), *Dits et écrits*, *op. cit.*, vol. 4, texte n° 343, p. 608.［「ある情念のアルケオロジー」鈴木雅雄訳、『ミシェル・フーコー思考集成Ⅹ』、筑摩書房、二〇〇二年、六七頁。］

＊20　Michel Foucault, *Leçons sur la volonté de savoir, Cours au Collège de France. 1970-1971*, suivi de *Le savoir d'Œdipe*, *op. cit.*, p. 55-68.［『〈知への意志〉講義』前掲邦訳、七五―九四頁。］アリストテレスによる意味論的な言語分析の成立と、この操作を通じて行われたソフィストの排除については、以下の文献も参照。Barbara Cassin, Michel Narcy, *La décision du sens : Le livre Gamma de la Métaphysique d'Aristote*, Paris, Vrin, 2000.

＊21　Michel Foucault, *Leçons sur la volonté de savoir, Cours au Collège de France. 1970-1971*, suivi de *Le savoir d'Œdipe*, *op. cit.*, p. 61.［『〈知への意志〉講義』前掲邦訳、八三頁。］

＊22　フーコーによる権力論とブリッセ論のつながりについては以下を参照。Cf. Frédéric Gros, « Michel Foucault : Lecteur de Roussel et Brisset », *Magazine littéraire*, n°410, juin, 2002, p. 40-42.

＊23　Robert Escarpit, « Histoire de l'histoire de la littérature », *Histoire des littératures III*, Raymond Queneau éd., Paris, Gallimard, 1978, p. 1752.

＊24　マラルメによる〈書物〉の構想については以下を参照。Cf. 清水徹『マラルメの〈書物〉』水声社、二〇一一年。

＊25　Michel Foucault, *Les Mots et les Choses*, *Œuvres I*, Paris, Gallimard, 2015, p. 1163-1169.［『言葉と物』渡辺一民、佐々木明訳、新潮社、一九七四年、一三六―一四二頁。］

＊26　*Ibid.*, p. 1368.［同上、三二四―三二五頁。］

＊27　一九世紀に誕生した文学と、サント＝ブーヴやティボーデ、ブリュンティエールらによって担われた一九世紀の文芸批評の関係については、以下を参照。Cf.新谷淳一『〈文学〉の誕生とその終焉』岩波書店、二〇一二年、九九―一四三頁。

＊28　フーコーは、一九六七年チュニジアで行われた講演「構造主義と文学分析」において、文芸批評における構造主義的潮流について詳しく分析している。Cf. Michel Foucault, « Structuralisme et analyse littéraire », *Folie, langage, littérature*, *op. cit.*, p. 171-222.

＊29　Cf. Roland Barthes, *L'aventure sémiologique*, Paris, Seuil, 1985.［ロラン・バルト『記号学の冒険』花輪光訳、みすず書房、一九八八年。］

＊30　Jacques Derrida, « Force et signification », *L'écriture et la différence*, Paris, Seuil, 1967, p. 36.

〔ジャック・デリダ「力と意味作用」『エクリチュールと差異』合田正人、谷口博史訳、法政大学出版局、二〇一三年、四二頁。〕

*31 *Ibid.*, p. 46.〔同上、五六頁。〕

*32 Michel Foucault, « Le Mallarmé de J.-P. Richard » (1964), *Dits et écrits, op. cit.*, vol. 1, texte n° 28, p. 431.〔「J＝P・リシャールのマラルメ」兼子正勝訳、『ミシェル・フーコー思考集成Ⅱ』筑摩書房、一九九九年、二一二頁。〕

*33 *Ibid.*〔同上、二一〇頁。〕

*34 *Ibid.*, p. 436.〔同上、二一七頁。〕蓮實重彥は、『「知」的放蕩論序説』において、デリダが一九七〇年に発表したマラルメ論「二重の会」において展開したリシャール批判は、フーコーによるリシャール評価に対する反論という性格もはらんだものではないかという興味深い指摘をしている。Cf. Jacques Derrida, « La double séance », *La dissémination*, Seuil, 1972, p. 199-317.〔ジャック・デリダ『散種』藤本一勇、立花史、郷原佳以訳、法政大学出版局、二〇一三年、二七七―四六〇頁。〕蓮實重彥『「知」的放蕩論序説』河出書房新社、二〇〇二年、一九九―二〇〇頁。その一方において、デリダによるマラルメ読解が、言語の非意味的な物質性への注目という点において、フーコーが、サン＝ルイ大学講演や『レーモン・ルーセル』で展開した文学論に通じる側面を持っていることも注目に値する。

*35 Éric Marty, *Pourquoi le XXe siècle a-t-il pris Sade au sérieux?*, Paris, Seuil, 2011, p. 7.〔エリック・マルティ『サドと二十世紀』森井良訳、水声社、二〇一八年、一一頁。〕

*36 Cf. Pierre Klossowski, *Sade mon prochain*, précédé de *Le philosophe scélérat*, Paris, Seuil, 2002,

p. 15-54.〔ピエール・クロソウスキー『わが隣人サド』豊崎光一、晶文社、一九七四年、一五一五七頁。〕極めて難解なクロソウスキーの論文に関しては、以下の文献を参照。Cf.大森晋輔『ピエール・クロソウスキー――伝達のドラマトゥルギー』左右社、二〇一四年、一〇三一一一五頁。森元庸介「思惟と倒錯――クロソウスキー「悪虐の哲学者」への注記」、大森晋輔編『ピエール・クロソウスキーの現在』水声社、二〇二〇年、一四二一一七二頁。

＊37　ドルバックによる合理的無神論とサドの関係については、以下を参照。Cf.鈴木球子『サドのエクリチュールと哲学、そして身体』水声社、二〇一六年、一〇三一一二六頁。

＊38　Cf. Pierre Klossowski, *Sade mon prochain*, précédé de *Le philosophe scélérat*, *op. cit.*, p. 145-171.〔ピエール・クロソウスキー『わが隣人サド』前掲邦訳、一四三一一七六頁。〕

＊39　Cf. Maurice Blanchot, *Lautréamont et Sade*, Paris, Les Éditions de Minuit, 1963, p. 35-39.〔モーリス・ブランショ『ロートレアモンとサド』小浜俊郎訳、国文社、一九七〇年、二〇六一二一一頁。〕Cf. Georges Bataille, *La littérature et le mal*, *Œuvres complètes IX*, Paris, Gallimard, 1979, p. 250-253.〔ジョルジュ・バタイユ『文学と悪』山本功訳、ちくま学芸文庫、一九九八年、一六九一一八五頁。〕一九六七年に再刊された『わが隣人サド』の緒言においてクロソウスキーは、自身の考えが、サドにおける根底的に無神論的な性格を強調するブランショやバタイユらの見解に近づいたわけではないとしつつも、一九四七年に刊行された同書の最終部「無神論の仮面のもとに」における主張の一部が、ロマンティックな立場に立った敬虔な意図に基づくものであったとして自己批判を行っている。Cf. Pierre Klossowski, *Sade mon prochain*, précédé de *Le philosophe scélérat*, *op. cit.*, p. 11-14.〔ピエール・クロソウスキー『わが隣人サド』前掲邦訳、九一一三頁。〕

＊40　サドにおける禁欲＝修練とアパテイアについては、以下を参照。Cf. Maurice Blanchot, *Lautréamont et Sade*, *op. cit.*, p. 44-46. ［モーリス・ブランショ『ロートレアモンとサド』前掲邦訳、二一八―二二一頁。］また、サドにおける処女性の問題については、以下を参照。Cf. Pierre Klossowski, *Sade mon prochain*, précédé de *Le philosophe scélérat*, *op. cit.*, p. 145-158. ［ピエール・クロソウスキー『わが隣人サド』前掲邦訳、一五〇―一六三頁。］

本書は、ちくま学芸文庫のために新たに訳出されたものである。

ちくま学芸文庫

フーコー文学講義《ぶんがくこうぎ》 大《おお》いなる異邦《いほう》のもの

二〇二一年十月十日 第一刷発行

著者 ミシェル・フーコー
訳者 柵瀬宏平（さくらい・こうへい）
発行者 喜入冬子
発行所 株式会社 筑摩書房
東京都台東区蔵前二―五―三 〒一一一―八七五五
電話番号 〇三―五六八七―二六〇一（代表）
装幀者 安野光雅
印刷所 星野精版印刷株式会社
製本所 加藤製本株式会社

ISBN978-4-480-51079-2 C0110